O QUE DISSE
DEUS

NEALE DONALD WALSCH

O QUE DISSE
DEUS

25 MENSAGENS QUE VÃO MUDAR A SUA VIDA E TRANSFORMAR O MUNDO

Tradução
Sandra Martha Dolinsky

1ª edição

Rio de Janeiro | 2022

TÍTULO ORIGINAL
What God Said — The 25 Core Messages
of Conversations with God That Will
Change Your Life and the World

TRADUÇÃO
Sandra Martha Dolinsky

COPIDESQUE
Bruna de Freitas Vital

REVISÃO
Neuza Costas Fontes

CIP-BRASIL. CATALOGAÇÃO NA PUBLICAÇÃO
SINDICATO NACIONAL DOS EDITORES DE LIVROS, RJ

W19q

Walsch, Neale Donald, 1943-
O que disse Deus : 25 mensagens que vão mudar a sua vida e transformar o mundo / Neale Donald Walsch ; tradução Sandra Martha Dolinsky. – 1. ed. – Rio de Janeiro : BestSeller, 2022.

Tradução de: What God said : the 25 core messages of conversations with god that will change your life and the world

ISBN 978-65-5712-227-3

1. Deus - Miscelânea. 2. Espiritualidade. 3. Revelações particulares. I. Dolinsky, Sandra Martha. II. Título.

CDD: 204.2
CDU: 2-582

22-80074

Meri Gleice Rodrigues de Souza - Bibliotecária - CRB-7/6439

Texto revisado segundo o novo Acordo Ortográfico da Língua Portuguesa.

This book is an original publication of The Berkley Publishing Group.
Copyright © 2013 by Neale Donald Walsch
"Shine" and "Soul Language" from Silent Sacred Holy Deepening Heart
by Em Claire. Copyright © 2011 by Em Claire

Copyright da tradução © 2022 by Editora Best Seller Ltda.

Todos os direitos reservados. Proibida a reprodução,
no todo ou em parte, sem autorização prévia por escrito da editora,
sejam quais forem os meios empregados.

Direitos exclusivos de publicação em língua portuguesa para o Brasil
adquiridos pela
Editora Best Seller Ltda.
Rua Argentina, 171, parte, São Cristóvão
Rio de Janeiro, RJ — 20921-380
que se reserva a propriedade literária desta tradução.

Impresso no Brasil

ISBN 978-65-5712-227-3

Seja um leitor preferencial Record.
Cadastre-se no site www.record.com.br e receba informações
sobre nossos lançamentos e nossas promoções.

Atendimento e venda direta ao leitor:
sac@record.com.br

Dedicado a todas as pessoas que acreditam em Deus e que anseiam por saber mais sobre essa Essência Divina e sua relação com Ela.

Agradecimentos

É possível que haja algo que não entendamos por completo sobre Deus, sobre a vida e sobre o outro, cuja compreensão mudaria tudo? Independentemente de como você concebe seu Deus pessoal, aceitaria explorar mais nossas ideias sobre Ele?

Quero agradecer a cada um que pegou este livro, mesmo que o largue sem ler. Mesmo que comece a ler e decida não terminar. E, lógico, se o ler até a última página. É preciso coragem para embarcar em excursões como as oferecidas aqui.

Cada palavra já escrita sobre Deus foi escrita por um ser humano. Acredita-se que esses escritores foram inspirados por Ele. A questão é: Deus *parou* de inspirar os seres humanos? *Seria possível que as mensagens Dele continuem fluindo para a humanidade ainda hoje?* Minha mais profunda gratidão a todos aqueles dispostos a levantar essas questões, ainda que não concordem com as respostas que encontrarem. Nós nos encontramos no Campo da Investigação, e esse é um maravilhoso primeiro passo de um em direção ao outro. Não é obrigatório que concordemos, mas se pudermos discordar *com gentileza*, teremos conseguido o que o Deus de *cada* pessoa a convidou a fazer. E isso pode curar o mundo.

Está chegando o dia em que a enormidade do amor de Deus e da Sua dádiva à humanidade será plenamente realizada e se tornará parte da vida de todos. Esse resultado é inevitável. É apenas uma questão de tempo.

1

— Muito bem, você afirma ter falado diretamente com Deus. Então diga: qual é a mensagem de Deus para o mundo?

Quem disse isso foi o apresentador mundialmente famoso de um dos programas matinais mais populares da televisão dos Estados Unidos, e ele me pedia para responder à maior pergunta de todos os tempos.

— Pode reduzi-la a uma ou duas frases? — acrescentou.
— Temos cerca de trinta segundos.

Minha mente estava a mil. Como eu poderia dizer em trinta segundos algo capaz de captar a essência do que a Deidade quer que o mundo saiba? E então, em um lampejo, ouvi a resposta de Deus em minha cabeça. Pisquei e fiz uma declaração que surpreendeu até a mim mesmo.

— Na verdade, posso reduzi-la a *cinco palavras*.

O apresentador ergueu as sobrancelhas, mostrando um nanossegundo de descrença, e se voltou para a câmera, sem expressar emoção alguma:

— Muito bem, senhoras e senhores, de um homem que diz estar *em comunhão com o Divino,* aqui está a mensagem de Deus para o mundo... em cinco palavras.

Eu sabia que milhões de pessoas estavam assistindo ao programa no mundo inteiro. Era a minha oportunidade de entregar a mensagem mais importante de Deus a mais pessoas do que jamais imaginei que faria, ou poderia, em toda minha vida. Olhando diretamente para a câmera, eu disse as cinco palavras, dadas a mim por Ele:

— *Vocês me entenderam totalmente errado.*

UMA CHANCE EM UM MILHÃO

Meu nome é Neale e preciso explicar: eu falo com Deus.

Não foi só uma vez, em um momento singular de revelação epifânica, e sim muitas e muitas vezes.

E você também.

Pode achar que não, mas fala. Talvez chame isso de outra coisa, como de um *grande insight*. Ou uma *ideia brilhante*. Ou um *pressentimento incrível*, um *bom palpite*, uma *ideia genial*, ou *coincidência, serendipidade* ou *intuição*.

Independentemente do nome que lhe tenha dado, é tudo a mesma coisa; a comunicação de uma fonte de sabedoria e discernimento a qual está dentro de nós e que é o direito inato de cada pessoa.

Em meu caso, eu me referi a meus encontros com essa fonte exatamente como me sentia: conversando com Deus.

Por sorte, anotei todas as interações que tive, e por isso nunca as esqueci. O processo começou quando, certo dia de fevereiro de 1990, às 4h20 da manhã, eu me sentei para escrever uma carta furiosa a Deus, exigindo saber por que minha vida não dava certo e o que eu poderia *fazer* para que desse.

O que se seguiu foi um diálogo contínuo, registrado no papel, com a Divindade, no qual fiz as perguntas mais desconcertantes ou frustrantes da minha vida, e as respostas me foram dadas exatamente como se estivessem sendo ditadas.

A certa altura, Deus me disse: "Isto um dia se tornará um livro", e então, alguns meses depois, enviei minhas primeiras anotações manuscritas a uma datilógrafa para que as transcrevesse, e logo enviei o documento a um editor, quase como um desafio.

Não sei a quem eu estava desafiando, se a mim ou a Deus, mas sabia que queria "testar" o que me havia sido dado, para ver se tinha alguma validade, se alguma coisa daquilo tudo era verdade.

Eu tinha plena consciência, óbvio, de que as chances de uma editora imprimir e distribuir um livro de uma pessoa que afirmava estar falando diretamente com Deus eram de uma em um milhão. Simplesmente não ia acontecer.

Mas eu estava errado.

Aconteceu.

E AGORA, COMEÇA A EXPANSÃO

Agora, aqui estou eu depois de nove livros da coleção *Conversando com Deus*, fazendo o que faço toda vez que me sento para escrever um livro, me perguntando: *Por que você está escrevendo este livro? O que espera conseguir com isso? Este livro é necessário?*

Vou responder às minhas perguntas para você ter uma noção do que vem por aí, e para que possa decidir se quer ou não fazer essa jornada:

- estou escrevendo este livro porque muitas e muitas vezes inúmeras pessoas me pediram para expandir o que Deus disse nas três mil páginas responsáveis por compor a coleção *Conversando com Deus*, e quero fazê-lo em um volume organizado, para que a mensagem de Deus à humanidade possa ser acessada de maneira fácil e rápida;

- o que espero conseguir com essa expansão nunca antes publicada das mensagens de *Conversando com Deus* é torná-las *imediatamente utilizáveis* no dia a dia. Quero que as ideias sejam funcionais, não apenas conceituais;

- este livro é necessário por duas razões: (1) milhões de pessoas leram *Conversando com Deus* (os livros da coleção foram publicados em 37 idiomas), e esses leitores me pediram não apenas para expandir o material, mas também para dizer quais das muitas mensagens são as mais importantes. (2) As mensagens de *Conversando com Deus* podem mudar o mundo se as pessoas souberem como as aplicar, e o mundo precisa desesperadamente de mudanças. Agora, não daqui a cinquenta anos, nem 25, nem dez. Agora mesmo.

O PROBLEMA É SISTÊMICO

É hora de ser honesto: nada está funcionando.

Nada mesmo.

Nem um único sistema importante que pusemos em prática neste planeta está funcionando direito. Nem nosso sistema político, nem o econômico, nem o ambiental, o educacional, o social ou o espiritual. Nenhum deles está produzindo os resultados que dizemos querer. Na verdade, a situação é pior: estão produzindo os resultados que dizemos *não querer*.

E isso não só em escala global. Chega ao âmbito pessoal. Age diretamente sobre você e eu. Todos, exceto a menor porcentagem da população do mundo, são implicados na luta. A luta *diária*; não apenas para ser feliz, mas também para *sobreviver*, para *tocar a vida*.

E a situação até passou disso. Porque agora, mesmo as pessoas que *estão* vivendo a "vida boa" não estão se divertindo. Nem mesmo elas. A felicidade pessoal parece algo misterioso e ilusório. E até quando as pessoas a alcançam, não conseguem mantê-la.

Essa é a maior indicação, a maior dica, o sinal mais seguro de que algo está errado. Quando inclusive aqueles que *deveriam* ser felizes não são, deve haver um *sério problema sistêmico* na cultura da sociedade. Podemos dizer que uma fórmula social está errada quando, mesmo funcionando, *não dá certo*; quando, mesmo tudo dando certo, *algo está desesperadamente errado*.

É onde estamos hoje, e acho que é hora de uma nova mensagem guiar a humanidade; de nossa espécie adotar uma nova história cultural.

Se gosta da sua vida exatamente como é, e gosta do seu mundo exatamente como se apresenta, você pode discordar de mim. E mesmo assim, talvez queira ler o livro. Mesmo querendo manter as coisas como estão você precisa saber tudo o que há para saber sobre as mudanças que as outras pessoas (neste caso, milhões de outras) estão sendo convidadas a cogitar.

Se concorda comigo e acha que é hora de fazer mudanças importantes — no mundo e talvez na própria vida —, você veio ao lugar certo.

As mensagens que aqui se encontram foram passadas para mudar tudo.

APERTE O CINTO

Para uma leitura mais rápida e um impacto máximo, reduzi as mensagens fundamentais dos nove livros de *Conversando com Deus* a quase mil palavras. E fiz expansões significativas delas.

Aqui, então, está a articulação mais objetiva e a aplicação mais prática do que considero como as mais importantes mensagens de *Conversando com Deus*.

Nem todas as declarações encontradas no resumo de mil palavras que compõem o Capítulo 2 podem ser compreendidas por completo à primeira leitura. Para mim com certeza não foram. E justamente por isso as expandi nas páginas seguintes.

Depois de 15 anos trabalhando para aplicar essas mensagens em minha vida e, durante essa mesma década e meia, procurando encontrar a maneira mais objetiva e simples de explicar — respondendo a milhares de perguntas de diversos públicos ao redor do mundo — o que as mensagens dizem e como podem ser aplicadas, considero-me agora pronto para contribuir com este livro.

Aqui vamos nós. E aperte o cinto, pois algumas dessas ideias talvez sejam consideradas heréticas por muita gente, de modo que pode ser uma viagem atribulada. Mas acredito no que George Bernard Shaw afirmou: "Todas as grandes verdades começam como blasfêmias."

2

Aqui, em mil palavras, está tudo o que a raça humana precisa saber para viver a vida pela qual anseia e que, apesar de tentar por milhares de anos, ainda não alcançou. Leve estas mensagens para o seu mundo:

1. Somos todos um. Todas as coisas são uma só coisa. Existe apenas uma coisa, tudo é parte disso. Isso significa que você é Divino. Você não é seu corpo, nem sua mente, nem sua alma; é a combinação única dos três, a qual compreende sua totalidade. Você é uma individuação da Divindade, uma expressão de Deus na Terra.
2. Há o suficiente. Não é preciso competir, muito menos brigar, por recursos. Tudo o que é preciso fazer é compartilhar.
3. Não há coisa alguma da qual você tenha de fazer. Você *fará* muita coisa, mas não é *obrigado* a nada. Deus não quer, não precisa, não exige nem ordena coisa alguma.
4. Deus fala com todas as pessoas o tempo todo. A questão não é "Com quem Deus fala?". É "Quem O ouve?".
5. Existem três princípios básicos da vida: *funcionalidade, adaptabilidade* e *sustentabilidade*.

6. Não existe o certo e o errado, existe apenas o que funciona e o que não funciona, dado o que esteja tentando fazer.
7. No sentido espiritual, não há vítimas nem vilões no mundo, embora no sentido humano certamente pareça haver. Mas, como você é Divino, tudo o que acontece acaba o beneficiando.
8. Ninguém faz qualquer coisa inapropriada segundo seu modelo de mundo.
9. Não existe o inferno, assim como não existe a condenação eterna.
10. A morte não existe. O que chamamos de "morte" é meramente um processo de reidentificação.
11. Não existe espaço e tempo, apenas o aqui e agora.
12. O amor é tudo o que existe.
13. Você é o criador da sua realidade e usa as Três Ferramentas de Criação: *pensamento, palavra* e *ação*.
14. Sua vida não tem coisa alguma a ver com você. Tem a ver com todos cuja vida você toca e de que forma a toca.
15. Seu propósito na vida é recriar-se, passar à versão mais grandiosa da maior visão que já teve sobre quem você é.
16. No momento em que você declara qualquer coisa, tudo que é diferente disso surge no espaço. Essa é a Lei dos Opostos, responsável por produzir um Campo Contextual no qual aquilo que você deseja expressar pode ser vivenciado.
17. Não existe Verdade Absoluta. Toda verdade é subjetiva. Nesse contexto, existem cinco formas de dizer a verdade: *dizer sua verdade a si mesmo sobre si mesmo; dizer sua verdade a si mesmo sobre o outro; dizer sua verdade*

sobre si mesmo ao outro; dizer sua verdade sobre o outro ao outro; dizer sua verdade a todos sobre tudo.

18. A raça humana vive dentro de um conjunto preciso de ilusões. As Dez Ilusões dos Humanos são: a *necessidade* existe, o *fracasso* existe, a *desunião* existe, a *insuficiência* existe, a *exigência* existe, o *julgamento* existe, a *condenação* existe, a *condicionalidade* existe, a *superioridade* existe e a *ignorância* existe. Essas ilusões existem para servir à humanidade, mas ela precisa aprender a usá-las.

19. Os três conceitos fundamentais da vida holística são *honestidade, consciência* e *responsabilidade.* Viva de acordo com eles e a raiva de si mesmo desaparecerá de sua vida.

20. A vida funciona dentro do paradigma Ser-Fazer-Ter. A maioria das pessoas o inverte, imaginando que primeiro é preciso "ter" coisas para "fazer" coisas e, assim, "ser" o que deseja ser. Reverter esse processo é a maneira mais rápida de experimentar a maestria na vida.

21. Existem três níveis de consciência: *esperança, fé* e *conhecimento.* A maestria espiritual está em viver no terceiro nível.

22. Existem Cinco Falácias Sobre Deus que geram crise, violência, morte e guerra. Primeira: Deus *precisa* de algo. Segunda: Deus *pode não conseguir* o que necessita. Terceira: Deus nos *separou* Dele porque não Lhe demos o que Ele necessitava. Quarta: Deus ainda precisa tanto disso que agora *exige* que nós, *separados Dele,* demos isso a Ele. Quinta: Deus *nos destruirá* se não atendermos às Suas demandas.

23. Há também Cinco Falácias Sobre a vida capazes de gerar crise, violência, morte e guerra. Primeira: a ideia de que os seres humanos são separados uns dos outros. Segun-

da: não há o suficiente daquilo que os seres humanos necessitam para ser feliz. Terceira: a ideia de que, para obter o que não há em quantidade suficiente, eles devem competir entre si. Quarta: alguns deles são melhores que outros. Quinta: a ideia de que é apropriado que os seres humanos resolvam as graves diferenças criadas por todas as outras falácias matando uns aos outros.

24. Você pensa que está sendo aterrorizado por outras pessoas, mas, na verdade, está sendo aterrorizado pelas próprias crenças. Sua experiência de si mesmo e de seu mundo mudará de forma drástica se você adotar, coletivamente, os Cinco Passos para a Paz:

- permita-se reconhecer que algumas de suas antigas crenças sobre Deus e sobre a vida não estão mais funcionando;

- explore a possibilidade de que haja algo que você não entenda totalmente sobre Deus e sobre a vida, cuja compreensão mudaria tudo;

- anuncie que está disposto a receber novos entendimentos sobre Deus e sobre a vida, capazes de produzir um novo modo de viver neste planeta;

- examine com coragem esses novos entendimentos e, caso se alinhem com sua verdade e com o seu conhecimento interior pessoal, amplie seu sistema de crenças para incluí-los;

- expresse sua vida como uma demonstração de suas crenças mais elevadas, e não como uma negação delas.

25. Que haja um novo Evangelho para todas as pessoas da Terra: "Somos todos um. O nosso não é um caminho melhor, é apenas outro caminho".

Essas quase mil palavras, aceitas e postas em prática, podem mudar seu mundo em uma única geração.

3

Algumas dessas mensagens são bem objetivas e outras imploram por elucidação. A maioria das pessoas provavelmente concorda, por exemplo, que "não é preciso competir, muito menos brigar por nossos recursos." Por outro lado, pode ser difícil aceitar que "não há vítimas nem vilões no mundo", mesmo com a especificação de ser "no sentido espiritual".

Especialmente no sentido espiritual, acreditamos que "certo e errado" são partes intrínsecas do esquema universal das coisas — da "Lei de Deus", se preferir —, e a maioria das pessoas não consegue conceber um mundo sem regras morais absolutas. Na verdade, o que muitos indivíduos pensam estar *errado* no mundo de hoje é o fato de parecer haver cada vez menos dessas regras.

Isso cria um grande problema. Muitos seres humanos parecem não saber como existir sem alguém lhes dizendo o que fazer ou não. Se já é bastante difícil encontrar a felicidade em um mundo onde alguém nos diz o que fazer, o que faríamos sem regra alguma? E o que nos restringiria se não houvesse julgamento, condenação e punição, *especialmente* no "sentido espiritual"?

Portanto, vemos que a primeira dificuldade e o maior desafio do material de *Conversando com Deus* é que ele se baseia nas construções morais e ideias da humanidade sobre Ele. Não importa que essas construções e dogmas religiosos pouco tenham contribuído para produzir um mundo livre de ódio, violência e medo. Não importa que esses valores morais e ensinamentos sobre Deus não tenham conseguido eliminar o sofrimento, reduzir a abjeta pobreza ou nem mesmo fazer algo simples, como acabar com a fome em nosso planeta.

Sabia que seis milhões de crianças morrem todos os anos na Terra de *fome*? Isso é fato, não polêmica.

Ficamos terrivelmente revoltados — e com razão — quando um homem armado mata vinte crianças em uma escola, mas ficamos parados vendo 684 crianças morrerem a *cada hora* de fome e permitimos que isso continue. Dizemos que não podemos fazer alguma coisa a respeito.

É uma triste verdade que, quando se trata de nossos valores globais e das religiões das quais eles surgem, a maioria das pessoas do mundo se recusa a fazer aquilo que se permite em todas as outras áreas do empreendimento humano. Na ciência, as pessoas são incentivadas a fazer isso, assim como na medicina e na tecnologia. Mas na religião, provavelmente a área mais importante de todas, são desencorajadas por completo.

E o que as pessoas fazem com regularidade na ciência, na medicina e em tecnologia que, quando se trata de religião, elas obstinadamente se recusam a fazer?

Questionar a suposição anterior.

DEIXE AS COISAS COMO ESTÃO

Mudar não é algo que as pessoas gostam de fazer neste planeta. Elas não querem alguém adulterando suas crenças mais sagradas. Mesmo que sejam explícita e comprovadamente erradas, ou óbvia e totalmente ineficazes na produção dos resultados que esperam ou predizem, os seres humanos se apegam às próprias crenças com uma rigidez obstinada, ao mesmo tempo em que chocante e assustadora.

Por exemplo: apesar das descobertas paleontológicas e arqueológicas do último quarto de século, pesquisas mostram que mais de quarenta por cento da população deste planeta continua acreditando que o mundo não tem mais de dez mil anos.

As pessoas acreditam ou precisam acreditar no que querem para dar suporte ao ponto de vista a ser defendido. Em um número surpreendente de casos, é realmente uma questão de "não me venha com fatos".

Em nenhum outro lugar isso está mais evidente que na área da religião.

Sabemos o que sabemos sobre Deus e não queremos ouvir mais coisa alguma. E há uma forte razão para isso: nossos pensamentos sobre Deus formam a base de toda a compreensão da vida, inclusive para pessoas sem crença alguma Nele.

Portanto, sejam as pessoas "crentes" ou "não crentes", seus pensamentos em relação a Deus criam um fundamento sobre o qual muitos constroem todo o próprio código moral. É compreensível, portanto, que pensamentos *novos*, ideias *novas*, conceitos *novos* sobre Ele não sejam muito bem recebidos ou aceitos com entusiasmo pela maioria das pessoas.

Uma nova verdade sobre Deus seria, para agnósticos, ateus e adeptos, a Grande Mudança de todos os tempos.

DEBATENDO-SE NO VIDRO DA JANELA

A maioria das pessoas quer que deixemos as crenças religiosas delas em paz, e isso representa, em pleno primeiro quarto do século XXI, insistir em construir uma vida com ferramentas espirituais do século I.

Na medicina, isso seria como tentar fazer uma cirurgia com um pedaço de madeira bem afiado. Na tecnologia, seria como tentar lançar um foguete à Lua fazendo faíscas com lascas de pedras. Na ciência, como tentar fazer um experimento em uma caverna à luz de uma pequena fogueira.

Contudo, deixar nossas crenças religiosas intocadas poderia fazer sentido *se* essas ferramentas estivessem funcionando. No entanto, não estamos autorizados nem a *questionar* se de fato estão. O problema não está nas ferramentas, dizemos a nós mesmos, e sim no fato de não as usarmos.

Mas um observador atento perceberia que o problema é exatamente o oposto; é que as *estamos* usando. E as estamos usando *uns contra os outros*.

Deste modo, as ferramentas de nossas antigas religiões provaram ser (no mínimo) ineficazes na criação de um mundo de paz, harmonia, suficiência e dignidade para todos.

O que há de errado aqui?

Essa é uma pergunta que não devemos fazer. Devemos continuar fazendo o mesmo de sempre, esperando obter um resultado diferente. (E isso, óbvio, é a definição de insanidade.)

Como moscas se debatendo no vidro, continuamos batendo a cabeça contra o que não vemos — ou, em nosso caso, contra o que nos *recusamos* a ver: deve haver algo fundamentalmente falho em nossas crenças sobre Deus e a vida, porque se não, estaríamos muito além de onde estamos em termos de desenvolvimento social e espiritual.

Não viveríamos em um planeta onde as pessoas ainda matam umas às outras para resolver diferenças.

Não viveríamos em um planeta onde as pessoas ainda morrem de fome aos milhões enquanto todos os dias se joga no lixo comida suficiente para alimentar metade da população.

Não viveríamos em um planeta onde cinco por cento da população detém ou controla 95 por cento da riqueza e dos recursos — e considera isso perfeitamente correto.

Não viveríamos em um planeta onde "cada um por si" é considerado preferível a "um por todos e todos por um".

O QUE ESTAMOS DISPOSTOS A FAZER?

No entanto, vivemos nesse planeta. Então, a pergunta é: estamos dispostos a continuar com tudo isso?

Estamos dispostos a continuar como somos, a deixar aos nossos filhos e netos um mundo capaz de desvendar os mistérios do genoma humano, mas não o do amor dentro de nosso coração?

Dizemos que não, que queremos uma vida melhor para nós e nossos filhos, mas o que estamos dispostos a fazer para isso?

Estamos dispostos a fazer *a coisa mais corajosa de todas*? A desafiar nossas crenças mais sagradas? A analisar a possibilidade de que possa haver algo do qual não entendemos completamente sobre Deus e a vida, e cuja compreensão mudaria tudo?

Estamos dispostos a analisar (pelo menos a explorar) ideias novas, pensamentos novos, construções novas dentro da história humana? Mesmo que, superficialmente, pareçam contradizer o que pensamos já saber sobre Deus e a vida, podemos pelo menos explorar suas possibilidades? Devemos descartar cada novo conceito, cada nova hipótese, apenas porque este conceito não concorda com a história que temos contado a nós mesmos durante séculos e milênios?

Não, não devemos. E uma civilização que espera avançar não pode se dar ao luxo de fazer isso. Por essa razão, as mensagens deste livro são extraordinariamente importantes, pois somente quando estamos abertos a todas as ideias é que todas as possibilidades se abrem para nós.

4

Mas há boas notícias. Hoje, enquanto o mundo enfrenta crises econômicas, sublevações políticas, agitação civil, colapso social, degradação ambiental, confusão espiritual, conflitos contínuos e guerras, pessoas em todos os lugares do mundo estão encontrando coragem para *não* deixar as próprias crenças religiosas quietas. Elas estão procurando por novas sinalizações, novos conhecimentos, novas respostas, novas maneiras de como ser humanas.

O mais importante de tudo é que um número pequeno, mas crescente, de pessoas anseia por novas maneiras de entender Deus e se relacionar com Ele, porque atingiram uma nova consciência: as ideias que a humanidade tem de Deus têm um grande impacto naquelas (e, em alguns casos, até as criam) sobre a própria humanidade, sobre quem somos uns com os outros e sobre como a vida funciona.

E está nítido, agora — hoje mais que nunca, devido à nossa capacidade de nos ver, de nos comunicar com todo o mundo em um instante —, que algumas de nossas velhas ideias não são mais funcionais.

É de se duvidar que um dia tenham sido funcionais, mas isso não importava no passado em escala global. Porque as coisas continuaram. A vida continuou. Porém, no momento, as coisas não podem mais continuar. Muita informação passa a ser conhecida por muita gente muito rápido. Nossas velhas maneiras de fazer algo, de *ser,* não são mais consideradas parcialmente funcionais em algumas partes do mundo. E isso é o que pessoas em todos os lugares estão finalmente começando a reconhecer. No passado, um lugar na Terra podia esconder sua disfunção de outro. Agora, todo mundo sabe o que está acontecendo em todos os lugares. Esse fato torna a disfunção mais difícil de esconder — e mais difícil para o mundo tolerar.

Muita gente está vendo as feridas autoinfligidas. E também está vendo que está ficando sem curativos. Não dá mais para continuar fazendo curativos.

Estamos ficando sem solo fértil para plantar. Sem clima frio e úmido o suficiente para impedir que nossa Terra resseque. Estamos ficando sem água e ar puros, sem meios de ignorar tudo isso.

Estamos ficando sem dinheiro e sem tempo para melhorar as coisas. E o pior de tudo é que algumas pessoas estão ficando sem *vontade* de fazer isso, pois afundam cada vez mais no medo e na frustração, pensando que a única solução é se voltar uns *contra* os outros, e não uns *aos* outros.

ESSE GRUPO NÃO INCLUI VOCÊ

Você não está entre as pessoas que acreditam nisso, senão nunca teria comprado este livro, mas sim entre as pessoas convictas de que não é tarde demais para mudar as coisas, mesmo não sabendo exatamente qual papel desempenhar para isso. (Falaremos sobre esse assunto mais à frente.) O que você *sabe* é: deve-se fazer agora uma revisão completa de nosso modo de ser.

Não é uma tarefa fácil, mas também não é impossível. Nossa espécie já vivenciou uma recriação completa antes — renascimento, renovação, se preferir. Mas um renascimento não precisa levar trezentos anos; pode ser realizado em um décimo desse tempo, justamente por causa da natureza instantânea e transparente de nossa comunicação moderna, condição que chamo de *instaparência*.

Minha sugestão é que nossa mudança pode começar melhor com uma reescrita, expandindo nossa história cultural, as palavras que dizemos a nós sobre nós mesmos, as lições ensinadas a nossos filhos sobre a razão e o propósito da vida, e, o mais importante de tudo, as narrativas compartilhadas com todos sobre o que chamamos de "Deus".

É aqui onde reside o poder e o impulso. É onde encontramos o combustível responsável por alimentar o motor da experiência humana.

Pois bem; que novo acréscimo divinamente inspirado à sagrada história humana poderia capturar a atenção e nos levar a pensar em mudar nossos antigos comportamentos? Essa é a questão. Que novas ideias de Deus poderiam ser tão poderosas e inspiradoras, tão excitantes e motivadoras quanto as de Lao Tse ou de Buda? De Moisés ou de Jesus? De Maomé ou de Krishna? Que expansão da história poderia ser tão comovente, tão impactante e tão transformadora quanto as mensagens dos sistemas de crenças e religiões aos quais os seguidores desses Mestres deram à luz?

Essa é uma velha pergunta-chave. Que novas ideias poderiam expandir a história antiga o suficiente para oferecer novas possibilidades a uma espécie inteira?

A QUESTÃO NÃO É REJEIÇÃO OU ABANDONO

Venho aqui para respeitosamente sugerir que as ideias contemporâneas das quais chamo de Nova Espiritualidade podem oferecer um esboço para esses acréscimos; podem pelo menos oferecer uma base para abrir discussões e iniciar estudos.

Mas isso não vai acontecer se as pessoas virem esses estudos como uma rejeição ou abandono da história antiga da humanidade, pois guardamos essa história em nosso coração. E está certo; afinal, foi o que nos trouxe até aqui.

Portanto, deve ficar evidente desde o início que *Conversando com Deus* nunca sugere isso. Na verdade, mostra o ponto oposto: muito do que as religiões do mundo nos deram é valioso e bom. Por isso a religião em si dura tanto tempo. Se elas causaram conflitos entre as pessoas, não foi porque seus ensinamentos estão "errados", e sim porque talvez estejam incompletos.

Observo que muitos seres humanos são como crianças que aprenderam a somar e subtrair, mas ainda não ouviram falar de multiplicação e divisão (para não citar geometria, trigonometria e cálculo), porém, *pensam já saberem tudo que há para saber sobre matemática.*

Pode haver muito mais a ser revelado sobre Deus e sobre a vida do que supomos agora, e acredito que é um erro imaginar que sabemos de tudo que há para saber sobre esses assuntos.

A intenção de *Conversando com Deus* não é, portanto, rejeitar ou abandonar totalmente as velhas ideias da humanidade acerca do Divino e da vida, e sim acrescentar, construir, estender, ampliar, expandir, aprofundar, elucidar e enriquecer a história antiga.

DERRUBANDO BLOQUEIOS

Não é preciso que a expansão do entendimento original gere raiva, muito menos bloqueie para sempre a tentativa de avançar em nossa jornada espiritual, assim como o conhecimento científico, médico ou tecnológico expandido não nos impediu para sempre de avançar em nossa jornada evolutiva.

Houve obstáculos, sim, alguns atrasos na jornada evolutiva da ciência, medicina e tecnologia, mas nada capaz de nos deter por completo. Demoramos para admitir que o Sol não girava em torno da Terra; para reconhecer que lavar as mãos antes de fazer um parto diminuiria a taxa de mortalidade infantil; para "entender" que os computadores não precisam representar uma ameaça aos seres humanos. Mas, no fim, aceitamos esses e outros avanços e evoluímos.

E não jogamos fora todo nosso conhecimento científico para aceitar uma nova descoberta; não jogamos fora todo nosso conhecimento médico para adotar um novo procedimento; nem nosso conhecimento técnico para aplicar uma nova atualização. Simplesmente incorporamos ao velho o novo, o que nos permite modificar e expandir nosso conhecimento, e então, seguimos em frente, melhores.

Agora, é hora de fazer o mesmo com a religião.

5

O que é necessário agora, na Terra, é um Movimento dos Direitos Civis pela Alma, que por fim liberte a humanidade da opressão de sua crença em um Deus violento, irado e vingativo e liberte nossa espécie de uma doutrina espiritual responsável por criar nada mais que segregação, medo e disfunção no mundo todo.

Precisamos, por fim, substituir esse dogma pelo que meu amigo, o rabino Michael Learner, descreveria como um *éthos* de unidade e cooperação, compreensão e compaixão, generosidade e amor.

O primeiro passo nesse movimento é iniciar uma conversa global que comece com uma pergunta contundente pouco feita: "Sinceramente, e sem preconceitos, você diria que os sistemas de crenças do mundo, incluindo as religiões, produziram os resultados pelos quais a humanidade ansiava?"

Se a resposta for não, a próxima pergunta deve ser: "Por que você acha que os sistemas de crenças foram um fracasso nisso?" E, por fim, qualquer discussão benéfica levaria a esta questão: "Que crenças ou entendimentos você acha serem capazes de *gerar* os resultados que a humanidade diz desejar?"

Essas questões poderiam ser a base do que eu chamo de a Conversa do Século, da qual todos nós podemos participar. Você pode participar dela agora mesmo, na comunidade virtual mundial que se reúne diariamente em www.TheGlobalConversation.com. É um jornal digital criado por mim, responsável por relacionar os conceitos espirituais expandidos da Nova Espiritualidade com as notícias do dia, tornando a espiritualidade *vital e significativa* de novo na vida diária.

Você também pode criar um Grupo Evolução e Revolução em sua comunidade agora mesmo, promovendo reuniões em sua casa uma ou duas vezes por mês.

Falar sobre temas importantes movimenta a energia em torno deles. Todas as grandes mudanças que já ocorreram no sistema social, no político, no econômico e no espiritual começaram com duas pessoas conversando sobre o assunto. Pode parecer absurdamente óbvio, mas vejo muitas pessoas que querem ver mudanças no mundo e na vida dizendo: "O que posso fazer? Que impacto posso causar?"

Portanto, não se engane: pessoas falando sobre o mesmo assunto em um mesmo momento tornam a ideia muito poderosa. Tanto que, como disse Victor Hugo, "nem todos os exércitos do mundo podem deter uma ideia cuja hora chegou".

Reescrever a história cultural da humanidade para incluir crenças expandidas e entendimentos mais profundos sobre Deus e sobre a vida, ampliando as crenças primitivas e simplistas do passado: é exatamente essa a ideia.

Demanda tempo, mas grandes aglomerados de pessoas (sociedades inteiras) *podem* mudar de ideia sobre algo. Martin Luther King Jr. ajudou a criar uma mudança de opinião sobre os negros. Betty Friedan e Gloria Steinem, por sua vez, fizeram o mesmo em relação às mulheres. Harvey Milk ajudou a criar uma mudança de opinião sobre os gays. Todos nós podemos ajudar, agora, a criar uma mudança de mentalidade acerca de Deus.

UM NOVO EVANGELHO

"Mudar a mentalidade do mundo acerca de Deus!" Ah, que grande meta!

E *essa* é a meta da Nova Espiritualidade, de *Conversando com Deus*. Essa é a meta de toda alma que O conhece e O ama, e que não consegue mais ficar de braços cruzados assistindo às pessoas em conflito com os ensinamentos de um Deus a quem se deve temer, vingativo e violento, e ignorar todos os resultados prejudiciais que essas crenças infligiram à raça humana.

As pessoas desse grupo sabem que a primeira coisa a ser feita é ajudar os outros a mudar a ideia que eles têm sobre o relacionamento de Deus conosco. Depois, sobre nosso relacionamento com Ele. E finalmente, o relacionamento de todas as pessoas entre si e com a vida.

Esses três tópicos estão inseridos nas mensagens mais importantes de *Conversando com Deus,* resumidas no Capítulo 2. Acredito, do fundo do coração, que essas mensagens fornecem um caminho para o tipo de experiência de vida a qual as pessoas da Terra anseiam, tanto individual como coletivamente, há milhares de anos.

Atenção: note que eu disse "um" caminho, não "o" caminho. Escolhi as palavras específica e deliberadamente. A coleção *Conversando com Deus* oferece à humanidade um novo Evangelho no livro *Amizade com Deus*. E esse novo Evangelho conclui o resumo do Capítulo 2.

Bem, começaremos por aí. *Começaremos* o estudo desse resumo de mil palavras por onde *termina*. Começaremos de baixo e iremos subindo.

6

Ao analisar as 25 mensagens fundamentais que emergem de *Conversando com Deus,* da última à primeira, dedicarei um capítulo a cada uma e o dividirei em duas partes: significado e aplicação. Assim, expandirei de duas maneiras as mensagens, levando a novos territórios muitas pessoas que não tiveram a chance de visitá-los antes.

Aqui está, então, nosso olhar à mensagem mais ousada de todas:

Mensagem Fundamental 25 de *Conversando com Deus*

Que haja um novo Evangelho para todas as pessoas da Terra: "Somos todos um. O nosso não é um caminho melhor, é apenas outro caminho."

Essa foi, para mim, uma das mensagens mais maravilhosas no diálogo com a Divindade o qual tive a incrível sorte de vivenciar. Nessa doce interação, Deus suavemente me disse que poderíamos acabar com grande parte da raiva, do ódio, da divisão e da violência do mundo apenas adotando e espalhando um novo ensinamento, uma nova doutrina simples, de 14 palavras: *Somos todos um. O nosso não é um caminho melhor, é apenas outro caminho.*

Deus chamou isso de Novo Evangelho, e preciso admitir que, no início, fiquei muito relutante em usar essas palavras, porque, afinal, a palavra "evangelho" tem um significado muito especial para muitas pessoas. Mas jamais editei qualquer coisa que ouvi nessas experiências de diálogo, e não poderia justificar fazê-lo de repente; por isso deixei a frase exatamente como a recebi.

E acredito mesmo que isso que todos nós podemos usar agora é um novo Evangelho. Não para substituir o antigo, mas sim para somar-se a ele, ampliá-lo, dando-lhe um significado mais profundo e rico. Por essa razão, em minhas palestras e workshops pelo mundo, sempre convido nossos líderes econômicos, políticos e espirituais a pregar esse Novo Evangelho a seu público.

Até agora, ninguém fez isso. Eu entendo o motivo pelo qual nenhum grande líder mundial, nenhuma figura espiritual global, nenhum titã dos negócios ousou proferir essas palavras de seus pódios, púlpitos e mesas de reuniões. Porque simplesmente não acreditam que funcionaria, que seria aceito pelas pessoas que os ouvem e admiram.

Na verdade, devido às posições ocupadas por esses líderes, às vezes eles acham que precisam declarar exatamente o contrário. Por que alguém os seguiria se eles não anunciassem que o caminho que conduzem é o melhor?

Acontece que nada bloqueia mais a criação e a manutenção da paz no mundo que pensamentos de superioridade, especialmente se forem acompanhados de arrogância.

E isso, infelizmente, é o que vemos acentuadamente em nossa sociedade a cada dia mais polarizada. Nossos líderes dizem: "Não temos apenas uma boa ideia: temos a *única* boa ideia que existe. Nosso caminho é o *certo*. Todos os outros não estão só errados, como também são *maus* por sugerir outra coisa."

Nossa troca de pontos de vista é assim ultimamente, e o mais triste é que nem mesmo percebemos que somos nós mesmos que estamos criando a polaridade com nossa arrogância.

Como comentei aqui antes, quando os humanos acreditam que estão "certos" acerca de algo, alguns deles (talvez até mesmo a maioria) defendem as próprias opiniões com tenacidade, mesmo que os fatos revelem os pontos de vista deles como imprecisos ou obsoletos.

É verdade que as pessoas podem mudar de opinião. Harvey Milk, Gloria Steinem, Martin Luther King Jr. e outros, que Deus os abençoe, provaram isso. Mas não é uma tarefa fácil ajudá-las a mudar de ideia. Como é dito em *Comunhão com Deus*: a ideia de superioridade é sedutora.

Como diz esse livro, é uma das dez ilusões dos humanos. Não pode ser real, e explicarei por que em um instante. Mas sem dúvida parece real. E é muito *boa*.

Em nenhuma área a ideia de superioridade é mais difundida que na religião, outra questão levantada antes. Isso é o que torna o Novo Evangelho tão importante e impactante — e um desafio para muita gente.

Mas justamente por *ser* desafiador, convida a uma análise mais atenta. Então, vamos dar uma olhada não tão superficial nele.

Deus não é "tudo"?

O Novo Evangelho começa com as palavras "Somos todos um", de modo que essa afirmação final das 25 mensagens fundamentais do que Deus disse nos leva de volta à sua primeira revelação, fechando um círculo.

A primeira revelação é: "Somos todos um. Todas as coisas são uma só coisa. Existe apenas uma coisa, tudo é parte dessa uma coisa."

Se essa primeira mensagem for verdadeira, traz consigo uma importante — *notavelmente* importante — implicação, que equivaleria a uma grande expansão da compreensão anterior da humanidade acerca do relacionamento entre Deus e o homem.

A implicação, lógico, é que se *tudo* é uma coisa, e se somos *parte* de tudo (obviamente), então *somos parte de Deus,* a menos que Deus *não seja* parte de "tudo", esteja fora desse "tudo". Nesse caso, "tudo" não seria tudo.

É nisso, de fato, que muitas pessoas acreditam. Acreditam que existem, essencialmente, *duas coisas* na Realidade Final: (1) tudo o que existe e (2) aquilo responsável por *criar* tudo o que existe.

Nessa cosmologia, Deus está fora de tudo o que existe. Para conceber isso, muitas pessoas definem "tudo" como apenas o que é *físico,* e Deus como o que é *espiritual*. No entanto, é uma descrição injusta, porque altera o significado da palavra "tudo".

E igualmente nos força a assumir que *não* somos espirituais, ou que, se *somos* espirituais *e* físicos, a parte espiritual não faz parte do todo. Porque, pela lógica, se nossa parte espiritual está *incluída* no que chamamos de "tudo", um Deus espiritual deve ser parte desse "tudo" também.

Isso leva as pessoas a tomar todo tipo de caminhos tortuosos e usar todo tipo de lógica deturpada para explicar como um Deus que é espiritual não é parte de "tudo", mas *nossa* parte espiritual *é*.

Presume-se que o espírito de Deus é de outra espécie, de um *tipo diferente*. Não apenas grandioso, maior ou mais poderoso, mas sim um *tipo* completamente diferente, o qual não se enquadra na categoria "tudo o que existe".

O primeiro grande desafio da Nova Espiritualidade é afastar esse raciocínio fraturado e gentilmente nos guiar a fim de considerarmos que talvez haja um padrão para a energia essencial da vida (que algumas pessoas, inclusive eu, chamam de "Deus") a qual permite se expressar como física e espiritual *ao mesmo tempo;* inclusive nós, como humanos, fazemos isso.

Em outras palavras, deveríamos levar em conta a possibilidade de: o que nós podemos fazer, Deus também pode, e, assim como somos espirituais e físicos, aquilo que é divino também é.

Isso tornaria a humanidade e a Divindade uma mesma coisa, exceto quanto à proporção. Deus é tudo, enquanto nós somos parte daquilo que *engloba* tudo.

Isso não faz muito mais sentido?

E as principais religiões não declararam que somos "feitos à imagem e semelhança de Deus"?

Nossas histórias dizem o contrário
No passado, a maioria das culturas da humanidade nos narrava, por meio de mitos e contos, que Deus nos separou da Divindade. Não que Ele nos tenha *dividido* (nesse caso, todos seríamos simplesmente divisões da mesma coisa), mas sim nos *separado*. Analisemos a diferença.

Uma empresa que tem divisões em várias cidades ainda é uma única empresa. Porém, uma empresa que se *desfaz* e vende uma dessas divisões, cria *entidades separadas* que não fazem mais parte da empresa original.

Foi isso o que Deus fez? Sim, diz a maioria das religiões. Portanto, diz que Deus é uma coisa e nós somos outra. Essa separação ocorreu, segundo os ensinamentos, porque Ele estava descontente conosco. Fomos informados mais adiante que seu descontentamento se deve ao fato de termos desobedecido a Ele (pelo menos, nossos ancestrais desobedeceram.)

E assim, a História da Separação foi semeada na psique humana. Ela é fundamental e crucial para as religiões do mundo, pois se acreditamos em Deus, e se ansiamos pela Sua salvação, Seu amor e Sua magnificência, *voltar* para Deus passa a ser nossa prioridade número um — e é aí que entram as religiões, pois prometem nos mostrar como fazer isso.

Para se assegurar de que entendamos a urgência dessa premissa, as religiões acrescentaram uma ressalva: se *não* voltarmos para Deus, acabaremos indo para aquele outro lugar...

A triste alternativa
Se não encontrarmos o caminho para retornar a Deus, que nos perdoará por toda indelicadeza e mau comportamento

durante a vida na Terra, não seremos absolvidos dos nossos pecados e, como punição por nossos erros, seremos mandados para um lugar de sofrimento interminável e indescritível, chamado, entre outras coisas, de inferno, Hades, Ğahannam, Nār, perdição, Infernum, Mundo Inferior, Sheol, Aqueronte, Geena, Tofete, abismo ou poço.

Para complicar esse processo, há o fato de que, de acordo com pelo menos uma religião, só existe *uma maneira* de voltar para Deus e ser perdoado, que é por meio de Jesus Cristo. Ninguém mais tem o poder de nos perdoar, presumivelmente nem o próprio Deus, e por isso precisamos seguir esse caminho da salvação.

De fato, segundo essa doutrina, podemos viver uma vida virtualmente perfeita, demonstrando bondade, carinho, compaixão, generosidade e todas as outras virtudes divinas em todos os momentos, e mesmo assim não "ir para o Céu" (como a doutrina se refere à viagem de volta). Em outras palavras, não adianta "merecer" o caminho do Céu, só se pode chegar lá "aceitando Cristo" como Senhor e Salvador. E a razão de só Cristo poder oferecer a salvação, e não o próprio Deus, é que foi ele quem "pagou por nossos pecados" por meio de sua tortura e morte aceita de forma voluntária, apaziguando, assim, um Deus "justo" (o qual outros podem ver como um Deus furioso e vingativo). Pois, de outra maneira, Ele nos teria feito pagar nós mesmos.

Mesmo que um bebê morra momentos após o nascimento, sendo totalmente inocente e incapaz de cometer uma única ofensa contra Deus, precisa arcar com o pecado original, afirma essa religião em particular. É o pecado cometido pelas primeiras almas, aquelas que foram expulsas do Paraíso, cujo fardo carregamos como legado.

Essa é a Doutrina da Imperfeição Herdada. A menos que uma alma seja imaculada, declara essa doutrina, não pode retornar a Deus. E nenhuma alma, nem mesmo a de um bebê, é imaculada.

Nascemos imperfeitos. Mas podemos encontrar o perdão e voltar à pureza aceitando Cristo como nosso Salvador. No caso de uma criança, isso é feito pelo sacramento do Batismo, no qual um adulto aceita Cristo *em nome* do bebê.

(A criança pode aceitar Cristo de novo mais tarde, por meio do sacramento da Confirmação, quando, tendo atingido a idade da razão, confirma e renova a promessa batismal, e assim, está apto a receber o Espírito Santo. Isso ocorre geralmente entre os 7 e 14 anos, dependendo do costume local.)

Nada disso é uma questão leviana, dizem, porque se não aceitarmos a dádiva da redenção de Cristo, pagaremos nossos pecados para sempre. Ou seja, por toda a eternidade. Tão grandes têm sido nossas ofensas contra Deus, incluindo a maior, que seria não aceitar a dádiva de Deus do Cristo torturado e sacrificado.

Por essa medida, judeus, hindus, muçulmanos, budistas e membros de todas as outras religiões (bem como os que não têm religião alguma) vão para o inferno.

EXPANDINDO NOSSO CONCEITO DE DIVINDADE E REALIDADE

É realmente assim?

A Nova Espiritualidade nos convida a analisar atentamente esse ensinamento e decidir sozinhos se corresponde ao nosso conceito de um Deus amoroso que é a fonte de tudo e, portanto, precisa de nada. A primeira e a última das 25 mensagens mais importantes de *Conversando com Deus* expandem todo o nosso conceito de Divindade, e da própria Realidade Final. Descrevem uma realidade na qual nada é separado de coisa alguma, e um Deus que se expressa em, como e por meio de todas as coisas que existem.

Explorarei as inferências disso com mais detalhes quando a Mensagem Fundamental 1 for abordada sozinha, no final deste livro. Por enquanto, fiquemos com a Mensagem Fundamental 25 e analisemos a segunda metade dela: *O nosso não é um caminho melhor, é apenas outro caminho.*

Assim como acontece com a primeira metade do Novo Evangelho, essa frase carrega implicações teológicas maiores do que talvez pareça à primeira vista. Para além de uma simples declaração magnânima ou humilde, ela expande a ideia atual de que *apenas um* caminho para Deus é o "melhor" e *apenas uma* doutrina religiosa forma a base da única e verdadeira fé.

O que Deus procura dizer a todos é: toda fé é a única e verdadeira fé para aqueles que assim a consideram. Isso porque "Como você creu, assim acontecerá". Ou seja, a fé pura se fortalece, gerando os resultados exigidos. E *isso* se deve à natureza de quem você é e a como a vida funciona (também analisaremos esse assunto em partes posteriores deste livro).

Ou seja, se você acredita que seguir os ensinamentos do profeta Maomé, bendito seja Seu santo nome, abrirá o caminho do Paraíso para você, assim será. Se acredita que aceitar Cristo como seu Salvador lhe garantirá um lugar no Céu, isso acontecerá. Se acredita que imitar o comportamento de Buda lhe trará paz, trará. Aquilo em que acredita será sua experiência.

Isso significa que existe mais de um caminho para o topo da montanha. Também significa que nenhum caminho é "melhor" que outro. Todos levam ao mesmo destino. De fato, como diz *Conversando com Deus,* não há como *não* alcançar o chamado Reino de Deus, pois não existe *outro lugar aonde ir.* (Essa ideia será explorada no Capítulo 23.)

Esse lugar também tem muitos nomes. Alguns o chamam de Paraíso, Jannah, Nirvana, Terra Prometida, Além, próxima encarnação, Reino de Deus, Elísios, Campos Elísios, Valhalla, Empíreo ou, simplesmente, Céu.

CIRURGIA ESPIRITUAL PARA CORRIGIR UM DEFEITO FATAL

A segunda frase do Novo Evangelho extrai a justiça da religião, retirando, assim, algo que não é muito bom de algo que é muito bom de várias maneiras.

A ideia de haver apenas um caminho certo para retornar a Deus causou muita morte e destruição; portanto, fez, mais que qualquer outra premissa, que mais pessoas *fugissem* Dele.

O Novo Evangelho é como uma cirurgia espiritual, pois encontra e retira o veneno dos pensamentos gloriosos e saudáveis que a maioria dos humanos tem sobre a própria religião e a própria Divindade.

Acredito que em algum lugar, bem lá no fundo, a maioria das pessoas sabe que, se existe um Deus, não pode ser um Deus que se importa com rótulos, o qual acha que todo lenço de papel deve ser Kleenex®, que todas as fitas adesivas transparentes devem ser Durex®, e que todas as pessoas merecedoras do Céu precisam ser cristãs (ou muçulmanas, ou hindus, ou mórmons, ou qualquer logotipo do qual esse Deus tenha em seu crachá).

O Novo Evangelho de *Amizade com Deus* oferece uma oportunidade para que a teologia alcance a consciência do século XXI. É uma oportunidade para discutir uma questão central: "É possível que nossas informações anteriores sobre o Reino de Deus e quem é "elegível" para ir para lá estivessem incompletas?"

Para os bilhões de pessoas que defendem que as almas só podem retornar a Deus por um determinado caminho, a crença de todos os caminhos levarem ao Céu é um convite para expandir seu conceito sobre Ele, tornando o Ser Divino grande o suficiente para ser alcançado por qualquer caminho. Ou, como ouvi alguém dizer de uma maneira maravilhosa alguns anos atrás: "Se Deus é seu alvo, não há como errar!"

Se essa ideia de um Paraíso "Só para nós" tivesse sido eliminada das construções espirituais de nossa espécie séculos atrás, milhares e milhares de vidas teriam sido salvas, visto que inúmeras pessoas foram martirizadas por não aceitar e praticar a "fé correta".

Ainda hoje, pessoas em todo o mundo são envergonhadas e marginalizadas, repreendidas e censuradas, e em alguns casos ainda perseguidas, por não abraçar a "única religião verdadeira".

APLICANDO ESSA MENSAGEM À VIDA COTIDIANA

Esta notável mensagem oferece a todos nós uma oportunidade de fazer parte da cura da humanidade.

O medo da condenação eterna não mais se considera uma maneira amorosa de conquistar adeptos para uma religião, mesmo que se alegue fazer isso por "preocupação" com alguém a quem se ama. E considerar "ruim" ou "errado" um ponto de vista não é mais uma maneira de fazer que alguém concorde com o nosso, em *qualquer* assunto.

O Novo Evangelho tem aplicações que vão muito além da esfera da religião. Praticado na arena política, poderia devolver a civilidade ao discurso civil. Adotado na área econômica, poderia substituir a concorrência implacável por colaboração e cooperação. Aceito na área educacional, poderia acabar com o ensino só de coisas com as quais concordamos.

A ideia de que o nosso não é o melhor caminho, mas apenas outro caminho, aplicado em nossa vida toda, alteraria completamente a paisagem social de maneiras inimagináveis, e isso melhoraria a vida humana para todos.

Veja algumas sugestões para a aplicação dessa mensagem em sua experiência diária:

- se você é uma pessoa religiosa, determine a partir deste dia (se ainda não o fez) nunca mais sugerir à outra pessoa que sua religião é a única maneira de chegar ao Céu, ou que cada pessoa na face da Terra não praticante da sua religião vai para o inferno. Use o amor de Deus, não o temor a Deus, como seu motivador para encorajar os outros a examinar mais atentamente a fé que você possui e ver se não poderia ser o lar espiritual deles também;

- se você está profundamente envolvido na política, respeite o ponto de vista e as ideias políticas dos outros. Aceite-os em suas discussões. Não confunda emoção com paixão. Uma coisa é ser apaixonado por seu ponto de vista, outra é deixar as emoções (como a "raiva") o dominarem. Se sentir que a raiva está crescendo dentro de si, se começar a usar uma linguagem abusiva ou depreciativa para defender sua opinião, pare um instante e amenize a tensão da interação. Assuma a responsabilidade por ter permitido que a conversa saísse do controle, peça desculpas por aumentar a energia negativa e apenas comece a falar mais devagar e um pouco mais baixo. Isso pode fazer maravilhas;

- quando começar a sentir que seu jeito não é apenas a "melhor", mas também a "única" maneira de ver ou fazer algo, pense em um momento de sua vida no qual achou que tinha a única boa resposta para alguma coisa e a vida provou que você estava enganado. Pergunte a si mesmo se esse poderia ser o caso agora;
- ouça o ponto de vista do outro e procure, intencionalmente, algo — *qualquer coisa* — de valor no que ele acredita. Veja se consegue encontrar um terreno em comum, mesmo pequeno, com o outro, e reinicie a discussão daí;
- pense nos resultados desejados que você e os outros têm em comum. Foque naqueles que ambas as partes buscam, em vez de nos caminhos ou métodos para alcançar determinados fins. Muitas vezes, quando vemos a semelhança dos resultados, encontramos um respeito mútuo que nos permite começar a compartilhar e criar abordagens colaborativas para resolver desacordos e problemas;
- veja esta declaração milagrosa a qual descobri ser maravilhosamente útil para levar adiante o que poderia ter sido uma conversa discordante: "Entendo seu ponto de vista." Isso não diz que eu concordo com você, mas diz que não o considero de todo absurdo ou louco por pensar dessa maneira. Honre sua forma-

ção, sua experiência de vida e o caminho que o trouxe até aqui. Às vezes, para quebrar o gelo, as pessoas só precisam sentir-se ouvidas; não que os outros concordam com elas; apenas serem ouvidas;

- com relação à primeira parte do Novo Evangelho, comece a praticar o movimento de união com outra pessoa, lembrando-se de um momento no qual você se sentiu da mesma maneira que essa pessoa se sente. Veja as coisas não apenas do ponto de vista delas, mas pela perspectiva de uma época na qual você tenha tido os mesmos (ou quase os mesmos) sentimentos. Lembre-se, sentimentos e emoções não são pontos de vista. São o que os *patrocinam*. Sentimentos de traição, por exemplo, ou de raiva; de solidão, ou de ser incompreendido, são os que todos nós tivemos em um momento ou outro. Procure se relacionar com os *sentimentos do outro*, não com o ponto de vista ou as palavras específicas dele; assim, começará a prática da "unicidade" como uma experiência de vida;

- permita-se sentir seus sentimentos naturais de unidade com os outros — e, nesse sentido, com outras formas de vida — e pratique isso todos os dias. Escolha duas pessoas com quem interage diariamente ou com frequência, e veja se consegue identificar nelas sentimentos que você também experimentou em um ou outro momento na vida.

Esses passos simples podem operar milagres em seus relacionamentos — e na maneira como você se relaciona com o mundo inteiro ao seu redor. O Novo Evangelho, essas 14 palavras, são tudo o que precisará para mudar sua vida para melhor. E, curiosamente, temos *mais mil* palavras para explorar.

7

Em 12 de setembro de 2001, recebi uma enxurrada de e-mails de leitores de todo o globo querendo saber como as mensagens de *Conversando com Deus* poderiam ajudar o mundo a evitar a repetição dos eventos horríveis e aterrorizantes do dia anterior. Eu queria saber a mesma coisa. Incapaz de dormir na noite do 11 de Setembro, fui ao meu teclado e comecei uma conversa urgente com Deus. Aqui está o início dessa conversa, literalmente:

Deus, por favor, esteja aqui. Precisamos de ajuda.

Estou aqui.

Precisamos de ajuda.

Eu sei.

Agora mesmo.

Eu entendo.

O mundo está à beira do desastre, e não estou falando de desastres naturais. Estou falando de calamidade causada pelo homem.

> *Eu sei. E você tem razão.*

Os humanos já tiveram divergências antes, e sérias, porém agora nossas divisões e divergências podem levar não apenas a guerras (o que já é bem ruim), mas também ao fim da civilização como a conhecemos.

> *Correto. Você avaliou a situação corretamente.*
> *Você entende a gravidade do problema, apenas não entende a natureza dele. Não sabe o que o está causando. Por isso, continua tentando resolvê-lo em todos os âmbitos, exceto naquele em que o problema existe.*

Qual?

> *O âmbito da crença.*
> *O problema que o mundo enfrenta hoje é espiritual.*
> *Suas ideias sobre espiritualidade estão matando vocês.*
> *Vocês continuam tentando resolver o problema do mundo como se fosse um problema político, ou econômico, ou até militar, e não é coisa alguma disso. É um problema espiritual. E esse é*

o único que os seres humanos parecem não saber como resolver.

Óbvio que implorei a Deus: "Então *diga* como resolvê-lo!" Um livro inteiro surgiu como resultado desse apelo, intitulado *As novas revelações: uma conversa com Deus,* e considero a seguinte passagem a mais importante desse livro:

Mensagem Fundamental 24
de Conversando com Deus

Você pensa que está sendo aterrorizado por outras pessoas, mas, na verdade, está sendo aterrorizado pelas próprias crenças. Sua experiência de si mesmo e de seu mundo mudará de forma drástica se você adotar, coletivamente, os Cinco Passos para a Paz:

• permita-se reconhecer que algumas antigas crenças suas sobre Deus e sobre a vida não estão mais funcionando;

• explore a possibilidade de que haja algo do qual você não entenda totalmente sobre Deus e sobre a vida, cuja compreensão mudaria tudo;

• anuncie que está disposto a receber novos entendimentos sobre Deus e sobre a vida, capazes de produzir um novo modo de vida neste planeta;

• examine com coragem esses novos entendimentos e, caso se alinhem com sua verdade e conhecimento interior pessoal, amplie seu sistema de crenças para incluí-los;

- expresse sua vida como uma demonstração de suas crenças mais elevadas, e não como uma negação delas.

É difícil encontrar mensagem mais nítida que essa. Significa exatamente o que diz, e não deixa espaço para ambiguidade. Mas não é apenas uma receita para prevenir futuros 11 de Setembro. É um chamado à ação; um desafio e um convite a toda a raça humana: encontrem uma nova maneira de ser. Pensem na possibilidade de mudar suas crenças fundamentais.

Mas isso é mesmo necessário? Por que mudar, ou no mínimo desafiar, nossas crenças faz parte dos chamados "passos para a paz"? Por que não podemos simplesmente deixá-las quietas? Até parece que são a causa de toda a turbulência do mundo.

Será que são?

Usei as palavras "crenças fundamentais" no parágrafo acima deliberadamente. É o movimento fundamentalista nas religiões e na política (a recusa a abandonar uma crença, a pelo menos levar em conta por um momento uma ideia nova sobre ela) que está expondo a humanidade ao perigo de feridas autoinfligidas contínuas e intermináveis.

Isso se encontra na religião *e* na política. E especialmente quando se juntam as duas.

Precisa de exemplos?

Um homem chamado Richard Mourdock, em campanha para o Senado dos Estados Unidos em Indiana, nas eleições gerais de 2012, declarou notoriamente que se uma mulher engravidasse como resultado de um estupro, teria sido porque "Deus pretendia que acontecesse", e por essa razão o aborto deveria ser combatido e proibido, inclusive em casos de estupro e incesto.

Quando perdeu a eleição (uma semana antes de fazer esse comentário, previa-se que ele ganharia), Mourdock não declarou: "Talvez eu tenha ido longe demais." Em vez disso, comentou: "Olho para trás sabendo que fui atacado por defender meus princípios."

Ele simplesmente não podia admitir que algumas de suas antigas crenças sobre Deus e sobre a vida não estavam mais funcionando.

E ele não está sozinho nessa.

Trouxe esse exemplo aqui só para mostrar como muitas pessoas são incrivelmente rígidas e inflexíveis em relação às próprias crenças, inclusive diante do senso comum, sobretudo quando se trata da mais sagrada delas — muitas provêm de obras que são consideradas os livros sagrados da humanidade.

A Bíblia diz, no livro de Deuteronômio: "Se um homem tiver um filho obstinado e rebelde que não obedece ao seu pai nem à sua mãe e não os escuta quando o disciplinam, o pai e a mãe o levarão aos líderes da sua comunidade, à porta da cidade, e dirão aos líderes: 'Este nosso filho é obstinado e rebelde. Não nos obedece! É devasso e vive bêbado.' Então todos os homens da cidade o apedrejarão até a morte. Eliminem o mal do meio de vocês."

Lógico, ninguém hoje consideraria de fato "eliminar" um filho que, desobedecendo aos pais, como é comum nos jovens, ocasionalmente beba demais, certo?
Errado.

> "A manutenção da ordem civil na sociedade repousa sobre o fundamento da disciplina familiar. Portanto, uma criança que desrespeita os pais deve ser permanentemente afastada da sociedade de uma forma que dê exemplo, a todas as outras, da importância do respeito aos pais. A pena de morte para crianças rebeldes não é algo a ser encarado de modo leviano. As diretrizes para administrar a pena de morte a crianças rebeldes estão dadas em Deuteronômio 21:18-21."
>
> — Charlie Fuqua, candidato em 2012 à Câmara dos Deputados do Estado do Arkansas, em seu livro do mesmo ano, *God's Law: The Only Political Solution*.

Fuqua também não foi eleito...

Aparentemente, há pessoas *capazes* de reconhecer que algumas velhas crenças sobre Deus e sobre a vida não estão mais funcionando. Mas Syed Ghaisuddin, ministro da educação do Talibã no Oriente Médio, não é um deles. Questionado sobre por que o Talibã declara que as mulheres precisam ficar confinadas em casa, ele disse à imprensa: "É como ter uma flor, uma rosa. Você a rega e a mantém em casa para si, para olhá-la e cheirá-la. A flor não deve ser retirada de casa para ser cheirada." Em outras palavras, uma mulher é uma *posse*. A posse de um homem.

Você poderia dizer que esse é o tipo de visão antiga proveniente de políticos, mas será que os membros do clero de hoje (pessoas as quais esperamos que nos guiem na busca por uma vida melhor) são capazes de ver quando velhas ideias não estão mais funcionando?

Bem, não exatamente...

> "As mulheres não podem lidar com o poder. Não está nelas lidar com ele [...] O poder real e verdadeiro vem de Deus, e foi Deus quem deu ao homem o poder e a autoridade sobre a esposa."
>
> — Rev. Jesse Lee Peterson, popular pastor fundamentalista cristão, em seu webcast de culto de domingo, "Como as mulheres liberais estão construindo uma sociedade desavergonhada".

Só se esqueceu de dizer que as mulheres precisam ficar em casa, lavar a louça, cuidar dos filhos, cozinhar, administrar as tarefas domésticas e manter o cesto de roupa suja vazio. Ah, e óbvio, cumprir seus "deveres" de esposa para com o marido.

E assim, vemos que mesmo em nossa sociedade supostamente moderna, neste período supostamente iluminado, continuamos sendo confrontados com a necessidade de fazer determinações: *existem* velhas ideias sobre Deus e sobre a vida as quais não funcionam mais? Ou essas vozes de 2012 oferecem soluções que de fato funcionam e podem funcionar hoje assim como em 1412 ou 1012, ou no ano 12 d.C.?

O que os Cinco Passos para a Paz nos oferecem é uma maneira de responder a essas perguntas.

Passo 1

O primeiro desses passos — perceber que algumas velhas crenças sobre Deus e sobre a vida não estão mais funcionando

— é, sem dúvida, o maior. É tão difícil para a humanidade dar esse passo que um número modesto de pessoas já bastaria para que uma revolução fosse criada.

Por que é tão difícil? Devido à origem dessas velhas crenças da humanidade.

Uma das mestras espirituais mais maravilhosas da vida, Dra. Terry Cole-Whittaker, surpreendeu-me um dia, anos atrás, quando fez uma pergunta muito perspicaz à sua congregação (da qual tive a sorte de ser membro) em um culto matinal de domingo: "Quem teria que 'estar errado' para que a Vida 'estivesse certa' pra você?"

Terry explicou que, para evitar que nossa mãe esteja errada, ou nosso pai, ou nosso professor favorito, ou nosso mensageiro espiritual mais sagrado, nós nos apegamos às suas falas mesmo que evidentemente não estejam mais funcionando (presumindo que *um dia* tenham funcionado!).

Então, ela nos convidou a juntar coragem para sair da zona de conforto e analisar a possibilidade de que o que assumimos como verdade, dada sua fonte aparentemente autorizada, talvez não seja verdade — ou talvez seja *incompleta*. Ou seja, pode haver mais coisas a saber sobre o assunto.

Foi a Dra. Terry quem me fez pensar: a evolução parou? A humanidade deixou de crescer e avançar na compreensão da vida durante a época de meus pais? Ou dos pais deles? Ou na época de nossos primeiros Mestres e mensageiros? Se for esse o caso, exatamente até onde precisamos voltar para encontrar o momento da paralisação?

Quando, exatamente, a evolução espiritual parou de acontecer?

Ou seria possível — apenas *possível* — que dentro de cada nova geração nascesse a capacidade de aquisição de uma compreensão nova e ainda maior? Simplificando, *a sabedoria é estática ou orgânica?*

Pessoas como a Dra. Terry nos pegam pela mão e nos levam ao limite de nossa zona de conforto, prometendo que estarão ao nosso lado em momentos de medo. São esses *novos* Mestres, assim como os antigos, que é bom reverenciar, pois eles abrem o caminho para lugares ainda não percorridos pela maioria de nós, dando passos no desconhecido *por nós* e voltando para nos relatar o que encontraram.

São os Descobridores do Amanhã... e sempre, sempre podemos distinguir os verdadeiros dos falsos, pois os verdadeiros, sem exceção, nos convidam a *nos juntar* a eles, não a *segui-los*, na expedição mais espetacular da vida: a Jornada da Alma.

O trabalho da Dra. Terry Cole-Whittaker pode ser acessado em www.TerryColeWhittaker.com. O programa que ela oferece tem um título perfeito: Adventures in Enlightenment [Aventuras na época da Iluminação, em tradução livre].

Passo 2

Quando chegarmos ao ponto de pelo menos admitir e reconhecer que algumas velhas crenças da humanidade sobre Deus e sobre a vida — mesmo entre as mais sagradas — não estão mais funcionando, o segundo dos Cinco Passos para a Paz nos convida a explorar a possibilidade de haver algo que não entendemos completamente sobre Deus e sobre a vida, cuja compreensão mudaria tudo. Ou seja, que nosso conhecimento nessa área pode ser Incompleto.

Usei inicial maiúscula nessa última palavra para ressaltar sua importância. Quero enfatizar mais uma vez que o problema não está no fato de os Antigos Ensinamentos serem "falsos" ou "errados". Acredito que o problema se dá por, em alguns casos, não chegarem suficientemente longe. Ou talvez *nós* não tenhamos ido suficientemente longe na busca por uma compreensão mais profunda deles.

Ou talvez ambos.

Reconhecer que alguns ensinamentos ou que nossa busca pode estar *incompleta* é, para muitos, também um grande passo. Uma coisa é observar e admitir que nossa história antiga pode não ser mais funcional, mas outra é aceitar que isso pode ser porque nunca conhecemos, desde o *início*, a história toda. Esse tipo de admissão exige humildade espiritual. É preciso admitir que *não sabemos tudo* sobre os temas de Deus e da vida — e *nunca soubemos*.

E, a propósito, antes de avançar para um território que pode parecer prejudicial ao nosso ego espiritual coletivo, gostaria de salientar que a palavra "algumas", encontrada no primeiro dos Cinco Passos para a Paz, é um qualificador muito importante e não deve passar despercebido na leitura.

Fica evidente que a intenção do Divino nesta revelação é tornar conhecido o fato de não ser toda a história antiga da humanidade sobre Deus e sobre a vida que está incompleta e poderia se beneficiar da expansão, mas sim partes dela. Isso já foi repetido algumas vezes neste texto, *de propósito,* para ninguém poder afirmar erroneamente que *Conversando com Deus* está sendo apresentado como um substituto para o que declara ser a Escritura Totalmente Errante.

Gostaria de observar mais uma vez que, muito pelo contrário, *Conversando com Deus* declara que a maior parte das mensagens das Escrituras Sagradas da maioria das religiões do mundo são de enorme valor e podem ser levadas *ao pé da letra*, pois fornecem observações sábias, afetuosas, perspicazes e benéficas. Em outras palavras, oferecem uma orientação maravilhosa.

Mas existem casos em que o avanço da compreensão humana poderia representar uma expansão útil às palavras, consagradas pelo tempo, de nossa história antiga?

Sem dúvida!

E essa *expansão para um novo território* é o que o segundo dos Cinco Passos para a Paz nos convida a realizar.

Também nos seduz com suas palavras, inferindo que, se ousarmos olhar além dos parâmetros de nossas percepções atuais, poderemos nos deparar com verdades espirituais mais profundas, *cuja compreensão mudaria tudo*.

Essa é uma sedução poderosa.

Um breve alerta

Posso fazer uma pausa agora nesta narrativa para oferecer uma breve explicação sobre estilo?

Sem dúvida, você já percebeu que a trilha deste texto é espiral, e ele circula sobre si mesmo em repetições notavelmente observáveis. Isso é intencional; não deve ser considerado uma redundância, e sim uma convenção literária empregada de forma deliberada. É usada porque a narrativa de *Conversando com Deus,* na qual este livro se baseia, também é espiral, apresentando seus pontos de vista várias vezes em rotatórias contextuais, até que se tornem familiares e se revelem como uma lógica em linha reta.

Agora, voltando à narrativa...

Passo 3

O reconhecimento de que ainda pode haver algo a aprender sobre Deus e sobre a vida não é o fim de nossa tarefa. Temos de *anunciar que estamos abertos para que novos entendimentos de Deus e da vida sejam trazidos, capazes de produzir um novo modo de vida neste planeta.*

De que adianta saber que perdeu as chaves de seu carro se não estiver disposto a procurá-las?

Observando as sociedades da Terra hoje, fica explícito que estamos parados e não conseguiremos fazer o motor funcionar de novo sem alguns elementos-chave apropriados. Mas se não estivermos dispostos a procurar esses elementos-chave, nunca chegaremos a lugar algum.

Estamos parados agora em um cruzamento importante de três vias: ontem, hoje e amanhã; o motor morreu na hora errada, abrindo margem para um grande acidente. É preciso sair desse cruzamento e seguir nosso caminho.

Temos de encontrar essas chaves! E não as encontraremos se não estivermos dispostos a procurar em qualquer lugar, exceto nos mesmos lugares antigos onde costumavam estar.

Recentemente, comprei um livro de referência antigo o qual queria muito ler. Mas, quando cheguei ao final, descobri que faltavam páginas. Era um livro muito procurado, comprado em um sebo, e que deve ter sido estimado e lido por muitas pessoas. Fiquei frustrado pela falta de uma narrativa conclusiva, mas não fiquei parado e disse apenas, com um suspiro: "Espero que o que haja nas páginas faltosas não seja importante e que tudo o que há para saber sobre o assunto esteja contido nas páginas que li." Fui a uma livraria, encontrei um livro *novo* sobre o tema e o comprei!

A humanidade "comprou" muitas ideias sobre si mesma, sobre a vida e sobre Deus, mas agora estamos descobrindo que faltam algumas páginas nesses maravilhosos livros antigos que lemos. Precisamos de um livro novo, sem nenhuma página faltando!

Isso não significa que vamos *jogar fora* os livros antigos; significa apenas que estamos dispostos a *não parar por aí* quando obviamente está faltando alguma coisa, e que escolhemos adicionar algo ao que aprendemos lendo mais, expandindo o já conhecido com informações novas e atualizadas.

Para sempre preso, ou finalmente liberto?

Portanto, a questão "chave" agora é: estamos dispostos a ter novos entendimentos sobre Deus e sobre a vida trazidos à tona? Estamos abertos a encontrar nossas chaves, mesmo que não estejam onde pensávamos estar? Se a resposta continuar sendo não, podemos ficar para sempre presos em uma velha história com páginas faltando.

Lógico, isso traz à tona outras preocupações que fizeram a humanidade tropeçar e parar neste terceiro passo, no passado. A principal é: quais novas ideias, de quais novas fontes, devemos levar a sério? É uma pergunta justa.

Por acaso damos ouvidos a qualquer um em cima de um caixote, debaixo de um anúncio de sanduíche, declarando que o fim do mundo está próximo? Eu não daria. Não leria qualquer livro, não compraria qualquer gravação, não assistiria a qualquer palestra, não iria a qualquer workshop ou retiro. Iria querer saber algo sobre a fonte do material e se mais alguém gostou do conteúdo e o recomenda.

Se eu encontrasse novas mensagens em um livro que fosse lido por milhões de pessoas em 37 idiomas, provavelmente me sentiria estimulado a lê-lo. Posso não concordar de prontidão com o que diz, mas talvez quisesse saber, no mínimo, por que tantos milhões de indivíduos acharam valor nele e o transformaram em um best-seller.

Segundo minha experiência, um material capaz de atingir tal nível de popularidade o faz não tanto porque traz algo novo às pessoas, mas porque faz com que elas *reconheçam e se lembrem* de algo que *já conhecem*.

Essa sensação de reconhecimento instantâneo é experimentada quando a alma diz à mente: "Aqui está a verdade pura e profunda da qual você sempre esteve ciente, mas que talvez tenha esquecido."

Tendo sentido esse impulso — e depois de investigar aonde me levaria —, escuto a mim mesmo. *Nunca aceito a palavra de outra pessoa.* Sintonizo minha orientação interior para ver o que ela me diz sobre o que estou explorando. É por isso que o quarto dos Cinco Passos para a Paz o convida a abraçar novas ideias sobre Deus e sobre a vida apenas "se elas se alinharem com sua verdade e seu conhecimento interior pessoal".

Mas eu certamente não deixaria de explorar uma ideia nova apenas por parecer radical; daria uma chance a ela. Pois é como eu disse antes: *somente quando estamos abertos a todas as ideias é que todas as possibilidades se abrem para nós.*

Passo 4

Muito bem, agora é hora de colocar um anúncio: Precisa-se de bravura.

Já estando disposto a permitir que novos entendimentos sobre Deus e sobre a vida sejam seriamente analisados, o próximo passo exigirá bravura espiritual, pois agora você será convidado a examinar de forma corajosa esses novos entendimentos e, caso se alinhem com sua verdade e conhecimento interior, *ampliar seu sistema de crenças para incluí-los*.

Este passo não é simples, de jeito nenhum. Algumas histórias espirituais antigas mais sagradas, e suas fontes, sem dúvida serão questionadas, e será preciso bravura — intelectual e espiritual — para resistir ao embate mental que esse questionamento interno muitas vezes produz.

Isso sem falar do opróbio público e da marginalização que ocorrerão (pode ter certeza) se você levantar suas questões em voz alta, e pior ainda se *ousar oferecer respostas* que violem a ortodoxia.

Porém, hoje, se quisermos realmente paz na vida e no mundo, seria bom analisar os resultados produzidos pela antiga história em nossa vida e perguntar se pode haver outra maneira de realizar o que alegamos querer como espécie.

Será necessária uma versão espiritual de Ignaz Semmelweis neste século XXI para fazer isso. E quem seria essa versão espiritual? E haveria mais de uma? Poderia haver milhares? Talvez milhões?

Esse é o convite do Movimento dos Direitos Civis pela Alma: encontrar milhões de Semmelweis.

Heroísmo ideológico

Foi em 1847 que o Dr. Ignaz Semmelweis, trabalhando na maternidade do Hospital Geral de Viena, fez uma observação notável e, sem dúvida, assustadora: pelo menos uma maneira de praticar a medicina era matando pessoas.

Em Viena, como em outros hospitais europeus e norte-americanos, a febre puerperal, a qual causava uma infecção fatal em mulheres durante o parto, estava se tornando uma epidemia, chegando a afetar quarenta por cento das pacientes internadas. O Dr. Semmelweis levantou a tese de que médicos que haviam realizado autópsias recentemente estavam fazendo em seguida exames internos em mulheres grávidas, e assim, transferindo matéria em decomposição dos cadáveres aos órgãos genitais delas. Então, propôs um novo procedimento: a lavagem das mãos usando hipoclorito de cálcio, que desde então se tornou um desinfetante conhecido.

Tendo a coragem de explorar sua ideia — a qual era radical naquela época —, o Dr. Semmelweis descobriu que sua aplicação *reduzia em dez vezes a incidência de febre puerperal fatal* nas maternidades.

Mas essa conclusão não fez diferença.

Sim, foi isso mesmo que eu disse. Nenhuma evidência fez diferença, porque os pensamentos do Dr. Semmelweis eram contrários às crenças e práticas médicas da época, e por isso suas ideias foram ridicularizadas e rejeitadas e ele se tornou praticamente um pária na comunidade médica em Viena, e acabou morrendo em 1865 em uma instituição de saúde mental.

Somente no século XX suas ideias foram aceitas, e desde então, um número incontável de vidas recém-nascidas foram salvas.

Chamo isso de heroísmo ideológico, e não há dúvida de que, se centenas de Ignaz Semmelweis houvessem demonstrado tanto heroísmo e apoiado mudanças obviamente benéficas, o resultado teria acontecido mais rápido, e sua vida não teria terminado como terminou.

Mas quanto tempo levará para que outros indivíduos — não só um perdido aqui e ali, e sim centenas ou milhares de outros — venham desafiar as *maiores* crenças de nossa espécie, nossas crenças *espirituais*, e propor mudanças obviamente benéficas? E quem vai começar?

Falando de maneira mais direta: se não agora, quando? Se não você, quem?

Passo 5

O último dos Cinco Passos para a Paz é a aplicação da teoria na prática. Tendo aceitado que algumas velhas crenças sobre Deus e sobre a vida não estão mais funcionando; tendo visto que isso pode acontecer porque há mais coisas a saber sobre esses assuntos; tendo nos disposto a aceitar que novos entendimentos sejam trazidos, e tendo ampliado nosso sistema de crenças para incluir esses novos entendimentos que se alinham com nossa verdade e conhecimento interior, agora somos chamados a *expressar nossa vida como uma demonstração de nossas crenças mais elevadas, e não como uma negação delas.*

Não é fácil passar do discurso à ação. Eu aprendi isso bem depressa. Depois de produzir 27 livros sobre a minha experiência e de declarar que foi uma conversa com Deus, era de se esperar (com razão) que eu vivesse de acordo com meus escritos. Não eram minhas falas, e isso é tudo o que posso oferecer como frágil justificativa quando apontam (com razão) meus defeitos. "Você não é um bom exemplo das mensagens proclamadas nesses livros", dizem algumas pessoas quando me conhecem, e estão absolutamente certas.

"Você nem deve ter recebido de Deus as ideias de seus livros", dizem outras. "Como ousa alegar uma coisa dessas? Deus não fala diretamente com as pessoas e com certeza não as dá livros inteiros!"

Muito bem, vou abordar esse último comentário primeiro.

Conheço um homem que certa vez disse que Deus falava diretamente com ele — e cinco livros surgiram dessas inspirações. E essa afirmação parece ser perfeitamente aceitável para a humanidade. Os livros são chamados Gênesis, Êxodo, Levítico, Números e Deuteronômio. O nome do homem era Moisés. E toda uma religião surgiu em torno desses livros.

Conheço um homem que alegou que um anjo o direcionou a placas de ouro enterradas, nas quais estavam gravadas revelações, que ele publicou dizendo ser uma tradução ao inglês dessas placas, chamando-a Livro de Mórmon. Seu nome era Joseph Smith. E uma religião inteira surgiu em torno desse livro.

A lista de pessoas dessa categoria poderia continuar. E não estou sugerindo, nem por um segundo, que uma religião deva surgir com base nos livros da série *Conversando com Deus*. Mas estou sugerindo, sim, que podemos explorar o conteúdo desses livros, e não simplesmente descartá-los porque o escriba humano o qual os redigiu ainda está vivo, ou porque o incidente aconteceu há menos de vinte anos, e não há vinte séculos.

Quanto a eu não ser um exemplo muito bom das mensagens desses livros, pelo menos isso poderia ajudar a estabelecer a veracidade de minha fonte. Se os livros estivessem cheios de ideias e noções, proclamações e declarações das quais eu simplesmente inventei, seria de se esperar que pelo menos inventasse coisas que pudesse cumprir! (Ninguém gosta de ser chamado de hipócrita ou falsário, e essas foram duas das injúrias mais leves usadas contra mim.)

Portanto, ninguém está mais ciente do que eu de que o último dos Cinco Passos para a Paz é um grande desafio. Mesmo assim, para mim é o passo mais inspirador de todos. Ele me chama todos os dias a um novo nível de compromisso, todos os dias me convida a uma determinação mais profunda, todos os dias me incita a me recriar e ser a versão atualizada da mais grandiosa visão que já tive sobre quem sou e quem escolhi ser neste mundo.

Essa é a oportunidade que encontramos aqui. Para mim, para você e para toda a raça humana. E, na verdade, tem nada a ver, em termos específicos, com *Conversando com Deus* ou com a Nova Espiritualidade. Este passo, e *todos* os Cinco Passos para a Paz, podem ser dados por todos os membros de todas as religiões organizadas do mundo — e por pessoas que não pertencem a religião alguma.

Os Cinco Passos para a Paz propõem simplesmente observar o que está acontecendo em nosso mundo e em nossa vida individual e, se quisermos ver algumas coisas mudarem para melhor, realizar uma exploração justa para determinar se pode haver algo do qual não entendemos por completo sobre a vida e sobre Deus, cuja compreensão poderia modificar toda a experiência. E então, incorporar em nossa vida diária o que a exploração nos trouxe.

Muito simples, e muito ousado também.

APLICANDO ESSA MENSAGEM À VIDA COTIDIANA

Se me perguntassem quais ações uma pessoa comum poderia tomar para propiciar paz à própria vida e ao mundo de forma mais rápida, eu escolheria esses convites da Mensagem Fundamental 24 do resumo de mil palavras do livro *Conversando com Deus*.

Veja algumas sugestões para a aplicação dessa mensagem em sua experiência diária:
- imprima uma cópia dos Cinco Passos para a Paz e coloque-a em algum lugar de sua casa — na porta da geladeira, ou no espelho do banheiro — onde a veja todos os dias. Leia-os diariamente, como se nunca os houvesse visto antes. Mesmo sabendo-os de cor, leia-os de novo. Coloque-os sempre, pela repetição na mente, que é onde você toma decisões sobre como reagir à vida cotidiana;

- afixe os Cinco Passos para a Paz no quarto de hóspedes de sua casa, no lavabo ou banheiro social, ou em qualquer lugar onde as visitas possam vê-los. Podem surgir conversas espontâneas sobre o assunto quando amigos lerem os passos e perguntarem o que é tudo isso, onde você os arranjou etc;
- guarde mais cópias impressas dos passos em um lugar onde possa encontrá-las facilmente; assim, se alguém disser que quer uma cópia, você pode entregar na hora;
- faça um diário dos Cinco Passos para a Paz e escreva quando se sentir desafiado por eles — especialmente pelo Passo 5. Pergunte a si mesmo, por escrito: "Que aspecto do que eu realmente acredito sobre Deus e sobre a Vida estou tendo dificuldade para aceitar agora? O que eu poderia fazer amanhã para abraçar e viver essa crença?" A seguir, responda às próprias perguntas no diário;
- crie um Grupo Evolução e Revolução em sua comunidade e convide seus membros para se reunir uma vez por semana ou duas vezes por mês para discutir as entradas de seus diários dos Cinco Passos para a Paz. Pensem em maneiras de apoiar uns aos outros dentro do grupo para abraçar as mais altas crenças que têm sobre Deus e sobre a Vida, e demonstrá-las diariamente;
- afixe os Cinco Passos para a Paz nas portas da igreja em sua comunidade, como Martinho Lutero afixou suas *Noventa e Cinco Teses* nas portas da Igreja de Todos os Santos em Wittenberg, Alemanha, em 1517. Essa ação desencadeou a Reforma Luterana. Sua

ação pode inflamar o Movimento dos Direitos Civis pela Alma. Peça permissão ao pastor para isso. Se a permissão não lhe for dada, pergunte por quê. E que parte dos Cinco Passos para a Paz não é aceitável. Crie um Grupo Evolução e Revolução em sua igreja para discutir esses passos, quer tenha ou não permissão para afixá-los nas portas do templo.

- entregue os Cinco Passos para a Paz aos amigos, coloque-os sob o limpador de para-brisa dos carros nos shoppings, mande-os para a seção Cartas ao Editor do jornal que você lê, publique-os em anúncios pagos, no jornalzinho de sua igreja etc;
- ligue para programas de rádio e fale sobre os Cinco Passos para a Paz;
- seja o fundador, seja verdadeiramente o instigador de um Movimento dos Direitos Civis pela Alma em sua comunidade, estado ou nação com base nos Cinco Passos para a Paz. Lance uma petição na internet. Coloque a energia em torno dessa ideia em movimento.

8

No livro *The Storm Before the Calm* [A tempestade antes da calmaria, em tradução livre], deixei bem evidente que nos anos finais do século XX e no trimestre inicial do XXI, nossa espécie passou e vai continuar passando pelo que poderia ser chamado de Revisão da Humanidade.

Esse processo não significa a destruição de nossa comunidade global e seu modo de vida, mas sim sua desmontagem proposital, peça por peça, levando à remontagem *com novas peças* — assim como um motor é revisado para funcionar melhor. Estamos envolvidos nesse processo, embora nosso papel seja apenas o de observar. Todos os seres humanos estão colaborativamente engajados nele, a maioria apenas não se dá conta disso, porque a participação não é consciente.

Mas não há coisa alguma a ser temida se as pessoas se envolverem nesse processo sabendo o que está acontecendo e tendo consciência sobre o resultado a ser produzido.

Porém, o processo vai ocorrer (na verdade, está ocorrendo agora), quer participemos dele dessa maneira ou não. Com ou sem nós, a vida vai mudar. A questão não é se a experiência de nossa espécie será diferente, e sim de que maneira — e quem tomará essas decisões.

Conversando com Deus e outros livros e filmes, programas e projetos sociais surgiram durante esse período para nos ajudar a analisar as partes desmontadas do motor de nossa sociedade, permitindo-nos decidir quais peças não estão funcionando e precisam de retífica. Em *Conversando com Deus*, muito disso é explorado na...

Mensagem Fundamental 23 *de Conversando com Deus*

Existem Cinco Falácias Sobre a Vida capazes de gerar crise, violência, morte e guerra. Primeira: a ideia de que os seres humanos são *separados* uns dos outros. Segunda: *não há o suficiente* daquilo que os seres humanos necessitam para ser feliz. Terceira: a ideia de que, para obter o que não há em quantidade suficiente, os seres humanos *devem competir* entre si. Quarta: alguns seres humanos *são melhores* que outros. Quinta: a ideia de que é apropriado que os seres humanos resolvam as graves diferenças criadas por todas as outras falácias *matando* uns aos outros.

A intenção da Mensagem Fundamental 23 é expor, em termos muito específicos sem generalizações nem linguagem difusa, sem ambiguidade nem rodeios a raiz dos comportamentos que desencadearam (neste caso, uma palavra infelizmente apropriada) as constantes interações raivosas e violentas da humanidade.

Lembre-se: a Mensagem Fundamental 23 foi dada em resposta direta à minha pergunta urgente feita no dia seguinte ao 11 de Setembro. Assim como o resto do mundo, eu queria desesperadamente saber: *como os seres humanos podem fazer isso uns com os outros?*

O problema, diz Deus aqui de forma sucinta, é que adotamos como "verdade" uma pequena, mas incrivelmente prejudicial lista de falácias sobre a vida na Terra.

Cinco desses erros flagrantes serão discutidos neste capítulo, e vou expandir mais cinco que são ainda mais críticos no próximo.

Por que se dar ao trabalho de analisar algo tão sombrio? Pela mesma razão que analisamos um motor que não está mais funcionando como deveria. Não dá para resolver um problema sem conhecê-lo. É lógico que, se não tivermos interesse em resolvê-lo, ou se estivermos perfeitamente satisfeitos com como as coisas estão, se nem sequer concordarmos sobre a existência de um problema, não teremos interesse em examinar de forma mais profunda a situação atual.

Você sabe onde está nessa escala, e isso vai determinar se ouvirá o que vem a seguir como informações diagnósticas importantes às quais ajudarão você e o mundo a se tornar mais saudáveis e felizes, ou como informações desinteressantes.

PRIMEIRA FALÁCIA SOBRE A VIDA

O primeiro erro cometido pela humanidade foi imaginar que seus membros estão separados uns dos outros.

Esse pensamento deriva da ideia de que a humanidade está separada de Deus.

Nem todo mundo acredita na existência de um Deus, óbvio. Mas entre aqueles que acreditam, o maior número crê que Deus nos separou Dele, por razões sobre as quais não foi totalmente explícito.

Portanto, podemos não saber exatamente a razão, mas sabemos que Deus nos tirou do Paraíso e nos mandou para a Terra, e aqui estamos todos agora, tentando voltar para lá.

Talvez esta seja uma maneira simplista de expor o tema, mas é assim que a maioria dos nossos sistemas de crenças sobre Deus o coloca, em termos básicos. Alguns deles tentam até elucidar por que isso aconteceu. Dizem que Deus nos expulsou do Jardim do Éden porque nossos "pais" espirituais (presumivelmente Adão e Eva) pecaram. O pecado deles foi ousar adquirir o conhecimento do bem e do mal, igualando-se, assim, aos deuses.

Deus não tolerou essa arrogância — conta a história —, e assim os primeiros humanos (e toda sua progênie depois, para sempre) foram punidos, sendo obrigados a viver em um ambiente composto de bem e mal, até que consertássemos nossos caminhos e buscássemos perdão por qualquer mal no qual estivéssemos envolvidos; dessa forma nos seria permitido retornar ao Reino, ou Realidade Final, onde existiria apenas o bem.

O QUE REALMENTE ACONTECEU
Muito bem, vejamos agora o que realmente é verdade em tudo isso. A discussão a seguir não é um desvio do tópico principal; é de extrema importância elucidar a história de nosso relacionamento com Deus, porque ela forma nossas ideias sobre nós mesmos e sobre os outros.

Por pensarmos que estamos separados de Deus, imaginamos viver em um *universo* de Separação; que essa é, na verdade, a construção fundamental das coisas, a configuração essencial, a organização básica e a natureza do Universo.

Essa é, ao mesmo tempo, a ideia mais difundida e mais prejudicial já concebida por nossa espécie. E é por isso que Deus levou tanto tempo para me explicar o que passei a chamar de Realidade da Realidade.

Ficou evidente para mim que existem três domínios no Reino de Deus. A maioria dos humanos que creem em Deus e na existência do tal "Reino" imagina a divisão em dois reinos [usemos inicial maiúscula e minúscula para diferenciar o Reino de seus sub-reinos], ou seja, "Céu" e "inferno". A maior parte dos fiéis não inclui a Terra, nem coisa alguma do Universo conhecido, como parte do Reino de Deus. Classificam tudo isso como o reino "físico", *criado* por Ele, e pensam no Reino de Deus como o "reino espiritual", ou o "outro mundo", o "outro lado" etc.

Essa é a configuração de Separação a qual acabei de citar. É esse dramático mal-entendido da natureza das coisas que produziu a "história" de que Deus nos expulsou do reino espiritual, onde vivíamos como seres espirituais, e agora somos forçados a viver no reino físico, como seres físicos, até a morte, quando retornaremos ao reino espiritual (com sorte, àquela *parte* do reino chamada "Céu", não ao "inferno"!), onde passaremos o resto da eternidade.

Como aludi antes, o assunto e o foco da maioria das religiões do mundo é justamente o motivo de a nossa espécie ter sido "expulsa" do Paraíso Celestial, e também do reino espiritual incluir o lugar chamado inferno ou Hades, e o que é preciso para se ter certeza de que nos encontramos no primeiro lugar, e não no segundo, depois da morte.

Minha compreensão de tudo isso mudou drasticamente após minhas conversas com Deus. Fiquei sabendo que Deus não nos "expulsou" do Paraíso, mas cada um de nós de fato *deixou* o reino espiritual e entrou no reino físico. Nossa alma fez isso de forma voluntária, e, na verdade, com alegria, como parte do próprio processo da vida.

Aqui está a configuração e o processo, explicados como Deus me explicou, por meio de metáforas, para que a mente humana possa entender. Vamos percorrer essa narrativa ponto a ponto.

Um novo entendimento

1. Existem três reinos no Reino de Deus, e não dois, e o lugar que chamamos de "inferno" não é um deles. Esse lugar, na verdade, não existe.

2. O Reino de Deus não está separado do universo físico e do mundo. Na verdade, ele os inclui.

3. Os três reinos do Reino de Deus são o espiritual, o físico e o do puro ser. Esse terceiro reino poderia ser descrito de forma vaga como os dois primeiros combinados.

4. O propósito dos três reinos é oferecer à vida (leia-se: Deus) três maneiras de se manifestar e experimentar a si mesma, por meio do qual o processo da tríade pode se conhecer e se expressar completamente.

O maior segredo da vida é que ela é uma tríade. A maioria das pessoas pensa nela como uma díade, ou dualidade. Mesmo no reino físico, tendemos a pensar em tudo como preto e branco, quando, na verdade, há o cinza: a parte que é as duas coisas. A maturidade é alcançada quando paramos de ver tudo como absolutos: preto e branco, certo e errado, sim e não, aqui e ali, antes e agora etc. (Analisaremos isso com mais detalhes daqui a pouco).

UMA MANEIRA DE VER ISSO

Talvez ajude a entender a Realidade Suprema pensar nela como um triângulo. Imagine um agora, enquanto está lendo isto.

Imagine o topo desse triângulo como o lugar onde existe o reino do puro ser. A seguir, posicione no canto inferior direito o reino espiritual e no canto inferior esquerdo o reino físico.

Muito bem. Agora, veja a si mesmo como uma alma (pode imaginá-la como uma partícula de luz) movendo-se em uma jornada eterna por esse triângulo.

Você começa no topo, depois viaja para o canto inferior direito, onde fica e brilha por um tempo, depois vai para o canto inferior esquerdo, onde também fica e brilha por um tempo, dispara para o topo de novo, onde explode com magnificência como fogos de artifício. E então, uma das partículas de luz desses fogos de artifício cai como uma brasa no canto inferior direito do triângulo novamente, reiniciando a Jornada da Alma.

Como eu disse, isso é uma metáfora, lógico. Tente simplesmente imaginar. Imagine isso como a Jornada Sagrada da

Alma, e a relação triangular o que algumas religiões chamam de Santíssima Trindade.

Agora, retomemos nossa narrativa ponto a ponto:

5. No reino espiritual, todas as coisas existem em sua forma absoluta. Portanto, esse reino também pode ser chamado de reino do absoluto. Nele, não há coisa alguma além de amor absoluto, e é sempre aqui e agora. Essa é a natureza da Essência Eterna de Deus e da Existência da Divindade.

6. No entanto, a Divindade desejava fazer mais que simplesmente existir. Desejava *experimentar* a si mesma. Para isso, precisava experimentar algo que *não era* ela mesma; porque precisa haver um elemento *contrastante* para que *qualquer* elemento seja experimentado.

"Rápido" não é "rápido" na ausência do "lento". "Grande" não é "grande" na ausência do "pequeno". "Luz" não é "luz" na ausência da "escuridão".

Entendeu? Para que algo seja experimentado, seu oposto deve existir. Isso se chama Lei dos Opostos. É uma ilusão dentro do reino físico.

A parte ilusória é a ideia de que qualquer coisa que *não seja* Deus pode existir. Isso é impossível, óbvio, pois coisa alguma existe fora Daquilo Que É — e Aquilo Que É é apenas outro nome para Deus. No entanto, a Divindade *pode* criar a experiência do *esquecimento* em todas as Suas manifestações divinas. Ela fez isso por meio da criação de níveis de Consciência.

O grau de Consciência de cada ser vivo é o que lhe traz uma Consciência da Realidade Suprema nos níveis individuais.

Assim, Deus pode vir para conhecer a Si mesmo de novo — e *experimentar a Si mesmo* como sabe ser. Esse é o propósito e a função de toda a vida em todas as suas manifestações.

Mais uma vez, por favor
Agora percebo que talvez tudo o que acabei de dizer seja um pouco desafiador ou difícil de acompanhar. Para mim certamente foi quando ouvi isso pela primeira vez em minhas conversas com Deus. Por isso, com gentil indulgência, permita-me repassar tudo de uma maneira um pouco diferente, porque, às vezes, repetir deixa as coisas mais nítidas.

No reino espiritual, Tudo O Que É é tudo o que havia, e não havia mais coisa alguma. Se Deus quisesse *experimentar como* era ser Deus, teria que encontrar algo mais com o qual se comparar. No entanto, isso era impossível, porque *não havia* mais qualquer coisa. Deus é Tudo O Que Existe.

Visto que Deus não podia encontrar qualquer coisa separado de Si mesmo, Ele fez a segunda melhor coisa. Deus se *dividiu* em Suas próprias partes constituintes e instilou nessas partes vários níveis de Sua Energia Essencial (chamaremos isso de Consciência), de modo que cada elemento de Si mesmo pudesse olhar para o Todo e conhecer Sua magnificência por meio da *experiência* de relacionamento de todas as Suas partes, as quais expressam *graus* do Todo. Em outras palavras, a Consciência é a capacidade de olhar para o Mundo da Ilusão e ver dentro dele a Única e Final Realidade.

Os opostos, na verdade, não existem
A verdade é: não existem "opostos" na Realidade Suprema. Existe apenas o que *parecem* ser opostos. Aquilo que parece

ser o "oposto" de algo é meramente Uma Coisa, em *graus de expressão*.

Vou usar um exemplo perfeito: o que chamamos de "quente" e "frio" não são "opostos", ou seja, não são duas coisas diferentes, mas sim *graus* da Mesma Coisa, algo que chamamos de temperatura.

Exatamente da mesma maneira, Deus — a Uma Coisa que É — se expressa em vários graus, dividindo-se em partes menores que o Todo.

Isso acontece por meio do processo de *fisicalização*, ou um movimento do Todo da Espiritualidade para a Fisicalidade. Esse movimento, a passagem de um reino para outro (lembre-se, isso é uma metáfora) faz que o Todo seja dividido, assim como a luz branca que passa por um prisma é dividida em suas partes constituintes, chamadas de *cores*.

O que descrevemos como os vários e numerosos elementos do universo físico nada mais são que cores na paleta de Deus. O reino da fisicalidade é *aonde Deus vai para experimentar a Si mesmo*.

Portanto, vemos que a Separação não é a Configuração Essencial das coisas. É a Divisão. E Divisão e Separação não são iguais.

Para ter uma experiência imediata disso, olhe para sua mão. Você verá que mesmo os dedos sendo separados uns dos outros, cada um com características e propósitos individuais, não estão separados da mão — nem a mão está separada do corpo.

Nem você está separado do Corpo de Deus.

Não podemos *ver* a conexão entre nós e Deus com os olhos, assim como não podemos ver, por exemplo, a luz infravermelha, mas estamos energeticamente conectados e podemos *sentir* essa conexão, assim como podemos sentir a luz infravermelha em forma de calor. Não é necessário nenhum contato físico ou meio entre nós e um aquecedor de infravermelho para a transferência de energia. E esses aquecedores podem ser operados no vácuo ou na atmosfera. Vemos aqui, então, uma metáfora perfeita para Deus. Da mesma forma, a energia Dele pode ser transferida sem contato físico, e por todo o vácuo conhecido como Universo. Então, se acha que a *luz* infravermelha é um milagre, espere até entender melhor (para não falar de quando sentir plenamente) *Deus!*

Conforme prometido, a Unidade de Tudo será explorada no final deste livro, quando examinaremos a Mensagem Fundamental 1 de *Conversando com Deus*. Ali, veremos exatamente como e por que os primeiros humanos criaram a ideia de Separação (e de "Deus"). É fascinante e nos ajuda a entender por que e como abraçamos a História Original, com base nas informações disponíveis na época e em nossa limitada capacidade inicial de analisar e compreender o mundo ao nosso redor. A tragédia é que continuamos a *recontar* essa história sem *revisá-la*.

Estamos finalmente vendo, agora no século XXI, que nosso primeiro erro foi pensar que Deus *nos separou* Dele, quando o que de fato fez foi apenas *se dividir*.

Segunda falácia sobre a vida

Após aceitar totalmente (e equivocadamente) que estamos separados de Deus e, portanto, vivendo em uma Cosmologia da Separação na qual estamos separados também uns dos outros, criamos para nós mesmos a experiência de não haver "o suficiente" daquilo que cada um de nós sente que precisa para ser feliz.

A ideia de insuficiência nem nos teria ocorrido se pensássemos que havia apenas Um de nós. Se você não interagir com mais ninguém nos próximos vinte anos (como um homem confinado a uma solitária, por exemplo), sempre haverá tempo suficiente. E se não precisar compartilhar com mais alguém, sempre haverá o suficiente de qualquer "coisa" de que precise para existir. Se não houvesse o suficiente do que precisa para existir, você não existiria. Portanto, sua existência é a evidência de sua suficiência.

No entanto, ao pensar que há mais de um, você pode sentir que sua existência está ameaçada, na medida em que imagina que Aquilo Que Não É Você tomará ou usará o que Você precisa para existir.

Então, a vida se torna uma luta com o Outro pela existência.

Essa é uma descrição precisa da Vida na Terra como a criamos. É exatamente o que temos vivenciado, não importa quais sejam as conquistas tecnológicas, os milagres médicos, as descobertas científicas.

Não importa quanto avancemos, estaremos sempre em competição uns com os outros — às vezes uma competição implacável, até a *morte* — enquanto imaginarmos que *não há o suficiente* do que precisamos para ser feliz ou sobreviver. E *sempre* imaginaremos que não há o suficiente enquanto sustentarmos, com determinação, a História de Separação.

A PARÁBOLA DA REFEIÇÃO DE CELEBRAÇÃO

Pense na refeição de celebração que colocamos em nossa mesa em momentos especiais. Nos Estados Unidos e no Canadá pode ser o Dia de Ação de Graças. Na Itália, a Festa dos Sete Peixes (*Festa dei sette pesci*) em comemoração à véspera de Natal. Na Coreia, pode ser o Dia de Ano Novo. Praticamente todas as culturas têm suas refeições de celebração.

Agora, imagine que em uma dessas refeições, com todos reunidos, alguém bate à porta. É um parente há muito perdido, um tio amado, com sua esposa e seis filhos adoráveis. Há anos eles não participam dessas reuniões. Este ano, ficaram sabendo do evento e decidiram, no último minuto, que queriam diminuir a distância, e humildemente perguntam se podem participar.

Você é o anfitrião e percebe que se preparou para receber poucas pessoas. Haverá comida suficiente para todos? Você pensa nisso apenas por um momento. Lógico que haverá, basta compartilhar. Você os recebe de braços abertos. Todos estão felizes por vê-los. As dádivas à mesa são divididas em porções um pouco menores. Ninguém percebe e, na verdade, ninguém se importa. Afinal, *isso é família*.

Agora, reorganize a conjectura. É a mesma refeição de celebração. A mesma batida à porta, mas do lado de fora está um completo estranho, andrajoso, com sua esposa e seis filhos, todos sujos. Ele diz que viu o brilho caloroso da luz na janela e humildemente pergunta se podem participar da refeição festiva.

E sua resposta?

Óbvio que você convida todos a entrar, e eles são recebidos de braços abertos. Afinal, *isso é família...*

...Só que não. Talvez você os considere intrusos, usurpadores, invasores, forasteiros, estranhos, alienígenas, assaltantes... Nesse caso, pode muito bem achar que não há o suficiente para dividir com eles. Talvez, por caridade, você lhes dê um pouco de comida e os mande embora, mas não vai deixar que pessoas sem "lugar" ali se sentem à sua mesa porque não os conhece e eles não são "família".

Fazemos pior uns com os outros neste planeta. Tudo por pensar que não há *o suficiente,* que somos separados uns dos outros e não "família", salvo se formos parentes consanguíneos.

Terceira falácia sobre a vida

Por estarmos convencidos de que *não há o suficiente* do que precisamos para sobreviver e ser feliz neste planeta, foi preciso conceber uma maneira de abordar, da forma mais justa possível, a divisão das coisas insuficientes.

A maneira com a qual idealizamos se chama Competição. Estabelecemos um processo por meio do qual se decide e determina, com justiça, quem *merece* ter as coisas insuficientes. É uma questão de *merecimento,* declaramos. As Coisas não devem ser simplesmente distribuídas a todos apenas porque os outros existem.

A existência de alguém não é credencial suficiente para estabelecer seu valor para *continuar* existindo. A pessoa precisa provar seu merecimento.

Crianças são uma exceção. Elas são merecedoras simplesmente por serem crianças; não podemos esperar que se tornem merecedoras contribuindo com algo de valor e, assim, *criando* algumas das Coisas Que Não São Suficientes. Elas as obtêm automaticamente.

(Será que obtêm? Como já observamos, quase setecentas crianças morrem por hora na Terra por falta de comida.)

Pois bem; em que ponto cronológico da vida termina o merecimento automático e começa o fazer por merecer? Em épocas passadas, limpadores de chaminés eram tipicamente crianças órfãs de 7 anos as quais, se não escalassem os túneis de tijolos e limpassem a fuligem, não comiam. Ainda hoje, o trabalho infantil é mais difundido do que se pensa que uma civilização avançada permitiria.

Assim, desde cedo aprendemos que devemos contribuir de alguma maneira na criação das Coisas Que Não São Suficientes — e então, devemos *competir* pelas coisas criadas. Dessa forma, os empregados de muitas fábricas ganham um centésimo da renda daqueles que as dirigem.

E a competição não se limita a bens materiais e lucro. Na verdade, dissemos a nós mesmos que devemos competir por *Deus* e chamamos essas competições específicas de "religiões".

Como em todas as outras competições, o entendimento é: *Ao vencedor, o butim.*

Pessoas que, aparentemente, não conseguem corresponder ao padrão estabelecido pela sociedade para o merecimento são rotuladas de "perdedoras". E assim, a humanidade se divide. Há vencedores e perdedores.

Hoje, cerca de cinco por cento da população mundial detém ou controla cerca de 95 por cento da riqueza e dos recursos do mundo. *E a maioria desses cinco por cento acha que isso é perfeitamente correto.* Afinal, eles *fizeram por merecer.*

COMO CAEM AS PEÇAS DE DOMINÓ

Lógico, a falácia de que temos de competir entre nós para ganhar o merecimento de compartilhar a abundância do mundo se baseia na falácia anterior de simplesmente não haver abundância o suficiente; não há abundância, e sim escassez, insuficiência, falta. E *essa* noção emerge da falácia de que somos Separados uns dos outros, não Uma Família, não Uma Essência, não Um Ser.

Se simplesmente rejeitássemos a noção de Separação, a falácia da Insuficiência cairia. E, por conseguinte, se abandonássemos a noção de Insuficiência, a falácia de que a Competição é necessária cairia.

Eu chamo essas falácias de Dominó da Humanidade. As peças caem umas em cima das outras, criando um colapso total.

QUARTA FALÁCIA SOBRE A VIDA

Quando a sociedade se dividiu em vencedores e perdedores, criou-se a ideia de que o primeiro grupo era "melhor" que o segundo. Então, pelo maravilhoso artifício da lógica circular, concluiu-se que ser "melhor" era a razão de as pessoas do primeiro grupo serem vencedoras. Elas *mereciam* ser.

Brancos *mereciam* ser vencedores sobre pretos porque eram melhores. Homens *mereciam* ser vencedores sobre mulheres porque eram melhores. Heterossexuais *mereciam* ser vencedores sobre homossexuais porque eram melhores. E esses grupos achavam que eram melhores não por razões humanas, e sim *melhores aos olhos de Deus*.

É assim que *justificamos* os julgamentos ultrajantes sobre qualificações e valor na sociedade.

Foi *Deus* quem disse que os brancos são superiores aos pretos. Pergunte aos mórmons, cujos líderes desde a fundação da Igreja de Jesus Cristo dos Santos dos Últimos Dias, em meados de 1800, declararam que os pretos não eram qualificados para se tornar sacerdotes leigos porque eram de raça inferior.

(Precisamos dar o crédito aos mórmons, que repudiaram e reverteram esse dogma em 1978.)

Foi *Deus* quem disse que os homens são superiores às mulheres. Pergunte a milhares de clérigos religiosos no mundo, os quais ainda hoje acreditam e pregam essa doutrina.

(Precisamos dar o crédito aos milhares que repudiaram essas noções.)

Foi *Deus* quem disse que os heterossexuais são superiores aos homossexuais porque o sexo com o mesmo gênero é, como Deus declarou, uma abominação. Pergunte a qualquer fundamentalista de praticamente todas as religiões da Terra.

(Precisamos dar o crédito a muitas pessoas religiosas que repudiaram essas ideias.)

Houve um tempo — não há milhares de anos, e sim *quando eu era criança* — no qual se pensava que ser canhoto era um sinal do Diabo; que o casamento inter-racial e *interdenominacional* (entre diferentes religiões) devia ser proibido; e os católicos achavam que só eles iriam para o Céu.

As Testemunhas de Jeová, por outro lado, diziam que somente 144 mil de seus adeptos se uniriam a Deus no Céu, enquanto o restante dos que acreditam em Jesus, vivem uma vida boa, e pregam a fé, desfrutariam do paraíso na Terra. Muitos judeus, nesse meio-tempo, se declaravam o povo escolhido de Deus.

Podemos ver que muitas pessoas compraram a ideia de que, em relação à superioridade, é "assim na Terra como no Céu". Ou seja, algumas pessoas são simplesmente melhores aos olhos de Deus.

Poucas ideias causaram mais danos à nossa espécie. De fato, essa ideia deu autoridade moral à maior falácia sobre a vida...

QUINTA FALÁCIA SOBRE A VIDA

Mais pessoas do que você imagina têm certeza de que não há problema algum em resolver diferenças entre quem foi criado segundo todas as outras falácias: matando-se umas às outras.

De onde tiramos essa ideia? Leia a Bíblia com uma calculadora nas mãos; essa Sagrada Escritura em particular diz que mais de um milhão de pessoas foram mortas pelas mãos ou por ordem de Deus. Ou observe atentamente a tradição muçulmana de construção de impérios por meio da violência em nome de Alá.

Sabemos que foi o papa Urbano II quem lançou os duzentos anos da guerra conhecida como Cruzadas, em 1095, a qual matou centenas de milhares de pessoas, principalmente muçulmanos.

Também muitos morreram como resultado da Expansão Islâmica, que aconteceu em vários lugares do mundo de 634 até o início de 1800 e cujo objetivo era criar o maior império espiritual/político já visto.

EXPANDINDO O CÓDIGO MORAL

Em tempos mais modernos, grupos ou países que matam apenas com o propósito de conseguir o que querem ou de construir um império foram repudiados pela maioria da raça humana. O resultado disso foi que, hoje em dia, todos esses ataques são chamados de autodefesa. Isso permite a justificativa das atrocidades sob um código moral aceito pela maioria das pessoas: não é ética ou espiritualmente inapropriado se defender e matar outro em legítima defesa.

E agora, segmentos da humanidade já levaram essa ideia um passo adiante. Declararam o *ataque preventivo* como um meio aceitável de autodefesa. Ou seja, é totalmente permitido atacar e matar pessoas de outras nações *antes* que elas façam os mesmos com as suas, alegando *parecer* que elas pretendem fazer isso e só estão esperando o momento perfeito.

Essa é uma expansão dos códigos morais mais recentes da humanidade que força a aceitação de matar além dos limites anteriores.

Deixando de lado o conceito de autodefesa, grandes áreas da cultura humana têm sido cada vez mais inundadas de mensagens de violência; desde filmes até programas de televisão e videogames que retratam a violência e o assassinato não apenas como uma ferramenta de autodefesa, mas como uma ferramenta de raiva e vingança, intimidação e ameaça, assertividade e rebelião.

Matar para resolver problemas ou queixas está mais difundido que nunca. Isso é visto cada vez mais não como um último recurso horrível, e sim como a primeira ação dos poderosos.

Primeira Causa
Mais uma vez, é bom dar um passo para trás e observar o efeito dominó. A ideia de que estamos separados uns dos outros nos

permite considerar, mesmo por um momento, o pensamento de perpetrar violência contra o próximo. Essa é a Primeira Causa, e não a reconhecemos ou nos recusamos a reconhecê-la.

Se pensássemos que Somos Todos Um e que ao fazermos algo aos outros, fazemos a nós mesmos, nunca nos ocorreria resolver as diferenças por meio da violência e do massacre. O que não queremos ver é o efeito cíclico de nossa perspectiva e as ações produzidas por ela. Estamos cegos para o fato de que tudo que vai, volta. Ou pior ainda, vemos isso e nem sequer ligamos.

Foi Einstein quem observou que um problema não pode ser resolvido utilizando a mesma energia de sua criação. No entanto, continuamos tentando acabar com a violência com violência, a morte com morte, a injustiça com injustiça. Respondemos ao ódio com ódio, à raiva com raiva, ao desprezo com desprezo.

Em algum lugar esse ciclo tem que terminar. Não se trata de "olho por olho, dente por dente"; trata-se de outra Escritura: "Amai aos vossos inimigos e orai pelos que vos perseguem".

Ou, talvez, um Evangelho ainda mais recente: "Somos Todos Um. O nosso não é um caminho melhor, é apenas outro caminho."

Aplicando esta mensagem à vida cotidiana

As Cinco Falácias Sobre a Vida podem ser superadas por qualquer pessoa, mas isso requer paciência, coragem e determinação, porque essas falsas ideias sobre "como é" o planeta Terra estão profundamente enraizadas na cultura da humanidade. Em suma, *achamos que elas são verdadeiras.*

Além disso, a experiência observada de nossa espécie apoia essa noção. Então, o que o convido a fazer agora é manter como verdade um conjunto de ideias totalmente diferentes, com as quais pouquíssimas pessoas concordam no momento.

E isso nos leva à primeira coisa que você pode fazer para aplicar a Mensagem Fundamental 23 em sua vida:

- encontre imediatamente outras pessoas que entendam e concordem com a sua perspectiva de vida; ou que, mesmo não concordando com ela, apoiem suas escolhas em relação às verdades que deseja abraçar.

Acho muito importante entender o seguinte: a sua verdade pode ser a que você diz que é, e não a que os outros dizem ser. Essa é a chave para mudar sua vida. Uma chave *fundamental.* Sempre enfatizo isso quando estou trabalhando com pequenos grupos e indivíduos que querem mudar fundamentalmente a experiência diária, a fim de gerar grandes melhorias na vida.

Há muito tempo vivemos neste planeta sob as regras dos outros. As regras de *todos os outros.* E não seria tão ruim se elas funcionassem. Mas não funcionam.

Como já disse aqui mais de uma vez, *nenhuma regra está funcionando.* Nem as políticas, as econômicas, as ecológicas, as educacionais, as sociais, e nem as espirituais. Nenhuma delas está produzindo o resultado que os governantes *disseram* que produziriam. E o pior, como observado antes, cada regra está, infelizmente, produzindo resultados opostos. Mas, mesmo assim —

e isso é ainda mais triste —, *continuamos jogando de acordo com as regras.*

Está evidente agora que alguém precisa mudar as regras. E esse alguém é você, sou eu, somos nós.

Exploraremos isso de forma mais profunda quando discutirmos a Mensagem Fundamental 17 de *Conversando com Deus,* a qual diz que não existe verdade absoluta. (O que provoca uma pergunta circular: isso é uma verdade absoluta?) Por enquanto, simplesmente saiba que é importante mergulhar em uma energia com uma vibração em harmonia com a sua.

Note que ela não precisa corresponder à sua, mas precisa se mesclar, precisa ser capaz de existir simultaneamente no mesmo espaço, sem ruptura violenta nem uma grande oposição que a bloqueia.

A vida — *toda* ela — é composta de energia. Esta cria tudo, produz tudo, compreende tudo, expressa tudo, é tudo. E ela impacta a si mesma. Ou seja, a energia *afeta* a energia e a altera.

Como a energia muda a si depende das energias que estão interagindo. Depende de *quais* delas estão misturadas. Essa é a melhor notícia que você poderia receber, porque isso é algo possível de controlar. Não podemos ter total controle sobre as energias fora de nós, mas podemos controlar aquela que está dentro — e é aí que está o poder.

E podemos controlar as energias de fora até certo ponto. Quero falar mais sobre isso mais tarde, portanto, continue comigo. Vamos cobrir muito terreno aqui. Por enquanto, exerça o controle que puder sobre a energia ao seu redor.

Se não estiver cercado de energias harmoniosas em seu ambiente diário atual, você tem três opções. Pode (a) adaptar ou "remodelar" o ambiente no qual passa a maior parte do tempo, (b) criar um ambiente novo ou alternativo e passar um tempo de qualidade nele, ou (c) abandonar seu ambiente atual e mudar para outro.

Veja algumas sugestões:

- convide a pessoa (ou pessoas) com quem está vivendo para explorar e discutir regularmente seus pensamentos sobre a vida, não só uma ou duas vezes por ano quando alguém expressar desacordo;
- peça às pessoas ao seu redor que o apoiem em sua jornada de viver sua verdade, e, para facilitar, sugira maneiras específicas para fazerem isso;
- encontre ou forme um Grupo de Discussão e Exploração com pessoas de fora de seu ambiente diário as quais concordem com sua perspectiva sobre a vida e que o estejam vivendo, e reúnam-se com regularidade para dar e obter apoio emocional e espiritual. (Pode ser uma igreja do Novo Pensamento em sua comunidade ou um pequeno círculo de conhecidos que se reúnam regularmente, ou ambos.);
- use a internet para se conectar com pessoas que pensam da mesma forma e para compartilhar suas ideias sobre como poderia ser nossa experiência mútua se abandonássemos as Cinco Falácias Sobre a Vida e aceitássemos novas verdades sobre Separação, Insuficiência, Competição, Superioridade e Resolução de conflitos. Lembre-se deste lema: "Compartilhar ajuda a aprimorar." Aprimore seu discernimento sobre seu ponto de vista, expressando-o e trocando ideias com outras pessoas em sites projetados para tal inte-

ração, como www.The GlobalConversation.com, que foi criado exatamente para esse fim;

- faça uma lista de Insuficiência, e toda vez que achar que não tem "o suficiente" de alguma coisa, anote. Depois, analise de maneira atenta e justa *por que acha que precisa de mais disso*, e como seria ter "o suficiente" de tal coisa. Pergunte a si mesmo como conseguiu sobreviver até agora sem "o suficiente", e pergunte-se: "O que ter o 'suficiente' disso tem a ver com minha verdadeira razão de estar na Terra?";

- procure ter discernimento sobre a verdadeira razão de estar na Terra. Talvez queira ler *The Only Thing That Matters* [A única coisa que importa, em tradução livre] e outros textos do universo de *Conversando com Deus* para ajudá-lo a avançar para uma compreensão mais profunda disso;

- crie um caderno de história de Superioridade e comece uma narrativa de recordação de todas as pessoas a quem você se sentiu superior em um momento ou outro da vida. Escreva um parágrafo sobre cada pessoa ou grupo (ou seja, "fundamentalistas", "republicanos", "Jim Brown", "jovens de hoje", "família do meu marido", seja quem for) e explique por que se sentiu superior e o que o levou a mudar de ideia. Ou, se não mudou de ideia, pergunte o que *poderia* mudar se você abandonasse sua ideia de ser "melhor" que essa outra pessoa ou grupo. Seja honesto consigo mesmo. Ninguém está olhando e ninguém vai ler seu caderno;

- faça uma lista de todas as coisas que vê em uma pessoa que desaprova e também vê em si mesmo. Faça isso com cada pessoa de quem não gosta (mas não

passe muito tempo em cada. Se você for honesto consigo mesmo, nem será preciso);
- convide o Grupo de Discussão e Exploração a propor pelo menos cinco maneiras de contornar a violência ou a guerra em casos de grande desacordo entre nações ou entre pessoas dentro das nações. Veja quantas dessas abordagens podem ser aplicadas em sua vida;
- peça ao Grupo de Discussão e Exploração que escreva trechos de uma Nova História Cultural para a Humanidade nas seguintes áreas: política, economia, ecologia, educação, sociedade e espiritualidade. Compartilhe essas passagens em discussões com o grupo e veja se vocês conseguem chegar a um consenso sobre o conteúdo. Observe como o próprio grupo aborda e resolve as diferenças. Envie sua redação final como conteúdo sugerido para a *Humanity's New Cultural Story* em www.TheGlobalConversation.com.

9

É bastante evidente que o ponto de vista de *Conversando com Deus* é: um fator importante na criação de muitos dos maiores problemas da humanidade é o conceito de Divindade que temos.

Simplesmente não temos ideia de quem e o que é Deus, o que Ele quer, o que acontece se não Lhe dermos isso, ou se dermos, e o que tudo isso tem a ver com a vida na Terra.

Há milhares de anos tentamos descobrir tudo isso, e não parecemos estar mais próximos da resposta hoje do que estávamos nos tempos de Lao Tse, Mahavira ou Buda, Moisés, Cristo ou Maomé, Bahá'u'lláh ou Joseph Smith. Nem conseguimos chegar a um acordo ou consenso sobre essas questões desde que cada um nos trouxe respostas.

É por isso que o mundo está na situação em que se encontra hoje: incapaz de se governar politicamente, de se sustentar econômica e ecologicamente, de melhorar educacionalmente, de se unir socialmente e de evoluir espiritualmente.

Vivemos em um planeta cheio de carência e sofrimento, raiva e violência, assassinato e guerra, e balançamos a cabeça com tristeza, proclamando não saber por que vivemos assim. Não sabemos o que seria necessário para mudar as coisas. Não encontramos a fórmula, não temos as respostas, não somos capazes de produzir soluções para nossos maiores e mais antigos problemas. Simplesmente não temos, depois de tudo dito e feito, a capacidade de criar o que todos dizem querer: paz, prosperidade, oportunidade, segurança, dignidade, saúde, alegria, felicidade e amor para todos.

E não é porque não nos ofereceram soluções e sugestões. Ofereceram sim, muitas vezes. E agora estamos aqui, recebendo respostas mais uma vez. Mas são respostas diferentes das que ouvimos com mais frequência antes. Na verdade, em alguns casos, são até uma contradição direta a esses ensinamentos anteriores. Mas não são respostas novas, nem ideias novas, são simplesmente pensamentos sobre esse tema que foram rejeitados no passado.

Talvez seja hora de reconsiderar nossa rejeição a eles, e rejeitar essa rejeição. Talvez seja hora de explorar essas ideias de novo, pois os ensinamentos que aceitamos firme e inflexivelmente e nos recusamos a ajustar, adaptar ou emendar não foram capazes de produzir o que prometeram.

Talvez seja hora de ponderar se não seria necessária a expansão dos conceitos anteriores e a formação de uma história muito mais sofisticada sobre Deus.

Mas por que os conceitos sobre Divindade são tão importantes? Já dissemos isso antes e diremos de novo. É porque as ideias e conceitos sobre Deus formam as ideias e conceitos sobre nós mesmos e sobre a Vida. Um emerge do outro, e isso é verdade (como também já observamos) até na vida de pessoas que não acreditam em Deus.

Basta ver as leis e costumes, os ditames sociais de qualquer terra, e notar quantos estão enraizados e baseados no que os cidadãos acreditam ser verdade sobre *o que Deus quer*.

Mensagem Fundamental 22 de
Conversando com Deus

Existem Cinco Falácias Sobre Deus que geram crise, violência, morte e guerra. Primeira: Deus *precisa* de algo. Segunda: Deus *pode não conseguir* o que necessita. Terceira: Deus nos *separou* Dele porque não Lhe demos o que Ele necessitava. Quarta: Deus ainda precisa tanto disso que agora *exige* que nós, *separados Dele,* demos isso a Ele. Quinta: Deus *nos destruirá* se não atendermos a Suas demandas.

É por isso que convido, com seriedade e urgência, toda a humanidade a pensar...

As falácias sobre Deus são ainda mais prejudiciais para nós do que as falácias da humanidade sobre a Vida, porque pelo menos estamos dispostos a considerar que algumas das ideias sobre a Vida podem não ser precisas. Mas pensar isso acerca das ideias sobre Deus é absolutamente inaceitável. Assim, é extremamente difícil produzir um movimento na direção contrária dessas falácias.

Ou não. Não se decidirmos que chegou a hora, finalmente, de nossa espécie considerar a possibilidade do atual corpo de conhecimento não conter *tudo que há para saber sobre a Divindade.*

Seríamos capazes de admitir que podem faltar dados, ou que podemos estar *enganados* sobre algo em relação a Deus?

Essa é uma grande questão. Existe alguma coisa, *qualquer coisa*, sobre a qual podemos estar enganados em relação a Deus?

Essa é uma pergunta a qual os crentes em Deus, em geral, relutam muito em fazer. É praticamente um tabu. Porque a maioria desses crentes acredita que têm as respostas certas sobre Ele, e dizem que você tem que acreditar Nele de *uma maneira específica*. Se você não acredita *dessa* maneira (isto é, *do jeito deles*), não acredita em Deus, e sim em alguma *ideia pagã* de Deus pela qual Ele o *punirá*.

Existem, óbvio, milhões de pessoas que não aceitam o Deus de tais doutrinas e dogmas, mas mantêm em sua realidade uma consciência e uma experiência da Divindade. No entanto, o maior número de indivíduos (*de longe* o maior) se apega ao primeiro entendimento e proclama que você deve entender e abraçar Deus de uma determinada maneira, senão *perde* seu caminho e perde, também, qualquer chance de se reunir com Deus no Céu. Ir a Ele de uma maneira certa e particular é, declara esse grupo, uma *exigência de Deus*. Isso nos leva à...

Primeira falácia sobre Deus
Começamos nossa ladainha de erros com a ideia de que Deus *precisa* de algo.

Isso vai contra a ideia expandida de Divindade na Nova Espiritualidade, a qual inclui a noção de que Deus é Tudo e de que não há coisa alguma que *não seja* Deus. Nesta visão, Deus não é um ser que criou elementos ou expressões de vida não Divinos; ele é o Criador e a Criatura.

Portanto, Deus precisa de nada, pois Deus é tudo que poderia precisar. Ou, como diz *Conversando com Deus:* Todas as Coisas são Uma Só Coisa, e essa Única Coisa é suficiente por si mesma.

Elimine a ideia de que Deus *precisa* de algo e praticamente eliminará a base de todas as principais religiões do mundo. Se Ele não precisa de coisa alguma, por que pediria ou exigiria algo? Qual seria o propósito? Qual seria a motivação? Que falta Deus estaria suprindo? Qual seria a base dos desejos ou diretrizes Dele?

Quando chegarmos à discussão da Terceira Falácia sobre Deus, abaixo, descobriremos uma implicação adicional e importante à ideia de que Ele precisa de nada.

Segunda Falácia sobre Deus

Por mais notável que seja a humanidade conceber um Deus que precisa de algo, é ainda mais notável decidir que esse Deus pode *não obter o que necessita* — a Segunda Falácia sustentada pela humanidade sobre a Divindade. Este segundo erro é a base da maior parte da teologia humana.

Dizem essas teologias que o fato de Deus não obter o que necessita (obediência, honra, subserviência e exclusividade, entre outros) é a causa de Suas reações a nós. Se Deus precisasse de nada, exigiria nada e, portanto, não teria motivo para se zangar. E isso tiraria os fundamentos de todas as teologias do planeta. E *isso*, por sua vez, retiraria a autoridade moral de metade das escolhas, ações e decisões terrenas dos seres humanos. Grande parte do sistema de justiça usa como autoridade moral as supostas reações de Deus por não conseguir o que necessita. Nossas decisões políticas também (observe a controvérsia em torno do casamento gay nos Estados Unidos, a disputa política em torno do aborto, mesmo no caso de incesto ou estupro, como observado anteriormente etc.), bem como as escolhas sociais. (Muitas são baseadas no que as religiões nos dizem sobre o que provoca a ira de Deus.)

Terceira Falácia sobre Deus

Essa falácia afirma que Deus nos *separou* Dele porque não Lhe demos o que Ele necessitava. A separação de Deus é proclamada como uma *punição* por, ou consequência de, não termos atendido às necessidades Dele.

Segundo o mito, Deus *precisava* que Lhe obedecêssemos, e como não atendemos a essa demanda, Ele buscou vingança. (Porque Deus também, aparentemente, tem necessidade de vingança. Se bem que algumas religiões, de novo, interpretam isso como necessidade de "justiça perfeita".)

Essa Terceira Falácia surgiu da necessidade da *humanidade* de explicar *a si mesma* por que, se existe um Deus, estaríamos separados Dele. Não conseguimos descobrir por quê, mas decerto descobrimos por que nos separamos uns dos outros! Porque nos desagradamos mutuamente. Então imaginamos que Ele deve ter nos expulsado de Seu Reino pela mesma razão. Assim, construímos nosso Deus à imagem e semelhança do homem.

No entanto, é uma falácia que Deus nos separou Dele por não Lhe darmos o que Ele necessitava, pois Deus *não pode* deixar de obter o que necessita, Deus *não tem* necessidades.

Se Deus e nós não estamos separados, então Deus e nós somos Um. Se somos Um, e se Ele precisa de nada, *nós* precisamos de nada; e a implicação disso é imensa.

Esse é o Verdadeiro Estado das Coisas e um dos maiores segredos da Vida.

Neste momento, a maioria das pessoas pensa que *precisa de* algo. (Analisaremos isso de forma mais ampla na exploração da Mensagem Fundamental 18 de *Conversando com Deus*.) Essa ideia é dominante; criou a base de praticamente todas as escolhas e decisões tomadas. E podemos começar a ver, agora, como aquele efeito dominó de que falei antes exerceu seu efeito em toda a experiência da humanidade.

Quarta Falácia sobre Deus

De todas as falácias acima, surge a seguinte: Deus ainda precisa tanto daquilo que agora *exige* que você, *separado Dele*, Lhe dê.

O salto da Separação como *punição* para a ideia de que *agora* somos obrigados a atender às necessidades de Deus, embora já tenhamos sido punidos por não as atender, é um exemplo de erro contínuo.

Toda a construção em torno de Deus é fascinante, porém mais fascinante ainda é essa ideia de que, embora Deus tenha nos expulsado do Paraíso por não atendermos às Suas necessidades, ainda quer que Lhe atendamos agora, *fora* do Paraíso.

Isso não é diferente de um divórcio celestial, no qual Deus exige que lhe forneçamos o que necessita, mesmo tendo se separado de nós porque deixamos de atender-lhe quando estávamos *com* Ele. É como se agora fôssemos obrigados a fornecer Apoio Espiritual a nosso ex.

Devemos fazer na Terra o que nós (ou nossos "pais espirituais") não fizemos no Paraíso: obedecer a Deus, honrá-Lo, agradá-Lo e de forma alguma desagradá-Lo. Devemos encontrar o Único Caminho Certo até Ele e usá-lo exclusivamente. Se fizermos tudo isso, Deus nos aceitará de volta ao lugar de onde nos expulsou.

Se, por outro lado, não fizermos como Deus agora ordena...

Quinta Falácia sobre Deus
Dizem que Deus não vai simplesmente nos punir, mas sim nos aniquilar por completo. Esta é a Quinta e Última Falácia sobre Deus: Ele nos *destruirá* se não cumprirmos Seus requisitos.

Muitas religiões e bilhões de seguidores acreditam nisso. Dizem que se você deixar de cumprir os requisitos de Deus, será queimado e abandonado, em sofrimento incomensurável e implacável, no fogo eterno do inferno.

Isso é o que eu chamo de Segundo Castigo de Deus. O Primeiro Castigo foi a expulsão do Jardim do Éden. O Segundo Castigo é a retirada da *elegibilidade para retornar* e a condenação à tortura eterna.

O Primeiro Castigo foi, presumivelmente, um aviso. Mais ou menos como uma advertência de um guarda de trânsito. O Segundo Castigo é a penalidade depois de ser considerado culpado de violar a lei mais uma vez. Então, você vai para a Mãe de Todas as Cadeias, uma prisão de angústia e dor.

De acordo com certas doutrinas, ali você será destruído, mas nunca por completo. Isto é, o castigo nunca acaba. Você será punido para todo o sempre pelos relativamente poucos momentos de desobediência. A vida na Terra é um sopro, de fato — menos que um piscar de olhos — na vida do Universo, mas a tortura será eterna. Ou seja, a punição não é condizente com o crime, excede-o em muito. Essa é, segundo algumas religiões, a ideia de justiça e equidade de Deus.

Agora, vejamos se você entendeu.

Você tem um Deus que: precisa de coisas, não consegue o que necessita, mandou-o embora porque não conseguiu o que necessitava com seus antepassados cem bilhões de anos atrás e agora exige que você Lhe dê o que Ele necessita neste momento ou lhe dará um castigo eterno se não atendê-Lo.

Entendeu?

PODE SER AGORA OU NUNCA

Não chegou a hora de abandonar essas ideias sobre a Divindade? Não seria um bom momento para anunciar que achamos esses conceitos simplistas e limitados?

Não seria este um bom período de eternidade para declarar que evidentemente há algo que não entendemos por completo sobre Deus, cuja compreensão mudaria tudo?

De uma maneira mais dramática, seria possível, a menos que ampliemos e expandamos nossas ideias primitivas sobre Deus e sobre a Vida nas próximas décadas, descobrirmos que nós mesmos nos encurralamos em um canto do qual não há como escapar?

Conversando com Deus disse que a humanidade quase se extinguiu uma vez. Sobreviveu só o suficiente para regenerar a espécie e recomeçar. Acaso estamos nesse mesmo ponto de inflexão de novo? Chegamos mais uma vez à intersecção em que a teologia encontra a cosmologia e a sociologia encontra a patologia?

Neste momento, ainda abraçamos a Teologia da Separação, ou seja, uma maneira de ver Deus a qual insiste que estamos "aqui" e Ele está "lá".

O problema com uma Teologia da Separação é que produz uma Cosmologia da Separação; uma maneira de ver a vida a qual diz que tudo está separado de todo o resto.

E uma Cosmologia da Separação produz uma Psicologia da Separação; um ponto de vista psicológico o qual diz que eu estou aqui e você está lá.

E uma Psicologia da Separação produz uma Sociologia da Separação; uma maneira de socializar que encoraja toda a sociedade humana a agir como entidades separadas, servindo aos próprios interesses separados.

E uma Sociologia da Separação produz uma Patologia da Separação; *comportamentos patológicos de autodestruição,* engajados individual e coletivamente, produzindo sofrimento, conflito, violência e morte por nossas próprias mãos, como evidenciado em todo o planeta ao longo da história humana.

Somente quando a Teologia da Separação for substituída por uma Teologia da Unidade nossa patologia será curada. Fomos *diferenciados* de Deus, mas não *separados* Dele, assim como os dedos são diferenciados, mas não separados da mão (para reutilizar uma ilustração anterior). Devemos entender que Toda Vida é Uma. Esse é o primeiro passo. É o ponto de partida. É o começo do fim das coisas como são agora. É o início de uma nova criação, de um novo amanhã. É a Nova História Cultural da Humanidade.

A Unidade não é uma característica da vida; é o contrário, a vida é uma característica da Unidade. A vida é a *expressão* da Unidade. *Deus* é a expressão da vida. Deus e a Vida são Um. Você faz parte da Vida e não pode ficar fora dela. Portanto, você é uma parte de Deus. É um círculo que não pode ser quebrado.

APLICANDO ESTA MENSAGEM
À VIDA COTIDIANA

Nada prejudicou mais a humanidade do que as Cinco Falácias Sobre Deus. Uma vez entendido isso, podemos começar a viver e criar nossa vida de maneira a *demonstrar* que são falácias e a exemplificar a verdade.

Mais uma vez nos deparamos com essa palavra: verdade. Na realidade, não existe verdade. Sim, falaremos mais sobre isso no Capítulo 14, quando explorarmos a Mensagem Fundamental 17 de *Conversando com Deus*. Por enquanto, vamos usar o termo "nossa verdade".

Para mim, a palavra VERDADE compreende o seguinte sentido: é a Realidade Compreendida Existencialmente.

Assim, em meu mundo, em minha experiência interna (na qual posso decidir livremente o que é "assim"), as ideias sobre Deus sustentadas pela maioria da humanidade são, sobretudo, falácias, e a "verdade" é que Deus não precisa de coisa alguma e não poderia deixar de obter o que quisesse se *precisasse* de algo, Ele não separou a humanidade de Si mesmo, exige que Lhe demos nada e nunca nos destruirá por não atendermos aos Seus requisitos inexistentes.

Ao viver essa verdade, minha vida se torna um reflexo dela. Reflete, indica, mostra, exibe, demonstra, evidencia, registra, revela, expressa, comunica, manifesta essa verdade. Então, se a vida se torna um reflexo da experiência interna livremente escolhida, o mundo exterior se torna uma imagem espelhada do mundo interior, que então se torna um espelho do mundo exterior, que então se torna um espelho maior do mundo interior, e assim indefinidamente. Um reflete o outro.

Esse contínuo reflexo gera momentos de grande alegria, pois as ilusões da Vida são por fim quebradas. Ou, mais corretamente, *as ilusões dos outros* são por fim descartadas em favor das minhas.

Toda a Vida é uma ilusão. É bom reconhecer e aceitar isso. A vida física como a vivemos não é real. Nossa experiência de vida é o que *pensamos* que é. Cada momento é o que *vivenciamos,* com base em toda uma série de decisões internas (descritas em detalhes maravilhosos nas partes sobre a Mecânica da Mente encontradas em *Se tudo mudou, mude tudo).*

Como Shakespeare escreveu: "Nada há nada bom ou nada mau, mas o pensamento o faz assim." Já Descartes disse: "Penso, logo existo."

Como tornar tudo isso uma prática em seu dia a dia? Eis a questão. E aqui vão algumas sugestões:

- anote em um caderno suas "Crenças sobre Deus" (Adoro cadernos, como pode ver. Anotar o que sente, no que acredita, como se move pela vida e o que escolheria se pudesse fazer as coisas do seu jeito é um exercício valioso. Costumo sugerir manter cadernos separados, cada um para um aspecto, em vez de um único diário corrido. Isso permite que você acesse rapidamente o registro de um pensamento e experiência sobre qualquer tema de grande impacto — e os *acompanhe* ao longo da vida para poder ver onde esteve, onde está e aonde está indo.) Nesse caderno "Crenças sobre Deus" faça uma lista de todos os seus pensamentos atuais sobre Ele. Se, em um aspecto específico da Divindade, eles não são evidentes ou são desconhecidos, relate isso.

- anote em seu caderno do que acha que Deus precisa, que Deus requer, que Deus pede e que Deus condena;
- no mesmo caderno, indique quais dessas coisas que acha que Deus condena (se houver) você fez (se tiver feito);
- responda às seguintes perguntas no caderno: quem você acha que é a Autoridade Suprema da sua vida? O que é certo e o que é errado? (Cite só alguns exemplos.) O que é o bem e o que é o mal? (Cite só alguns exemplos.) O que é apropriado e o que é inapropriado? (Cite só alguns exemplos.) O que é autenticamente você e o que não é autenticamente você? (Mais uma vez, cite só alguns exemplos.) Essas últimas perguntas se abrem para grandes tópicos, lógico, portanto, tente não escrever uma tese para toda a humanidade; anote apenas algumas coisas que surgirem em sua mente. Quando acabar, feche o caderno e volte a ele mais tarde;
- depois de certo tempo, volte a esse caderno e examine as perguntas, revise as listas criadas como respostas. Pergunte a si mesmo: quem disse que isso é "certo" e aquilo é "errado"? Quem disse que isso é "bem" e aquilo é "mal"? Quem disse que isso é "apropriado" e aquilo é "inapropriado"? Quem disse que isso é "autenticamente você" e aquilo não é? E, em cada categoria: *por quê*? Por qual razão aplicou esses rótulos? Veja o que isso lhe diz sobre suas crenças atuais;
- no meio do caderno, crie uma parte chamada Meu Relatório Diário e anote, todas as noites durante trinta dias, os julgamentos ou avaliações que fez a cada

dia sobre os tópicos acima (ou aspectos semelhantes de sua experiência). Faça isso no final de cada dia, sem pular nenhum, durante um mês. Observe as mudanças em si mesmo enquanto se observa;

- pesquise na internet as crenças de todas as principais religiões do mundo (e algumas menores). Esse é um projeto de longo prazo, faça um pouco por semana. Dedique uma hora aqui, uma hora ali, e permita-se descobrir no que as pessoas de várias religiões e tradições de fé acreditam. Ao se conscientizar sobre elas, pergunte a si mesmo (e registre suas respostas no caderno "Crenças sobre Deus") o que nessa religião ou tradição em particular faz parte de *seu* sistema de crenças.

Esse último projeto é uma atividade maravilhosa para o corpo, a mente e a alma e lhe dará a chance de se sentir totalmente integrado ao que de fato pensa e declara ser "verdade" em sua realidade sobre o tema mais importante da vida: Deus.

Vamos fazer três juntos, só para você começar.

Adventistas do sétimo dia

Os adventistas do sétimo dia acreditam na verdade infalível das Escrituras e ensinam que a salvação vem somente pela fé em Jesus Cristo. Acreditam na imortalidade condicional e que os seres humanos não têm uma alma imortal a qual vive para sempre sozinha, mas que a vida só pode continuar eternamente por meio do poder de Deus. Se alguém não acredita em Deus, deixa de existir, porque nega de forma voluntária a existência e o poder Dele. Mas não existe inferno. Um ser humano não é torturado, apenas deixa de ser quando morre.

Os adventistas também acreditam em "pensamento inspirado": que Deus inspirou os pensamentos dos autores da Bíblia e que ela, portanto, expressa os pensamentos de Dele nas palavras dos homens.

Como essas ideias se alinham com suas crenças? Já pensou algo assim? Se sim, quais são seus pensamentos e conclusões? Anote no caderno. Se tiver outras dúvidas sobre essa religião, pesquise Adventistas do Sétimo Dia na internet ou em um livro de espiritualidade.

Testemunhas de Jeová

As Testemunhas de Jeová acreditam que Deus em breve acabará com esta era da existência humana. Um governo celestial sobre a Terra, estabelecido por Jesus Cristo, substituirá os governos humanos existentes e quem não for Testemunha de Jeová será destruído, criando-se uma sociedade de verdadeiros adoradores.

Eles interpretam a Bíblia literalmente e baseiam todas as suas crenças nela, conforme interpretada pelo Corpo Governante. Acreditam que Deus, cujo nome é Jeová, é o Criador e o Ser Supremo e que Ele é "infinito, mas acessível"; Ele reside no Céu e não é onipresente; é possível ter um relacionamento pessoal com Deus; Ele é bondoso e misericordioso, e não torturaria eternamente pessoas más em um lugar chamado inferno. Ele não impõe Sua soberania sobre as pessoas, mas salva apenas aqueles que querem servi-Lo.

As Testemunhas de Jeová acreditam que Satanás era originalmente um anjo que desenvolveu arrogância e queria ser adorado como Deus. Satanás persuadiu Adão e Eva a obedecer-lhe em vez de a Ele. Em vez de destruí-lo, Deus decidiu testar a lealdade do resto da humanidade, para ver se, tendo recebido o livre-arbítrio, as pessoas obedeceriam a Ele tanto sob tentação como sob perseguição. Eles acreditam que Satanás é o inimigo de Deus e o governante invisível do mundo. Creem que os demônios eram originalmente anjos que se rebelaram contra Deus e ficaram do lado de Satanás na controvérsia.

Eles ensinam que o Reino de Deus é um governo literal no Céu, estabelecido em 1914, governado por Jesus Cristo e 144 mil humanos elevados ao Céu. Deus usará esse Reino para tornar a Terra um mundo livre de crimes, doenças, mortes e pobreza e, finalmente, transformá-la em um paraíso. Acreditam que a alma não continua existindo após o falecimento e consideram a morte um estado de inexistência. Acreditam na ressureição como a única esperança de vida após a morte, na qual Deus recriará o mesmo indivíduo com um novo corpo. Creem que 144 mil pessoas serão ressuscitadas no Céu para ser governantes sacerdotais sob Cristo, mas o restante da humanidade "crente" será relegado à vida física em um paraíso na Terra.

As Testemunhas de Jeová afirmam consistentemente ser a única religião verdadeira e acreditam que todas as outras estão sob o controle de Satanás.

Como essas ideias se alinham com suas crenças? Já pensou algo assim? Se sim, quais são seus pensamentos e conclusões? Anote no caderno. Se tiver outras dúvidas sobre essa religião, pesquise Testemunhas de Jeová na internet ou em um livro de espiritualidade.

Fé Bahá'í

A Fé Bahá'í, fundada por Bahá'u'lláh na Pérsia do século XIX, enfatiza a unidade espiritual de toda a humanidade. Reconhece "mensageiros divinos" ao longo da história, como Moisés, Buda, Jesus e Maomé, que estabeleceram religiões adequadas às necessidades da época. Para os bahá'ís, os mensageiros mais recentes são o Báb e Bahá'u'lláh, e acreditam que a vida e os ensinamentos de Bahá'u'lláh cumpriram as promessas do fim dos tempos das Escrituras anteriores.

Os bahá'ís acreditam que nós, hoje, somos chamados a estabelecer a paz, a justiça e a unidade em escala global.

A doutrina bahá'í se baseia em três princípios fundamentais: a unidade de Deus, a unidade da religião e a unidade da humanidade. Eles acreditam que Deus periodicamente revela Sua vontade por meio de mensageiros divinos, cujo propósito é transformar a humanidade. A religião é, assim, vista como ordenada, unificada e progressiva de uma era para outra.

Segundo os escritos dos bahá'ís, os seres humanos têm uma "alma racional", e por isso podemos reconhecer a posição de Deus e o relacionamento da humanidade com seu criador. Todo ser humano tem o dever de reconhecê-Lo por meio de Seus mensageiros e de se adaptar a seus ensinamentos. Por meio de reconhecimento e obediência, serviço à humanidade, oração regular e prática espiritual, a alma se aproxima de Deus, quem eles acreditam ser o ideal espiritual.

Eles creem que quando alguém morre, a alma passa para o mundo seguinte, onde é julgada com base em seu desenvolvimento espiritual no mundo físico para avançar no mundo espiritual. Céu e inferno são estados espirituais de proximidade ou distância de Deus, não lugares físicos de recompensa e punição alcançados após a morte.

Shoghi Effendi, o chefe nomeado da religião de 1921 a 1957, escreveu o seguinte resumo do que ele considerava os principais princípios dos ensinamentos de Bahá'u'lláh e da fundação da Fé Bahá'í:

A busca independente da verdade, livre de superstições ou tradições; a unidade de toda a raça humana, princípio central e doutrina fundamental da fé; a unidade básica de todas as religiões; a condenação de todas as formas de preconceito, seja religioso, racial, de classe ou nacionalidade; a harmonia que deve existir entre religião e ciência; a igualdade de homens e mulheres, as duas asas sobre as quais o pássaro da humanidade é capaz de voar; a introdução da escolaridade obrigatória; a adoção de uma língua auxiliar universal; a abolição dos extremos de riqueza e pobreza; a instituição de um tribunal mundial para o julgamento de disputas entre nações; a exaltação do trabalho, realizado com espírito de serviço, à categoria de adoração; a glorificação da justiça como princípio dominante na sociedade humana e da religião como baluarte para a proteção de todos os povos e nações; e o estabelecimento de uma paz permanente e universal como objetivo supremo de toda a humanidade — esses se destacam como os elementos essenciais que Bahá'u'lláh proclamou.

Como essas ideias se alinham com suas crenças? Já pensou algo assim? Se sim, quais são seus pensamentos e conclusões? Anote no caderno. Se tiver outras dúvidas sobre essa religião, pesquise Fé Bahá'í na internet ou em um livro de espiritualidade.

Teologia comparada

Talvez seja interessante comparar alguns ensinamentos dessas três fés com as Mensagens Fundamentais de *Conversando com Deus* encontradas no Capítulo 2.

Conversando com Deus é uma religião? Não. De forma enfática e inequívoca, *não*. É uma teologia? Sim. De forma enfática e inequívoca, *sim*.

O dicionário define teologia como "ciência ou estudo de Deus, de sua natureza e seus atributos, e de seu relacionamento com o homem e com o Universo".

Mais amplamente, e mais próximo da origem e uso mais antigo da palavra, o site www.eHow.com informa que "teologia" pode ser encontrada no francês antigo e latim, chegando à palavra grega *theologos*, a qual significa "aquele que discorre sobre os deuses", de "theos" (Deus) e "logo" (palavra).

Dados esses parâmetros, *Conversando com Deus* é com certeza uma teologia, ou um estudo de Deus.

Entre outras coisas, *Conversando com Deus* postula que não há Escritura infalível de ou sobre Deus. Livros como a Bíblia, o Bhagavad Gita, o Alcorão, os Upanixades, o Talmude, o Livro de Mórmon, os Vedas e outros são apenas isso: livros escritos por seres humanos em momentos de grande inspiração, mesmo assim *escritos por seres humanos*. Portanto, podem conter grande sabedoria, e também erros. É muito benéfico não os interpretar literalmente, palavra por palavra.

Conversando com Deus aconselha explicitamente em suas páginas às pessoas a nunca tomarem suas palavras como a "verdade de Deus", e sim como coisas que podem ter valor se consideradas junto com outras fontes de percepção e sabedoria encontradas na vida de cada um, mas sempre considerando, em última análise, a própria resposta a elas, o próprio conhecimento profundo, a própria orientação interior, a própria experiência pessoal, como a Única e Suprema Autoridade em todas as coisas espirituais.

Como as palavras de Ellen G. White, os escritos de Mary Baker Eddy, as ideias de Charles e Myrtle Fillmore, os pensamentos de Ernest Holmes, os pronunciamentos de William Miller, Charles Taze Russell, Joseph Smith Jr. ou Baháʻuʻlláh, ou qualquer outro mensageiro humano, as mensagens recebidas em *Conversando com Deus* devem ser consideradas apenas como palavras compartilhadas por um humano, entre muitos, que passou pela experiência de ser inspirado pelo Divino para trazer, iluminar e elucidar sabedoria espiritual e discernimento que *não pertence a ele,* mas foi recebido por ele através de seu filtro humano imperfeito, para que as registrasse e transmitisse o mais puramente possível.

Ao contrário dos outros da lista acima, eu não desejo, não espero nem exijo, não sugiro nem recomendo a criação de uma religião em torno das mensagens recebidas por mim. Espero apenas que sejam analisadas e exploradas profundamente, que recebam consideração justa e séria contemplação, com o objetivo de que, se as Mensagens Fundamentais de *Conversando com Deus* forem consideradas viáveis e benéficas na vida das pessoas, possam ser adotadas e aplicadas de forma útil em encontros diários, e possam ser úteis como ferramentas na formação de uma experiência de grupo mais maravilhosa, mais alegre, mais pacífica e mais gloriosa na Terra — tudo como parte da Jornada Eterna da Alma e da interminável expressão de Deus.

10

É muito bonito falar da Jornada da Alma, mas é a Passagem pela Vida que preocupa a maioria dos seres humanos, e com razão. O propósito da vida na Terra não é *ignorá-la*, e sim vivê-la plenamente, fazendo a passagem do nascimento à morte com alegria, com maravilhosa expressão criativa, com o objetivo de alcançar a autorrealização, sem sofrimento, e sem causar sofrimento nos outros. Acredito que estaríamos melhor se esse fosse nosso foco principal.

Meu livro *Mais feliz que Deus* começa com esta notável observação:

> A Vida foi feita para sermos felizes. Você acredita nisso? É verdade. Sei que pode não parecer quando você olha à sua volta, mas é verdade. A Vida foi feita para sermos felizes. *Você* existe para ser feliz. E se por acaso você *é* feliz, deveria ser ainda mais. Mesmo que você já seja *muito* feliz, pode ser ainda mais. Quanto mais? Exatamente *quão* mais feliz você pode ser? Bem... você pode ser *mais feliz que Deus*.
>
> Certa vez ouvi uma senhora descrever um cavalheiro muito rico. Ela disse: "Ele tem mais dinheiro do que Deus!" É isso que quero dizer. Minha intenção é usar o superlativo absoluto.

[...]
Bem, existe uma *fórmula* por meio da qual você pode *ser mais feliz que Deus*. Todos os místicos a conheceram, a maior parte dos Mestres da sabedoria mística também; alguns mensageiros espirituais contemporâneos a conhecem, mas, ao longo dos séculos, tornou-se uma espécie de "fórmula misteriosa"... porque não se fala muito nela. Não mesmo.

Por quê? É simples. Os Mestres e mensageiros espirituais podem até falar com as pessoas, mas, entre elas, muito poucas têm sido capazes de acreditar no que a "fórmula misteriosa" pode produzir. E quando você trata de questões que ninguém acredita, pode se tornar muito impopular.

Então, mesmo nos dias de hoje, quando se supõe ser um tempo de iluminação espiritual e intelectual, não são muitos os Mestres e mensageiros espirituais que revelam essa fórmula, ainda que a conheçam. Quando falam sobre ela é unicamente para revelá-la pela metade. A maioria deles mantém em segredo o restante, a metade mais emocionante. Sendo assim, o que temos aqui é uma verdade espantosa, mas *você não conhece nem a metade dela.*

O livro prossegue descrevendo, em maravilhosos detalhes, uma abordagem de vida a qual praticamente garante que você será feliz, não importa o que esteja acontecendo ao seu redor. Escrevi esse livro como uma expansão da mensagem do filme *O Segredo,* o qual falava da enorme influência do pensamento positivo em nossa vida, no estilo de *O poder do pensamento positivo* do Dr. Norman Vincent Peale. Mas *O Segredo* praticamente ignora o papel de Deus no processo de criação pessoal. E o livro *Mais feliz que Deus* preenche essa enorme lacuna, modificando de forma drástica o "segredo".

Não achei benéfico deixá-Lo fora de qualquer processo da Vida, pois Deus *é* Vida e Vida *é* Deus. Essas palavras são intercambiáveis. Portanto, viver a vida sem Deus seria como tentar respirar sem usar os pulmões, ou ver sem abrir os olhos, ou pensar sem usar a mente. Como posso viver sem envolvê-Lo?

Não posso, óbvio. Isso seria impossível. Mas não seria impossível *imaginar* que estou fazendo isso. E é isso que muitas pessoas fazem hoje. Imaginam que estão *vivendo a Vida sem Deus*.

Não há mal algum nisso, aliás. Não é um ato de torpeza moral; não é uma ofensa contra o Altíssimo. (Não é possível "ofender" Deus.) Mas é como tentar dirigir um carro sem ligar o motor.

Bem, na verdade, *dá* para fazer isso... ladeira abaixo. Mas parte da vida é uma subida íngreme, e é aí que você descobre que usar o poder torna a jornada muito mais fácil.

Na Vida você está *sempre* "usando o poder", lógico, porque Vida *é* "poder", mas usá-lo *conscientemente* faz uma grande diferença. Não o usar conscientemente seria como carregar uma lanterna no escuro, mas deixá-la no bolso porque você esqueceu (ou nem sabia) que estava lá.

O truque em relação ao poder de Deus é *estar ciente de que ele está lá*. E isso nos leva à...

Mensagem Fundamental 21 de
Conversando com Deus

Existem Três Níveis de Consciência: *esperança, fé* e *conhecimento*. A maestria espiritual está em viver no terceiro nível.

Conversando com Deus não trata apenas de estabelecer uma nova teologia a qual possa fornecer um novo modelo espiritual para a humanidade, mas também de oferecer a todos nós ferramentas práticas para reconstruir a vida; desta vez, do jeito que sempre quisemos que fosse. Os nove livros da série *Conversando com Deus* fornecem um verdadeiro roteiro o qual nos ajuda a atravessar o terreno às vezes traiçoeiro de nossos encontros terrestres.

Em suma, saber com grande discernimento o que Deus disse pode facilitar nossa experiência do dia a dia e inclusive nos levar à maestria na vida. Por isso me dediquei a pesquisar as três mil páginas do diálogo *de Conversando com Deus* e retirar as 25 mensagens mais importantes dessa interação de nove livros. Essas mensagens nos mostram como chegar aonde desejamos ir em nossa Jornada da Alma. Também nos dizem por que fazer essa jornada é importante — e como não tropeçar no caminho.

Um lugar que a maioria dos seres sencientes procura ir é a Consciência; então vamos analisar isso agora.

Alguns Mestres falam em "expandir" a Consciência. Não dá para fazer isso. Em termos mais estritos, não é possível que a Consciência "cresça". A cidade de Mineápolis não ficou maior só porque você chegou lá, e a Consciência não se expande só porque você a alcança.

A Consciência é o que é; não "cresce" cada vez mais. Isso porque a Consciência repousa dentro da Alma, e a Alma não fica maior, nem "mais" do que sempre foi.

O que se expande é a *Mente*. Para facilitar o entendimento, digamos que a Consciência repousa na Alma e a Atenção reside na Mente.

Então, dizendo em outras palavras o que talvez esteja ocorrendo em sua vida, agora você está prestando *mais atenção* à sua Consciência. Uma coisa é estar "consciente", e outra completamente diferente é prestar atenção àquilo de que sua Alma está ciente (em vez de ignorar, o que a maior parte das pessoas faz na maioria das vezes).

Essa junção é o que pode ser chamado de conhecimento. Quando a Mente presta atenção na Alma, e Mente e Alma carregam os mesmos dados, mantêm a mesma ideia e possuem a mesma perspectiva, podemos dizer que você está *plenamente consciente.*

Então, em termos reais, é o conhecimento que se expande à medida que põe a Atenção da Mente na Consciência da Alma.

Há três paradas no caminho nas quais sua mente pode experimentar um estado mais elevado de Consciência, e *Conversando com Deus* discute cada uma delas.

A ESPERANÇA

A esperança é o primeiro lugar onde chega aquele que busca alcançar a Consciência. Ouvi uma descrição magnífica dela: é energia a qual corre entre os olhos e o rabo de um cachorro. A esperança é uma energia maravilhosa e meu desejo é que você nunca a abandone, pois ela produz, inicia e patrocina todos os tipos de ações, escolhas e decisões positivas, e gera entusiasmo e excitação pelo caminho.

Mas note: essa é apenas a primeira parada no caminho para a Consciência. E por que não é a última? Porque esperança é um lugar onde reconhecemos uma grande possibilidade de que algo possa *ou não* acontecer. Se tivéssemos *certeza* de que aconteceria, não precisaríamos "esperar" que acontecesse. Se tivéssemos *certeza* de que algo é "assim", não precisaríamos "esperar" que fosse assim.

Portanto, esperança é a admissão de que uma condição, situação ou circunstância particular pode ou não acontecer. Uma pessoa esperançosa se pergunta se o que está esperando acontecerá. Não há uma sensação de segurança, e sim um desejo, uma sensação de otimismo, de que *poderia* acontecer. E isso é bom pois a pessoa não pensa: "Sem chance". Mas a esperança é a energia mais fraca do Processo de Criação Pessoal.

Porém, isso não significa que seja uma energia ineficaz ou inútil, simplesmente que existem energias ainda mais fortes as quais Deus nos deu para trabalhar enquanto avançamos em direção à Consciência e ao domínio produzido por ela.

A Consciência é a energia que, em última análise, produz experiências internas e manifestações externas na vida de uma pessoa. Isso ocorre porque ela nos permite saber que o resultado *já ocorreu*; *já é assim,* e só falta que tomemos consciência disso. (Falarei mais sobre isso depois.)

Portanto, a esperança nos permite chegar à periferia do Estado de Consciência. Não é como estar totalmente dentro desse estado sagrado, mas é melhor que estar muito, muito longe dele.

FÉ
A fé é a segunda parada no caminho para a Consciência. Estamos muito mais próximos do centro desse estado sagrado quando chegamos a um lugar de fé.

Fé não é se perguntar se algo vai acontecer, ou pensar que pode acontecer, é *ter* certeza de que vai acontecer. É um salto quântico do desejo. É uma energia muito mais elevada, muito mais poderosa.

Se pensarmos na energia como um ímã, uma ferramenta a qual atrai certos resultados e experiências para nós, então a fé tem dez vezes mais poder de atração que a esperança. Ela puxa fortemente os resultados para nós do Campo Contextual, onde todos os resultados existem; meu amigo Deepak Chopra chama isso de "campo das infinitas possibilidades". (Falarei mais sobre isso depois também.)

A fé está dentro do Estado de Consciência, mas não no centro dele. Porém, já cruzamos a fronteira da dúvida, e isso é muito bom. Percorremos um longo caminho e há muito deixamos o lugar de imaginar, conjecturar ou especular sobre os resultados. Temos *fé* de que determinados resultados ocorrerão, e isso significa que *confiamos* que sim, temos *convicção* e *confiança* que sim, gerando um alto nível de *otimismo* em relação a esses resultados.

Mas a fé também é um anúncio de que ainda existe a possibilidade de um determinado resultado *não* se concretizar. É importante notar que "confiança" (outro nome para fé) *não é necessária* no espaço da certeza.

A definição de "fé" é "confiança total" em alguém ou algo; e a definição de "confiança" é "uma crença firme" em algo ou alguém. Mas uma "crença" ainda é uma *crença,* e não Consciência Absoluta. Acreditar em algo é uma coisa, saber é outra.

Uma pessoa não deve ter que "confiar" ou "crer" que um determinado resultado será "certo". Deve ter tanta certeza disso a ponto da "confiança" não fazer parte da equação, e a "crença" há muito tempo ser deixada para trás, dando lugar a simplesmente saber que cada resultado, seja ele qual for, é o próximo passo perfeito na evolução pessoal.

Conhecimento

Esta última parada no caminho para a Consciência é o lugar mais poderoso em que uma pessoa poderia estar. É o lugar do conhecimento absoluto. Aqui se encontra a paz, se encontra uma alegria suave, se encontra o tipo de certeza profunda a qual gera tranquilidade total e sagrada serenidade.

Não se trata de se "sentir seguro", mas sim de ser "positivo". São coisas diferentes.

O Iniciado tem esperança, o Estudante tem fé, o Mestre tem conhecimento. Este último sabe que quaisquer resultados que ocorram na Vida produzirão o mais elevado e o melhor para todos os envolvidos. Não pode ser de outra maneira no mundo do Mestre. Portanto, ele não espera resultados particulares, nem tem fé que resultados específicos se manifestarão. O Mestre *sabe* com *certeza* que todos eles são perfeitos exatamente como são; exatamente como surgem; exatamente como se apresentam.

E o Mestre sabe disso porque entende que todos os resultados no mundo físico são cocriados, manifestados colaborativamente e produzidos em conjunto para servir com exatidão aos propósitos de cada alma em cada situação, em cada momento, em cada lugar, em "Todo o Quando/Onde da existência" (tomando emprestada uma frase maravilhosa do escritor Robert Heinlein).

CHEGANDO À CONSCIÊNCIA

Podemos esperar que o buscador sincero o qual percorre o caminho da Consciência diga agora: "Ok, entendi. Mas tenho umas perguntas: como chego a esses três lugares? E posso chegar a eles em qualquer ordem, ou há uma ordem certa?"

A resposta à primeira pergunta é que, para chegar até eles, um mapa pode ajudar. E isso, como eu disse, é o que *Conversando com Deus* oferece. É um livro de instruções. (Ou, neste caso, uma série; nove livros ao todo.) É um guia para a mente infinitamente curiosa e oferece uma planta, um padrão, uma pedra de toque, um modelo para o coração. Uma *maneira de chegar lá*.

Porém, ele não é o único caminho para a Consciência. Apenas o deixa mais evidente, como estamos fazendo aqui. Mas é um caminho, e para milhões de pessoas em todo o mundo tem sido muito eficaz.

E sim, podemos ir direto para o conhecimento sem ter que parar na esperança ou na fé, assim como não é necessário pisar em cada degrau de uma escada para chegar em cima. Mas às vezes isso facilita a subida. Portanto, tudo bem se você ainda não chegou à Consciência Absoluta, ou se esteve lá e depois *não* estava mais; e depois lá de novo, e depois *não* mais.

Em minha vida, eu já entrei e saí do lugar de conhecimento absoluto muitas vezes, e até agora não consegui permanecer lá por muito tempo (muito menos pelo resto da vida). Mas algumas pessoas conseguem, e não apenas antigos Mestres, santos ou sábios. Há pessoas vivendo neste planeta agora que conseguiram. Alguns conhecidos meus conseguiram. Portanto, posso garantir que é possível.

Estou me esforçando para chegar lá e ficar de vez. Se quiser trabalhar nisso comigo, está convidado a participar da comunidade *CWG Connect*. Graças às maravilhosas tecnologias de hoje, pessoas do mundo todo podem se conectar, compartilhar, encorajar-se e apoiar-se mutuamente e caminhar juntas na Jornada da Alma. Essa comunidade global é um grupo amoroso de pessoas as quais descobriram que *Conversando com Deus* é um caminho maravilhoso para a Consciência. Se quiser se sentir apoiado, acesse www.CWGConnect.com

Aplicando esta mensagem à vida cotidiana

As ferramentas para a Vida, ou degraus para a Consciência, que descrevi como esperança, fé e conhecimento, são todas (quero deixar isso evidente de novo) poderosas. A primeira é poderosa, a segunda é ainda mais poderosa e a terceira é a mais poderosa de todas.

Posso sugerir algumas maneiras de usar essas ferramentas em seus encontros diários com a Vida?

- comece a observar sua linguagem nas situações e circunstâncias da vida. Não é necessário (nem recomendado) observar cada palavra que sai de sua boca para ter certeza de que você "fala de forma apropriada" ("correção espiritual" é prima de primeiro grau da "correção política", e ambas são uma praga sobre a Terra, às vezes), mas é útil saber que as palavras carregam energia (na verdade, são *feitas* de energia), e, quando ditas repetidamente, tendem a criar uma mentalidade capaz de ter um efeito de longo prazo no pensamento de uma pessoa e, portanto, em seu Processo de Criação Pessoal;
- troque a palavra "espero" por "tenho certeza", ou "tenho fé" de que tudo ocorrerá em perfeita ordem. Depois, quando houver eliminado o "espero" do vocabulário, troque "tenho certeza" ou "tenho fé" por "eu sei";
- ao se envolver em específico no Processo de Criação Pessoal (em vez de simplesmente ficar falando pela casa ou conversando com amigos), tente invocar de forma consciente a energia do "eu sei", dando-se permissão para cada vez exigir menos resultados específicos e relaxar mais quanto àqueles possíveis de ocorrer. Deixe que "sei que tudo vai dar certo" comece a substituir "espero" ou "tenho certeza" de que esse ou aquele resultado específico vai ocorrer. Se quiser saber mais sobre o Processo de Criação Pessoal, leia *Mais feliz que Deus*;

- coloque *sentimentos* em suas palavras ao pronunciá-las (ou pensá-las), em especial se os usa na tentativa de experimentar algo de forma deliberada. *Conversando com Deus* diz: "os sentimentos são a linguagem da Alma". Use essa linguagem para comunicar ao Universo o seu desejo. Se realmente existir um resultado particular e específico que você deseja bastante que se manifeste em sua vida, ponha sentimentos em suas verbalizações. Permita-se imaginar um resultado específico e sentir-se do *mesmo modo como se sentiria se o que está imaginando estivesse acontecendo*. Esse trio de pensamento/visualização/sentimento é a combinação mais poderosa a qual já encontrei para evocar, para atrair do Campo Contextual de infinitas possibilidades resultados e experiências específicos;

- deixe de lado as expectativas ou exigências ao se envolver no Processo de Criação Pessoal. Depois de definir sua intenção e declarar seu desejo, abandone a ideia de que *tem* de acontecer dessa maneira e só dessa maneira. Diga: "Obrigado, Deus, por isso ou algo melhor", e fale de coração!

- faça um Exercício de Conscientização pelo menos uma vez por dia durante os próximos trinta dias, mas em horas alternadas. Faça, digamos, 10 horas da manhã na segunda-feira, meio-dia na terça, 3 horas da tarde na quarta, 6 horas da tarde na quinta, tarde da noite na sexta e assim por diante. Ponha um alarme e, quando tocar, pare o que estiver fazendo e faça um inventário de Consciência. Pergunte a si mesmo: "Do que tenho consciência aqui e agora? Do que tinha consciência há uma ou duas horas? Se eu estava consciente de nada em específico, olhando para trás vejo que estou agora?" Respire fundo. Olhe em volta, preste atenção no que vê quando olha profundamente para cada coisa oferecida no presente. Ouça o que ouve. Sinta o que sente no momento. Conheça o que conhece sobre isso — e tenha o *conhecimento* de que você sabe. A Consciência pode ser cultivada. Permita-se entrar em seu Estado de Consciência e ir além, até um lugar onde se *conscientize* de que é consciente. É como se ver refletido em vários espelhos. Já teve essa experiência? Você pode fazer isso com sua mente também. Convide-se a ter consciência do que tem consciência, e *tenha consciência* de que tem consciência do que tem consciência. Essa pode ser uma ferramenta poderosa na sua "expansão". Lembre-se, ela não pode ser expandida, mas a Mente sim. Permita-se ser *totalmente* consciente o máximo de tempo possível. Os eventos do dia, as listas de tarefas, as distrações do momento, as pressões, os detalhes e as exigências da vida talvez sejam atraentes e divertidos. Tudo bem. Apenas observe. Em breve, você aprenderá a *usar* os eventos, as pressões e as exigências para levá-lo à sua Consciência mais íntima, e a sentir em plenitude — não apenas em parte — sua Consciência Superior;

- falando nisso, leia imediatamente um livro, o qual desconfio que se tornará um dos mais importantes de sua vida: *Guia para uma consciência superior,* de Ken Keyes Jr., o qual celebrou seu Dia da Continuação [dia da morte] há alguns anos, mas que deixou a todos nós uma dádiva de proporções indescritíveis. Esse livro mudou minha vida. Serei grato por isso para sempre. Ele está disponível na maioria das livrarias on-line.

11

Desde os primeiros momentos da infância até depois dos 50 anos, tentei descobrir como a vida funcionava. Mais de meio século pensando no mesmo assunto. Fazia isso de maneira casual, focada, simples e sofisticada. Seria de imaginar que todo esse esforço me teria trazido alguma sabedoria, talvez, ou algum insight, mas não; não vivenciei isso. Aos 50 anos, sentia que sabia pouco mais que aos 15.

Não estou exagerando.

Eu não tinha experiência de Deus, sentia que nada sabia sobre o amor, não entendia como funcionavam os relacionamentos, e todos os mistérios da vida *continuavam* sendo mistérios. Não sabia por que nem para que estava aqui. Só sabia que aqui estava eu, jogado no meio de todas essas coisas as quais chamamos de Vida na Terra, tentando tirar o melhor proveito disso.

Mas, certamente, devia haver alguma *razão* para tudo isso, ou pelo menos algum *método* para essa loucura (como dizia minha mãe). Entretanto, se havia, eu não tinha conhecimento de nenhum dos dois; nem ideia. Então, levantava-me todas as manhãs tentando me agarrar a uma meta, esperança ou desejo, a alguma atividade, experiência ou projeto, a algum propósito, função ou objetivo para o dia, ou talvez até para a semana ou o mês, se não para a vida toda.

Se nada disso lhe parece familiar, você é um dos sortudos. Já sabe quem você é, por que e aonde está indo, e sabe também como está indo e o caminho para chegar lá.

Essas não são questões menores, e se você encontrou respostas que o satisfizeram, que bom, e que Deus o abençoe. Eu virei a esquina dos 60 anos e não tinha nenhuma.

Mas, de repente, tinha todas.

Como pode imaginar, isso me abalou profundamente. Acaso eu podia acreditar no que me havia sido dado de uma vez só? Era funcional ou aplicável na vida diária? Tinha algum valor prático?

Descobri que a resposta para as três perguntas é sim. Enfaticamente, *sim!* Mas eu tinha, primeiro, que "entender" de verdade e abraçar de verdade e *usar* de verdade algo que havia ouvido em minhas conversas com Deus; senão, nenhuma das outras peças do quebra-cabeça se encaixaria, nenhum mistério da vida seria resolvido.

Sem dúvida, isso foi uma das coisas mais importantes que já ouvi. Um dos dados mais críticos sobre a vida que já encontrei. Derrubou — *finalmente* derrubou — a porta. Não respondeu a todas as minhas perguntas, mas resolveu todos os meus problemas. Facilitou muito a vida. Estou falando da...

Mensagem Fundamental 20 de *Conversando com Deus*

A vida funciona dentro do paradigma Ser-Fazer-Ter. A maioria das pessoas o inverte, imaginando

> que primeiro é preciso "ter" coisas para "fazer" coisas e, assim, "ser" o que deseja ser. Reverter esse processo é a maneira mais rápida de experimentar a maestria na vida.

Quando digo que a maioria das pessoas usa essa fórmula ao contrário, não estou brincando. Observei isso em mim mesmo durante meus primeiros 53 anos de vida.

O *Livro 1* do diálogo *Conversando com Deus*, e depois o *Livro 3*, levaram-me a um ponto de grande discernimento sobre isso, e bem depressa. No *Livro 3*, fui lembrado que a maioria das pessoas acredita que a Vida funciona segundo estas linhas gerais, ou esta progressão geral: Ter-Fazer-Ser.

As pessoas acreditam que se "tiverem" uma coisa (mais tempo, dinheiro, amor, qualquer coisa), poderão finalmente "fazer" algo (escrever um livro, ter um hobby, sair de férias, comprar uma casa, ter um relacionamento), o que lhes permitirá "ser" algo (feliz, contente, apaixonado...).

Na verdade, elas estão invertendo o paradigma Ser-Fazer-Ter. Como eu disse, fiz isso também, pois me ensinaram que a vida funcionava assim.

Colocando as coisas na ordem certa

No Universo como ele realmente é (ao contrário de como pensamos que é), "ter" não produz "ser", e sim o contrário. Primeiro você deve "ser" a coisa chamada "feliz" (ou "tranquilo", "contente", "apaixonado", o que for), aí começa a "fazer" coisas por ser algo, e depois descobre que o que está fazendo acaba lhe propiciando as coisas as quais sempre quis "ter".

Portanto, a fórmula é Ser-Fazer-Ter, não Ter-Fazer-Ser.

A maneira de colocar em prática esse processo criativo (pois é justamente isso, um Processo de Criação Pessoal) é ver o que você quer "ter", perguntar a si mesmo o que você acha que "seria" se "tivesse" isso, e ir direto para o *ser*. Comece por aí, em vez de tentar chegar aí.

Assim, você inverte o jeito de usar o paradigma Ser-Fazer--Ter, ajusta-o corretamente e trabalha *com*, não *contra* o poder criativo do Universo.

Eis uma maneira curta de afirmar esse princípio: A maneira como a vida funciona para você é mais uma questão do que e como você *é*.

O *Livro 3* ilustra isso nos convidando a pensar em uma pessoa a qual sabe que se pudesse ter um pouco mais de tempo, um pouco mais de dinheiro ou um pouco mais de amor, seria verdadeiramente feliz. Ela acha que há uma conexão direta entre o fato de "não estar muito feliz" agora e não ter o tempo, o dinheiro ou o amor desejado.

Agora, pense em uma pessoa a qual "é" feliz o tempo todo. Não é interessante observar que ela parece ter tempo para fazer tudo que realmente importa, todo o dinheiro necessário e amor suficiente para a vida toda? Ela descobre que tem tudo para "ser feliz"... "sendo feliz" primeiro!

Algo para pôr na porta da geladeira

A questão é: decidir *antes* o que você escolhe ser *muitas vezes produz isso em sua experiência*. "Ser ou não ser, eis a questão", como disse Shakespeare. Felicidade é um estado de espírito. E como todos os estados de espírito, se reproduz na forma física.

Como muita coisa presente aqui, esta é uma afirmação do *Livro 3* de *Conversando com Deus* que serve para um ímã de geladeira: "Todos os estados de espírito se reproduzem."

Mas talvez você se pergunte como poderia "ser" feliz primeiro, ou "ser" *qualquer coisa* que queira ser (mais próspero, por exemplo, ou mais amado), se não tem o que acha necessário para "ser" isso?

A resposta é agir como se já tivesse, porque você *tem, apenas não sabe*. Esta é a parte mais importante da "fórmula secreta". Você já tem felicidade, já tem contentamento, já tem amor, já tem prosperidade, paz, alegria, sabedoria e todos os outros aspectos da Divindade, todos armazenados dentro de você. Isso é quem você é. Essas coisas são quem você é; não precisa encontrá-las em outro lugar, simplesmente tem de extraí-las *de seu Ser*. Simplesmente tem de *ser* Quem Você Realmente É.

Isso é o que significa "começar" de onde desejava "terminar". É *saber* que você é a *fonte* dessas coisas, não quem *as busca*. Isso é Consciência.

Mas você *não pode* tentar se "enganar" com uma abordagem da Vida chamada por alguns de "Fingir até conseguir". Não pode ficar "fingindo" quando está "sendo" algo. Suas ações devem surgir com sinceridade. *Tudo que fizer, faça com sinceridade, senão, perde o benefício da ação.* A Lei Natural exige que Corpo, Mente e Espírito estejam unidos e alinhados em pensamento, palavra e ação para o Processo de Criação Pessoal funcionar.

EXPERIMENTAR SINCERAMENTE A SINCERIDADE

Então, como você pode "ser" feliz se não estiver sinceramente se sentindo feliz? Como pode "ser" próspero se não estiver sinceramente se sentindo próspero? Como pode "ser" amado se não estiver se sentindo sinceramente amado?

Você deve sinceramente *vivenciar que é tudo isso*. Deve vivenciar que é todas essas coisas as quais não sente sinceramente ser. E a maneira mais rápida de vivenciar algo que você não sente sinceramente é *fazer outra pessoa experimentá-las por sua causa*.

Esse é um grande segredo, talvez o maior segredo da Vida. Fazer *outra pessoa* experimentar o que *você* deseja lhe dá a Consciência de que você é a fonte, e não o buscador, dessa experiência. Isso muda todo o paradigma da vida. Em vez de tentar encontrar o que deseja, você tenta encontrar maneiras de doar o desejado.

Mas como pode dar o que não tem?

Pelo conhecimento de que *você tem*, sim.

E como pode vir a saber disso?

Ah, pela lógica circular: dando o que deseja!

Portanto, se você escolher ser feliz, faça outra pessoa ser feliz. Se escolher ser próspero, faça outra pessoa ser próspera. Se escolher ser amado, faça outra pessoa ser amada.

Simples assim. E muito poderoso.

Mas faça com sinceridade, não porque busca ganho pessoal, e sim porque realmente quer que a outra pessoa tenha essa experiência particular; e tudo o que você der, você experimentará.

Mais uma vez, uma última vez: como? Por quê? Porque o ato de dar algo faz você ver que tem esse algo para dar. Esse princípio foi colocado em três palavras nos livros da série *Conversando com Deus*: seja a Fonte.

QUEM NASCEU PRIMEIRO?

Uma vez que não podemos dar aos outros aquilo que não temos, quando você é a Fonte na vida dos outros de tudo o que quer, a Mente chega a uma nova conclusão, a um Novo Pensamento: eu tenho esse algo, *porque senão, não poderia dá-lo*.

Mas talvez você se pergunte: se pode ser a Fonte de algo na vida de outra pessoa, por que não pode evocar esse algo em *sua* vida?

Pode, e estou lhe dizendo qual é o processo.

Sim, talvez você argumente, mas por que primeiro tenho que dar aos outros? Por que não posso dar a mim mesmo primeiro?

A resposta, segundo *Conversando com Deus*, tem a ver com a psicologia humana e a história aprendida sobre nós mesmos. Em resumo, sempre nos ensinaram que somos indignos, portanto, é muito difícil nos permitir dar algo a nós mesmos. Por outro lado, vemos e reconhecemos com facilidade que os outros são dignos e merecem toda a ajuda que possamos lhes dar. O truque, então, é dar aos outros com frequência e intencionalmente. Mas não pode fazer isso como um meio ou método de obter o mesmo para si, de obter algo que falta a você, porque a motivação do processo cria um pensamento patrocinador o qual continuará gerando a realidade.

Ao dar algo aos outros, deve fazê-lo sabendo e demonstrando que já tem isso. Se não puder fazer assim, então não pense nisso. Não fique analisando e calculando as coisas. Dê o que você quer se vir alguém precisando, de forma espontânea. Surpreenda-se. Enfie a mão na carteira e dê aquela nota de vinte reais. No mês seguinte, irá perceber que, além de não fazer falta, aquilo o fez se sentir bem. E, curiosamente, apenas uma semana depois você recebeu aquele bônus no trabalho. Ou o reembolso do imposto de renda que havia esquecido. Ou uma ligação de um advogado para falar sobre uma herança.

E aí você se pergunta: quem nasceu primeiro, o ovo ou a galinha?

TUDO É QUESTÃO DE TREINAR A MENTE

É possível treinar a Mente mostrando a ela um Novo Pensamento a seu respeito, repetidamente, por meio da demonstração, e ele se torna sua experiência. Você começa a "ser" isso cada vez mais. E quando começa a "ser" algo, aciona as engrenagens da máquina de criação mais poderosa do Universo: a Consciência. Você passa a *conhecer* o que é de fato verdade a seu respeito *demonstrando* o que é verdade (apesar de parecer o contrário).

Pense bem. A simplicidade desse processo não é notável e óbvia? Você sabe muito bem que se sente mais feliz quando está fazendo outra pessoa feliz. A vida ensinou que você experimenta mais prosperidade quando compartilha com os outros. E está bem evidente que tem o sentimento mais profundo e abençoado de ser amado quando é a causa direta de outra pessoa se sentir amada.

Os mensageiros de todas as grandes religiões do mundo ensinaram esse princípio com precisão, cada um à sua maneira. E a mensagem com a qual estou mais familiarizado é: "Faça aos outros o que gostaria que fizessem a você."

Isso não é só um provérbio ou um belo aforismo; é uma instrução explícita sobre *como a Vida funciona*. Não é questão de moral, e sim de mecânica.

Quando você tem esse conhecimento, está pronto para alcançar a maestria na vida.

APLICANDO ESTA MENSAGEM À VIDA COTIDIANA

Nunca encontrei uma ferramenta mais poderosa, prática nem fácil de usar para uma vida espiritual e alegre que o paradigma Ser-Fazer-Ter.

É uma ferramenta espiritual porque invoca a Consciência espiritual a qual reside dentro de cada um de nós e nos permite demonstrar que temos discernimento sobre nossa identidade espiritual. Não há coisa alguma na Vida mais espiritual que vivenciar a Divindade fluindo por nós.

É uma ferramenta prática porque funciona na vida real e imediatamente. Não depois de uma semana, duas ou um mês, mas no exato momento em que a ferramenta é empregada.

Veja algumas sugestões para usar o paradigma Ser--Fazer-Ter na experiência do dia a dia:

- escolha com antecedência como você quer "ser" em cada circunstância que sabe, decerto, que surgirá repetidamente em sua vida. Por exemplo, se viaja com regularidade, pode ter certeza de que, em alguma viagem, o voo atrasará. Se é casado e seu cônjuge tem a tendência de se atrasar para os compromissos, sabe com certeza que em algum momento ele se atrasará para algo importante. Como você decide estar nessas situações?

- se algo inesperado acontecer, pare e pergunte-se: "Como eu quero 'ser' em relação a isto?" E a seguir, entre nesse Estado de Ser. Esse é um processo criativo, não reativo. Lembre-se, a vida foi *projetada* como um processo de criação, não como um processo de reação. E o que a Vida o convida a fazer em cada maravilhoso momento do agora é se recriar, ser sua mais grandiosa versão mais recente da maior visão que já teve sobre Quem Você É. Então, se inesperadamente encontrar-se em uma situação estressante (um pequeno acidente de carro, a perda das chaves de casa, a decepção com um amigo), poderá usar isso como uma oportunidade para se perguntar nesse momento como você quer "ser" em relação ao que está acontecendo, e entrar nessa versão;

- faça uma lista de cinco coisas que gostaria de ter mais em sua vida agora. Pode ser algo físico ou experiências. A seguir, "procure" pessoas que têm ainda menos dessas coisas do que você e dê a elas. Faça isso sem pensar, calcular ou analisar. Basta *dar*. Quando o rosto da pessoa se iluminar, veja como é incrível perceber que *você tinha isso para dar*. Deixe esse sentimento alimentar sua noção de Eu.

Talvez você diga: "Ok, entendi como isso pode funcionar com abundância ou amor, mas como funcionaria com coisas físicas? Digamos que o que eu realmente quero é um lugar melhor para morar. Como manifesto *isso* dando a outra pessoa um lugar melhor para morar?"

Lembro-me de uma mulher, há alguns anos, em uma de minhas aulas semanais de metafísica prática, que fez exatamente essa pergunta. Vamos chamá-la de Sue.

Sue e o marido moravam no mesmo apartamento pequeno havia anos, trabalhavam duro e economizavam para um dia poder comprar a casa dos sonhos deles.

— Como sua teoria pode funcionar para mim? — perguntou ela, de uma maneira não muito simpática, devido à sua frustração.

— Você está disposta a isso? — perguntei. — Está disposta a que a teoria funcione?

— Veja — disse ela —, não há como eu "ser a Fonte" de um lar melhor para outra pessoa. Não podemos nem para nós mesmos. Esse seu "processo" não vai funcionar.

— Você está disposta a isso? — perguntei de novo.

Ela me olhou diretamente nos olhos.

— Ok, estou disposta. Mas não vai funcionar com uma coisa dessas.

— Se você está dizendo...

— O que quer dizer com isso? — perguntou ela.

— Significa que "Como você creu, assim acontecerá".

— Ah, que maravilha, mais chavões.

— Querida, sei que está frustrada com a vida. Eu entendo, mas o Universo não pode dar o que você diz não poder ter. Essa é a regra. É a... como diz aquele programa?... é a Primeira Diretriz. Se você disse que esse processo não vai funcionar, adivinhe. Não vai funcionar. Você está pondo muitos obstáculos no caminho. Sua energia cria obstáculos ou oportunidades, a escolha é sua.

Sue ficou em silêncio por um momento.

— Tudo bem — disse. — Meu marido também me diz que sou pessimista. Vou tentar parar de ser assim.

— Ótimo. Pois bem, você está disposta a que esse processo funcione?

— Sim, de verdade. Estou disposta.

— Acha que pode funcionar?

— Quando penso positivo, acho que sim.

— Ótimo. O ideal é não perguntar como, apenas se dispor.

— Ok, entendi.

Uma semana depois...

— Vocês não vão acreditar! — disse Sue na aula seguinte, uma semana depois, cheia de emoção.

Ela mal podia esperar para contar à turma.

— Foi quinta-feira à noite, acho — começou. — Eu estava lendo o jornal e li que precisavam de voluntários para um projeto que seria lançado no fim de semana passado para dar uma casa nova em três dias a uma família que havia perdido a casa em um incêndio! Existe um grupo chamado *Habitat for Humanity* que faz isso, e estavam pedindo voluntários. Diziam que qualquer um era bem-vindo.

"Você vai a um canteiro de obras e eles dizem exatamente o que fazer. Se souber usar um martelo, carregar um pedaço de madeira ou lustrar uma torneira recém--instalada, pode ser útil. E eu pensei, 'Meu Deus, essa é uma maneira *de eu dar a outra pessoa o que eu quero*, ou seja, um bom lugar para morar!'. Então, meu marido e eu fomos lá no sábado.

"Devia haver uma centena de pessoas lá. Construímos uma casa inteira em três dias. E então, passaram com uma folha de compromisso perguntando se poderíamos doar uma pequena quantia mensal para pagar materiais para projetos da *Habitat for Humanity* como aquele em outros lugares. E nós dissemos 'Com certeza', e encontramos uma maneira de ser a Fonte de uma moradia melhor para outra pessoa ali mesmo."

O grupo ficou surpreso com a sincronicidade, mas Sue não estava nem perto de terminar.

— Esperem, tem mais! — exclamou. — Na segunda-feira à noite, recebemos uma ligação de meu tio George. Ele disse que havia recebido uma grande promoção na empresa, que uma vaga para um cargo importante havia aberto de repente. Era em outro estado, mas era bom demais para deixar passar, então ele teve que se mudar com a família e ficou pensando no que fazer com sua casa de quatro quartos.

"Ele queria saber se podíamos 'cuidar da casa' para eles por alguns meses enquanto ele se organizava; ou, melhor ainda, se estaríamos interessados em alugá-la. Eu disse que nunca poderíamos alugar uma casa como aquela e ainda guardar dinheiro para comprar uma casa própria.

"Ele disse: 'E se vocês alugassem com opção de compra? Eu faria um bom valor de aluguel, e cada centavo seria revertido para a compra caso gostassem da casa e decidissem comprá-la. E resolvo os documentos para vocês, não precisam ir ao banco para conseguir financiamento. Vocês são da família, e seria bom. Preferimos que a casa vá para alguém que conhecemos e amamos, não para estranhos."

Sue já estava sem fôlego quando disse:
— Vamos nos mudar *mês que vem!*
A classe aplaudiu loucamente.
E os anjos cantaram.
E Deus?
Bem... Deus apenas sorriu bastante.

12

Parece que a vida continua a ser um mistério para quase todos. Houve, e ainda há, verdadeiros Mestres vivendo em paz e harmonia contínuas (independentemente do que esteja acontecendo). Portanto, sabemos que é possível atingir esse nível de desenvolvimento pessoal e espiritual. Mas vi muito poucas pessoas conseguirem isso "em um piscar de olhos".

Observo que, para a maioria das pessoas, a vida continua revelando uma camada de cada vez. Foi assim comigo. Até minhas conversas com Deus se desenrolaram durante anos. Vejo que o mundo ainda está cheio de buscadores. Apesar de toda a sabedoria existente, apesar de todos os dados de todas as fontes, apesar de todas as mensagens espirituais de todos os livros sagrados de todas as religiões do mundo, apesar de todos os ensinamentos profundos oferecidos pelas filosofias do planeta, apesar de tudo isso, ainda não temos noção de muitas coisas sobre a vida que estamos vivendo. Então, procuramos guias. Procuramos conhecimento. Pedimos sugestões aos outros sobre como passar por tudo isso, como sobreviver, como seguir em frente. E se tivermos sorte, temos um relacionamento, um relacionamento *pessoal*, com Deus.

Se tivermos sorte, temos a capacidade de nos relacionar com essa Fonte de Sabedoria que existe no Universo. Se tivermos muita sorte, podemos interagir com essa fonte, vivenciá-la como uma amiga, usá-la como um recurso.

Eu tenho essa sorte, e por isso recebi roteiros espirituais e muitas diretrizes que me ajudaram no caminho, que me deixaram mais à vontade comigo mesmo e com toda a experiência de vida até agora, quando entro em minha sétima década.

Tive a oportunidade de observar e lembrar muitas coisas, e me atrevi a juntar tudo dos últimos 15 anos e criar uma abordagem holística para a experiência do dia a dia.

Juntando o "eu fraturado"

Nas últimas décadas, ouvimos muito falar sobre "vida holística". Vinte e cinco anos atrás, eu era editor-chefe de um periódico semanal de San Diego chamado *Holistic Living News*. O dicionário define holístico como "aquilo que busca um entendimento integral dos fenômenos". Já li também que se trata da "compreensão das partes de algo como intimamente interconectadas e explicáveis apenas por referência ao todo".

O quê?

Quem escreveu essa definição?! Se eu fosse definir a palavra, diria simplesmente que significa "uma abordagem sistêmica completa para qualquer coisa".

Viver de forma holística significa, para mim, viver de uma maneira que o todo de quem eu sou seja expresso e experimentado conforme interajo com o todo de todos e tudo o mais, em vez de parte de mim interagindo com *parte* de alguém ou de outra coisa, que é como percebo que eu e a maioria das pessoas vivemos com mais frequência.

Muita gente teve, em momentos fugazes, uma *sensação de unidade* com outra pessoa, ou com todas as outras pessoas — e até com todas as outras *coisas*.

Se você já teve um momento assim, talvez o recorde como uma rápida passagem pela felicidade pura. A *experiência* da Unidade, em oposição à conceituação da Unidade, muitas vezes nos espanta. A Mente não sabe exatamente o que fazer com isso (esse, sem dúvida, é o motivo de nos puxar de volta à Separação o mais rápido possível, pois o ego pensa que nossa *existência própria* está ameaçada quando experimentamos a Unidade.)

Por toda minha vida eu quis saber como viver como uma pessoa completa; o primeiro passo para experimentar a Unidade na Vida toda. No passado, em certo sentido, eu me sentia "fraturado". Ou seja, uma parte de mim ia em uma direção e outra parte em outra, e uma terceira parte tentava ir nos dois sentidos ao mesmo tempo! Senti-me "rasgado" muitas vezes na vida.

Essa sensação de ser fragmentado foi, sem dúvida, o que me levou a viver uma vida a qual, até os últimos anos, era tudo menos suave, tudo menos fácil, tudo menos pacífica. Não que eu vivesse momentos particularmente terríveis, mas minha vida teve mais desafios, mais decepções e momentos bem mais infelizes do que precisava. E, lamento dizer, mais momentos em que deixei outras pessoas bem infelizes.

Porém, como mencionei antes, a vida foi feita para ser feliz e, na maioria das vezes, não deveria haver razão para que fosse diferente. Sem dúvida, não há razão para a vida ser uma experiência de infelicidade *contínua*. Mas quando vivemos como pessoas fraturadas, tentando servir a dois senhores, três interesses e quatro pensamentos diferentes que quatro pessoas têm sobre quem julgam que devemos ser, a vida se torna muito estressante e infeliz.

Portanto, o convite da Vida é que nos "desfraturemos" e nos tornemos inteiros de novo.

DIRETRIZES MARAVILHOSAS

Cada um de nós veio para esta experiência física como um ser completo e perfeito, mas permitiu que a Vida o separasse e, em alguns casos, *fraturasse*.

Então, a questão agora é voltar a esse lugar de Totalidade Original e partir dali para todas as interações. Não sei você, mas eu precisava de orientações, como disse há pouco, para chegar a esse lugar e viver dali. Por isso, fiquei maravilhado quando *Conversando com Deus* me presenteou com a...

> **Mensagem Fundamental 19 de**
> *Conversando com Deus*
>
> Os três conceitos fundamentais da vida holística são *honestidade, consciência e responsabilidade*. Viva de acordo com eles e a raiva de si mesmo desaparecerá de sua vida.

Só percebi que a raiva de mim mesmo fazia parte da minha vida quando estava na metade dela. Em algum momento entre os 35 e 40 anos, ficou evidente que eu não estava muito feliz comigo mesmo e tinha *raiva* de mim por diversos motivos.

Em especial, tinha raiva de mim mesmo por ser a pessoa que eu mostrava ser. Não que fosse um ser humano terrível, abominável e podre, mas com certeza não era percebido pelos outros como eu pensava que era. Na verdade, tinha uma ideia sobre quem eu era *totalmente diferente* da experiência que as pessoas ao meu redor relatavam ter de mim.

"Ninguém me entende", dizia a mim mesmo, e ocasionalmente reclamava com alguns amigos. "Na verdade, acho que sou a pessoa mais incompreendida que conheço."

Pode ser que nada disso lhe seja familiar, ou que muita coisa seja. Mas garanto que essa descrição sobre minha experiência não é única. Por isso, comecei a procurar orientações, sugestões, informações sobre como poderia, literalmente, me recompor. E, para ser honesto, rejeitei a maior parte do que as religiões, filosofias e psicologia diziam, porque tudo me parecia muito simplista.

Então, encontrei a experiência das conversas com Deus. E o que ouvi aí também me pareceu simplista. Em alguns casos, inclusive, pouco sofisticado e ingênuo. Mas decidi ouvir, porque a experiência em si foi muito marcante, muito espiritual. Permiti-me absorver as mensagens, pensar na possibilidade de haver mais ali do que aparentava, e o que poderia parecer muito simples na superfície, na verdade me oferecia uma oportunidade de ver a vida e me experimentar mais profundamente, com mais riqueza e mais apreciação da verdadeira complexidade do que parecia ser simplista.

Isso é demasiado verdadeiro para a Mensagem Fundamental 19 dos diálogos *de Conversando com Deus*. Na superfície, parece ser bem óbvia e simples, quase embaraçosamente ingênua. É *lógico* que honestidade, consciência e responsabilidade são atributos importantes na vida de qualquer pessoa. Isso é muito fácil de entender.

Mas quando olhei por baixo da aparente simplicidade da mensagem, encontrei mais do que eu imaginava haver lá. Vejamos esses três conceitos básicos, um por um.

Honestidade

Uma coisa que descobri em minha vida é que não é fácil ser honesto. Achei que fosse, mas me enganei. Também observei que, aparentemente, outras pessoas descobriram a mesma coisa.

Nós nos tornamos "eus" fraturados porque aprendemos a nos separar em pedaços pequenos. Alguns pedaços são a verdade sobre nós em muitas áreas da vida, e outros são os escudos que colocamos para impedir que as pessoas a conheçam. Às vezes, para impedir a *nós mesmos* de conhecê-la. (Ou de admiti-la a nós mesmos.)

A ironia da experiência humana é que muitos pais ensinam seus filhos a dizer a verdade, explicam que a honestidade é um traço de caráter muito importante, mas ao mesmo tempo dão exemplo de falta de honestidade, não apenas nas relações diretas com seus filhos, mas também em outras áreas da vida testemunhadas pelas crianças. Elas ouvem a mãe inventar um compromisso para não precisar ir a uma festa chata; ouvem o pai dizer que não vai trabalhar porque está doente quando, na verdade, vai a um jogo de futebol. Assim, os pais ensinam aos filhos que devem ser desonestos para evitar reprovação ou punição ou ter que fazer algo que não querem. E as crianças não demoram muito para entender.

A honestidade se tornou um verdadeiro desafio para muitas pessoas, pois aprendemos que, ao contrário do que nos disseram, ela nem sempre compensa. *Muitas vezes* não compensa. Muitas vezes produz exatamente o resultado oposto do esperado. Assim, aprendemos a ser desonestos. Por sorte, não sobre coisas muito importantes ou sérias; mas de vez em quando, até mesmo sobre isso.

O plano não é ser honesto ou desonesto, e sim enfrentar um momento. É nosso instinto de sobrevivência que entra em ação e aciona o motor da experiência humana. Aprendemos a ser honestos se e quando isso nos ajudar a sobreviver, e a ser desonestos exatamente pela mesma razão.

Portanto, há mais do que aparenta com relação à "honestidade". Há coragem envolvida, e não é pouca. Há determinação envolvida, e não é pouca. Há vontade envolvida, e não é pouca. Precisamos estar dispostos a receber as críticas que certamente receberemos se decidirmos ser honestos sobre tudo com todos o tempo todo.

Temos que estar decididos a dizer a verdade, independentemente de qualquer coisa. Isso requer determinação. Precisamos ter força para suportar as consequências que possam advir de nossa determinação e vontade de ser honestos a todo custo.

Daqui a alguns capítulos, exploraremos a honestidade mais profundamente ao falar sobre os Cinco Níveis de Verdade. Mas, por enquanto, saiba apenas que se você acha que essa é uma ideia simplista, uma instrução simples, quase ingênua, sobre como viver uma vida holística, está enganado. É tudo menos isso.

Então, sejamos honestos: a *honestidade não é para os fracos*. É preciso um nível muito alto de compromisso com o próprio crescimento.

DEVEMOS SER HONESTOS... SEMPRE?

Vamos explorar isso um pouco. A "honestidade" tem mesmo a ver com crescimento? O que importa se somos totalmente honestos sobre tudo o tempo todo? Quem se importa? E se prejudica, no mínimo, tanto quanto ajuda, como pode ser justificada em todos os casos? Talvez às vezes a desonestidade seja a melhor política. Isso pode ser verdade?

Se você tem dúvidas sobre tudo isso, como a maioria das pessoas, quero recomendar os maravilhosos livros de Brad Blanton. Ele é um psicólogo brilhante, mas não convencional, e escreveu um livro chamado *Radical Honesty* [Honestidade radical, em tradução livre]. Fui coautor de um livro com ele há alguns anos, intitulado *Honest to God* [Honestidade para Deus, em tradução livre]. Nele, falamos, ou melhor, "trocamos argumentos", sobre se a honestidade em todos os casos, para todo mundo, era, de fato, a melhor política. O diálogo foi bem interessante.

Não vou fundo nisso porque há um livro inteiro sobre esse tema que vale a pena ler. Mas vou dizer que concordo com o Dr. Blanton: há pouquíssimos casos nesta vida em que a honestidade total não seja benéfica. (Na verdade, acho que Brad diz que não há *nenhum*.)

Isso não significa que eu pratique a honestidade total a cada minuto do dia com todo mundo; significa que há casos muito raros quando isso não é benéfico. Mesmo tendo dito isso, muitas vezes me vejo "me protegendo" dizendo menos que "a verdade, somente a verdade, nada além da verdade, em nome de Deus". Também encontro outras pessoas que fazem isso. Muitas.

Portanto, percebo agora que, para viver como seres humanos completos, para pôr fim à expressão contínua de nossos "eus" fragmentados, seria muito bom, como espécie, trabalhar com mais diligência no que talvez pareça uma tarefa relativamente simples: dizer a verdade.

Se me permite, direi mais uma coisa sobre isso. Acho que a única maneira de achar fácil dizer a verdade *sempre* seria imaginar que nenhuma consequência disso me atingiria. E acho que a ideia de eu não ser atingido repousa dentro do conceito mais amplo que tenho de mim mesmo em relação a quem sou. Se me vejo como um aspecto e uma individuação do Divino, passarei pela vida com uma profunda *consciência* de minha identidade e das implicações dessa identidade. E isso nos leva à nossa próxima análise.

Consciência

Já falamos sobre consciência neste livro. É um estado de ser o qual pode se tornar, em última análise, um estado de espírito. O caminho para a consciência contém, como exploramos anteriormente, três pontos de parada: esperança, fé e conhecimento. Com relação à discussão em questão, meu atual Estado de Consciência fará que eu "espere" que dizer a verdade não me prejudique, que "tenha fé" em que não vai me prejudicar, ou "saiba" que não pode me prejudicar.

Se eu descansar no estado de plena consciência de quem sou de verdade, e, por falar nisso, de quem todo mundo é de verdade, nunca deixarei de ser honesto. Não haveria razão para isso. Portanto, a consciência é, para a vida holística, sem dúvida, uma chave mais importante do que eu achava. E no contexto desta discussão, ela também é usada como sendo sensível à experiência dos outros e especialmente à experiência que eu talvez estimule nos outros.

Acho que, quando vivemos holisticamente, "absorvemos" todo o momento presente. Não só ouvimos o que as pessoas dizem, como também percebemos o que elas sentem. Observamos não apenas o que *estamos* dizendo, mas também o que *estamos* sentindo. E nos sintonizamos com o fato de que, se achávamos possível esconder nossos sentimentos dos outros, na maioria das vezes isso é um erro.

Portanto, consciência é sintonizar-se com o Momento Inteiro e tudo contido nele para você e para todos os outros que o vivenciam. Isso também exige coragem, determinação e disposição, porque há muitos elementos e aspectos de cada momento da vida que preferimos ignorar, que nos deixam desconfortáveis ou revelam muito sobre nós, ou sobre os outros. "Informação demais", como costumamos dizer. Não queremos muita informação sobre os outros ou sobre o momento enfrentado.

Então, como experimentar a plena consciência se ela nos traz muita informação? Essa investigação é fascinante. E apresenta, em termos evidentes, o desafio enfrentado pela maioria de nós ao longo da vida.

No meu caso, decidi que me permitir estar aberto a todos os dados, a todas as experiências, a todas as emoções, a todos os sentimentos, a todas as informações que todos os momentos da vida contêm é a única maneira de viver. No entanto, como acontece com a honestidade, não afirmo viver dessa maneira o tempo todo. Mas sei que é o caminho certo.

E como acontece com a honestidade, há muito mais na "consciência" do que parece. Porque quanto mais conhecimento e consciência tenho, mais sou responsável pelo que acontece aqui, agora, pela maneira como ocorre, pelo papel desempenhado por mim para que isso ocorra de uma maneira específica, e pelos resultados disso. Tudo isso nos leva à última dessas três pequenas palavras as quais pareciam tão simples há pouco tempo.

RESPONSABILIDADE

Se não estivermos dispostos a assumir total, completa e absoluta responsabilidade por tudo na vida e pelas experiências que talvez tenhamos estimulado nos outros, não poderemos viver uma vida holística. Podemos fingir, podemos agir como se estivéssemos, mas não será possível. Precisamos aceitar o fato de que somos responsáveis por nossa vida.

Observo que quando as pessoas aprendem a assumir total e completa responsabilidade pela vida, ela muda. As decisões e escolhas que as pessoas fazem mudam. As ações e empreendimentos mudam. Até seu pensamento muda.

Conversando com Deus diz que não há vítimas nem vilões. A implicação dessa afirmação é: todos somos responsáveis por tudo o que acontece conosco e pelo que aconteceu *por nossa causa* em nossa vida.

A primeira reação das pessoas a essa afirmação, quando a apresento em palestras, é fugir dela. Querem imediatamente falar de todas as situações da vida em que coisas aconteceram *sem* que tenham sido responsáveis. Mas não estamos falando do físico, e sim do metafísico.

Em um nível metafísico, o único nível do qual podemos proceder na vida se escolhermos viver holisticamente, somos responsáveis — e devemos ser, dada nossa verdadeira identidade — por cada evento, situação, circunstância e resultado da vida. Nós cocriamos em gigantesca colaboração com todas as outras almas, mas essa parceria não nos isenta da responsabilidade pelo papel que *desempenhamos* em todos os eventos e condições. Incluindo, em um nível metafísico, a atração de pessoas, lugares e circunstâncias certas que nos permitem recriar a nós mesmos e ser a mais grandiosa versão mais recente da maior visão que já tivemos sobre Quem somos.

O exemplo mais vívido em que consigo pensar seria uma pessoa como Jesus Cristo. Quando estudamos Sua vida e morte, precisamos nos perguntar: *em que nível Ele foi responsável pelo que estava vivenciando?* Ele foi vítima da própria crucificação ou, em algum nível espiritual e metafísico muito alto, tinha responsabilidade no assunto?

Se aceitarmos que Ele tinha responsabilidade, que nada aconteceu *com* Ele, e sim *por meio* Dele, precisamos nos perguntar: *temos responsabilidade, em um nível espiritual ou metafísico muito alto, em todas as "crucificações" em nossa vida, sejam grandes ou pequenas?*

Se dissermos que Jesus foi responsável por Sua crucificação, mas que nós não somos responsáveis pela nossa, estaremos declarando uma inverdade metafísica: não somos todos um, alguns são superiores a outros, e alguns são, talvez, Divinos, enquanto outros são "apenas humanos".

Essas declarações equivalem a uma negação da Realidade Suprema em relação à identidade pessoal. Portanto, não temos saída, a não ser aceitar que somos responsáveis por tudo que nossa vida nos trouxe e enviou *de nós* aos outros.

Portanto, vemos que honestidade, consciência e responsabilidade podem parecer simplistas como ingredientes para uma vida holística, mas são tudo menos isso. Porém, não precisam ser experimentados como um fardo.

O Mestre não vive esses três elementos de uma vida holística como pedras no caminho, e sim como pedras preciosas, oportunidades maravilhosas para alcançar a riqueza dessa expressão de vida pela qual todos nós viemos à Terra.

De fato, segundo minha experiência, nos momentos em que sou honesto, quando estou o mais plenamente consciente possível e disposto a experimentar meu alto nível de responsabilidade por tudo o que acontece, sinto-me mais livre, mais alegre, mais poderoso e mais animado que nunca por estar vivo. Por isso, honestidade, consciência e responsabilidade não são um fardo, e sim dons e ferramentas maravilhosas. Essa é a verdade.

APLICANDO ESTA MENSAGEM À VIDA COTIDIANA

Veja algumas sugestões sobre como aplicar a Mensagem Fundamental 19 na vida cotidiana:

- faça uma lista das últimas quatro vezes em que foi desonesto com alguém. Analise o que seria necessário para procurar essa pessoa e se resolver com ela. Pergunte a si mesmo por que não faria isso. A seguir, procure a pessoa e diga que está em um processo pessoal de expansão espiritual e gostaria de ser mais nítido e objetivo em relação a uma declaração feita no passado. Permita-se fazer isso. Não se preocupe com as consequências. Você se sentirá tão melhor no fim que entrará em contato com o Milagre da Honestidade;

- lembre-se de um momento em que notou o impacto de algo negativo ou prejudicial o qual foi dito ou feito, seja por você ou por outra pessoa, e o ignorou. Analise como se sentiu deixando esse momento passar sem responder à sua consciência. Tome a decisão de nunca mais criar uma experiência assim;

- pense em três situações que ocorreram em seu relacionamento com os outros, cuja responsabilidade você negou porque realmente não se sentia responsável. Ao reavaliar essa lembrança, analise se de alguma maneira você *poderia* ter sido, em um nível espiritual ou metafísico elevado, responsável pelo acontecimento ou circunstância. Escreva de três a cinco parágrafos o que essa análise propiciou à sua consciência;

- nos próximos três dias de sua vida, pense em uma única pergunta: e se eu fosse responsável por tudo que está acontecendo em minha vida e na vida daqueles com quem interajo, sem reservas e sem limitações? Como poderia mudar minha maneira de agir neste momento?

- pergunte a si mesmo: como sou responsável pelos sentimentos e respostas dos outros? Escreva sua resposta em um caderninho e volte a ele daqui a algumas semanas, quando terminar de ler este livro;

- por fim, faça a seguinte pergunta metafísica: quem é responsável pelo conteúdo deste livro o qual você está lendo agora? Eu coloquei tudo aqui? Ou *você* fez, em um nível espiritual e metafísico muito alto, que fosse colocado aqui *por* mim e depois levado a você? Quem está fazendo o quê aqui? Quem é o mágico e que truque é esse?

13

O interessante é que, se você pedir a Deus para explicar exatamente como a vida funciona, Ele explicará.

O interessante é que, depois disso, você nunca mais verá a vida como a via antes.

E o interessante disso é que toda sua experiência mudará da noite para o dia.

O material de *Conversando com Deus* é tão maravilhoso e estimulante justamente porque, depois de ler todos os livros da série de cabo a rabo, encontramos neles uma cosmologia e uma construção totalmente novas. Uma estrutura de todo diferente que sustenta a experiência mais ampla a qual chamamos de vida.

Essa estrutura não só é diferente, mas é também muito mais adequada para quem somos como entidades inteligentes emergentes na comunidade cósmica de seres sencientes. Somos muito mais do que a Velha História nos revela sobre nós.

Acho essa última frase muito importante, e ela merece ser repetida. Somos muito mais do que a Velha História nos revela sobre nós.

O material de *Conversando com Deus* nos oferece uma Nova História, outra maneira de ver a vida, uma maneira que nos dá apoio, em vez de nos derrotar, para experimentar e expressar exatamente Quem Somos, e serve para a tarefa que viemos cumprir na Terra.

E de todos os livros da série *Conversando com Deus*, nenhum foi mais impactante para mim que *Comunhão com Deus*. Esse livro foi entregue na voz de Deus em primeira pessoa, sem nenhuma pergunta ou interação minha. Constitui, em essência, a mensagem Dele para o mundo no momento em que nos aproximávamos do futuro no século XXI.

UMA AFIRMAÇÃO EXTRAORDINÁRIA

Sei que é muita desfaçatez de minha parte sugerir que Deus falou ao mundo por esse meio, mas não tenho escolha. Só posso compartilhar com o público global, o qual encontrou seu caminho para o material de *Conversando com Deus*, minha experiência e o que me foi dado para entregar à humanidade exatamente como tem sido.

Também essa afirmação "o que me foi dado para entregar à humanidade" parece presunçosa. Quando vejo as palavras na tela do computador diante de mim, preciso me forçar a deixá-las lá. Tenho que me obrigar a não apertar *delete* e mudar tudo que vim dizer neste livro. Inclusive até mesmo mudar de ideia quanto a publicar um livro. Toda vez que faço isso, travo a mesma batalha interna. *E se foi tudo minha imaginação?*

Como você deve saber se leu o material, eu fiz essa mesma pergunta a Deus. E qual foi a resposta Dele?

"*Qual seria a diferença?* Não vê que eu poderia facilmente trabalhar com sua imaginação como com qualquer outra coisa? Eu lhe trarei os pensamentos, palavras e sentimentos *exatos* e certos, a qualquer momento, adequados ao objetivo em questão, usando um dispositivo ou vários. Você saberá que essas palavras são minhas porque, por sua própria vontade, nunca falou tão nitidamente. Se já houvesse falado tão nitidamente sobre essas questões, não as estaria levantando agora."

Então perguntei: "Com quem Deus se comunica? Existem pessoas especiais, momentos especiais?"

E a resposta que recebi foi:

"Todas as pessoas são especiais e todos os momentos são sagrados. Não existe pessoa ou tempo mais especial que outro. Muitos optam por acreditar que Deus se comunica de maneiras especiais e com pessoas especiais. Isso tira das massas a responsabilidade de ouvir Minha mensagem, e mais ainda de *recebê-La* (o que é outra questão), e permite aceitar a palavra de outro indivíduo para tudo. Elas acham que não *precisam* me ouvir, pois já decidiram que outros me ouviram sobre todos os assuntos e podem *ouvi-los*. Ao ouvir o que *outros* indivíduos pensam que me ouviram dizer, *elas* não precisam *pensar*.

"Essa é a principal razão para a maioria das pessoas abandonar Minhas mensagens no âmbito pessoal. Se reconhecer que está recebendo Minhas mensagens *diretamente*, você será responsável por interpretá-las. Mas é muito mais seguro e muito mais fácil aceitar a interpretação dos outros (mesmo de pessoas que viveram há dois mil anos) que tentar interpretar a mensagem a qual pode muito bem estar recebendo neste momento.

"Mas eu o convido a uma nova forma de comunicação com Deus. Uma comunicação *bidirecional*. Na verdade, foi você quem me convidou. Pois vim a você, nesta forma, neste momento, em *resposta a seu chamado*."

A questão aqui é que Deus fala com *todos nós* o tempo todo. Isso também é abordado em outras partes do material de *Conversando com Deus*. Portanto, espero que isso anule o choque ou a dor da declaração de que Deus fala comigo. Não estou sozinho nessa. Todo mundo conversa com Deus ao longo da vida, talvez chamando essa interação de outra coisa.

Você é o juiz

A melhor parte de tudo isso é: você não precisa pensar que uma conversa real com Deus ocorreu para gerar lucro com livros. Nem é necessário aceitar que um Deus existe. Só faço a você um convite: leia o material e deixe a mensagem falar por si mesma.

Milhões de pessoas fizeram isso e acharam o material extraordinariamente perspicaz, maravilhosamente valioso e extremamente benéfico para o crescimento espiritual. Fico lisonjeado com esse resultado, porque tenho certeza de ter nada a ver com isso. Eu apenas anotei o que me foi ditado.

Dito isso, quero dizer que considero o livro *Comunhão com Deus* uma das mensagens espirituais mais revolucionárias já apresentadas à humanidade. E o ponto principal da mensagem é que *a vida é uma ilusão*.

Já ouvimos isso antes. Não dá para dizer que é novidade. A novidade é: agora temos, neste texto, uma *explicação* profunda e rica da ilusão, aspecto por aspecto, parte por parte. Ele nos diz como ela funciona e por que foi colocada em prática.

É como se fôssemos levados para trás da cortina, aos bastidores do Maior Mágico do Universo. E agora, entendemos os truques, como são feitos e por que gostamos tanto deles.

Mas antes de prosseguir, quero evitar que você pense que Deus está brincando conosco; Ele não está, e nós não somos Seus brinquedos. Estamos fazendo aqui na Terra algo muito mais sagrado do que poderia sugerir a dança com a ilusão.

Estamos "preparando" algo muito especial aqui, que é expressar a Divindade. Veremos mais sobre isso conforme avançamos neste livro. Por enquanto, vejamos o pensamento fundamental subjacente a tudo isso, a...

Mensagem Fundamental 18 de
Conversando com Deus

> A raça humana vive dentro de um conjunto preciso de ilusões. As Dez Ilusões dos Humanos são: a *necessidade* existe, o *fracasso* existe, a *desunião* existe, a *insuficiência* existe, a *exigência* existe, o *julgamento* existe, a *condenação* existe, a *condicionalidade* existe, a *superioridade* existe e a *ignorância* existe. Essas ilusões existem para servir à humanidade, mas ela precisa aprender a usá-las.

O que Deus está nos dizendo é: nada é o que pensamos ser. Vivemos em um mundo de realidade física, óbvio, mas todo o *significado* disso para nós é aquele que criamos. Repetindo: cada pessoa, lugar, situação, circunstância ou evento é o que *pensamos* que é. E criamos nossos significados conforme avançamos, por uma razão particular e sagrada.

Todos os significados da vida surgem do Campo Contextual onde são mantidos. O contexto cria tudo, e nós nos colocamos dentro de um Campo Contextual tão grande que inclui um universo de universos, e tão majestoso que se expressa na maravilha de uma borboleta, na beleza de uma rosa e na glória de um céu noturno — para não falar da magnificência de um ser humano.

Tudo isso, cada pedacinho disso, é a própria Divindade se colocando na fisicalidade. Deus escolheu conhecer a Si mesmo não só conceitualmente, mas também experimentalmente, e criou a fisicalidade para isso. Você já ouviu falar sobre isso antes, mas, agora, vejamos algumas coisas que talvez ainda não saiba. Vamos explorar algumas das ilusões que Deus e nós criamos.

Tudo começa aqui

A primeira ilusão dos humanos é que a necessidade existe. Tivemos que criar essa ilusão para criar a possibilidade da própria criação. Nada precisaria ser criado se não precisássemos de coisa alguma.

O fato é que de *nada* precisamos, porque somos a própria Divindade. Mas o Divino ansiava experimentar todos os aspectos de Si mesmo, incluindo o mais grandioso, que é o poder de criar, a capacidade de manifestar, a alegria de produzir maravilha e glória até onde os olhos alcançam e além de todos os horizontes, além das limitações e limites da imaginação mais expansiva.

A "realidade" física que nos imaginamos observando nada mais é que a presença ilimitada de Deus na imensidão insondável do Tudo de Tudo.

Agora, permita-me explicar por que as ilusões são necessárias, especialmente essa primeira, a ideia de que a necessidade existe.

Imagine que você assistiu a um filme o qual adorou do início ao fim. Desde o primeiro momento da história até o frame final do filme, viu-se em êxtase, maravilhado e emocionado, alegre e feliz como nunca antes.

Foi o filme mais magnífico e especial ao qual você já assistiu. Tão maravilhoso que, quando o filme termina, diz a todos: "Vamos assistir de novo!" E faz exatamente isso. E nos próximos dias, mais uma vez. E com o passar do tempo, com mais frequência ainda, até que decora os diálogos na íntegra e é capaz de descrever as cenas com incrível precisão.

Agora, imagine que você nunca se cansa de assistir a esse filme. Mas há um problema: você conhece o enredo, sabe como termina, conhece cada diálogo, cada cena. Nada mais o surpreende, nada cria o impacto que criou da primeira vez.

Portanto, mesmo sendo seu filme favorito, você por fim o guarda em uma prateleira em algum lugar e decide não o ver de novo por um tempo. Talvez leve anos para tirá-lo da prateleira, soprar a poeira da capa e assisti-lo mais uma vez. Se tiver sorte, terá esquecido algumas partes principais. Se tiver sorte, encontrará muitos momentos tipo "como se fosse a primeira vez". E dirá às pessoas: "Nossa, esqueci essa parte! Olhe, preste atenção!"

Então, sua alegria é *duplicada*; mal pode *esperar* para vê-lo de novo, *mesmo sabendo exatamente o que vai acontecer*. Os detalhes que você *não* esqueceu são emocionantes e o *seduzem* a assistir a tudo de novo, a *experimentar tudo de novo*.

Mas, por um momento, precisou esquecer que já havia visto o filme. Por um momento, a Mente precisou abrigar a ideia de que pelo menos algumas cenas, alguns diálogos, algumas ações e resultados eram totalmente novos. Ou pelo menos *pareciam* novos. Todo mundo já passou por isso. Todo mundo já assistiu a um filme favorito antigo e teve essa exata experiência.

Pois bem, acabei de explicar por que as Dez Ilusões dos Humanos existem.

Nossa parte Divina se deleita na aventura mais uma vez, na glória, na alegria, na emoção, na felicidade, na expressão espetacular e na experiência de autorrealização que mais uma vez vem com o encontro, com o qual já nos encontramos antes, como se fosse a primeira vez.

DE ONDE VEM A MAGIA

O que nos permite criar essa magia é algo chamado amor. Essa é uma energia extraordinária e é impossível encontrar palavras completas para ela. E é tão mágica que pode transformar o velho em novo, o passado em presente, o "já estive lá, já fiz isso" em "o que será que vai acontecer?".

Trazida para o momento presente da vida, essa magia especial pode tornar tudo tão emocionante e novo quanto foi da primeira vez em que foi experimentado. É o amor que faz isso, que sustenta e torna essa magia possível, pois a magia é o próprio amor, expresso de forma maravilhosa a todo momento ao longo da vida toda.

Já disse muitas vezes (e não pretendo ser insensível com essa observação, de modo algum) que a experiência sexual humana é um microcosmo da própria vida. Quando temos um relacionamento romântico de muito tempo, somos capazes de saber, de prever, de esperar e de conhecer cada movimento que o outro fará no encontro sexual. Quanto mais tempo tem o relacionamento, mais verdade isso é. Chega um ponto em que coisa alguma pode acontecer a qual já não tenha acontecido. Ah, mas *isso não significa que não possa parecer novo.*

É aqui que entra o amor.

E Deus amou tanto o mundo que nos deu essa habilidade de fazer magia. Não apenas ao fazer amor, mas ao aproveitar ao máximo cada momento da vida.

Eu poderia estar inventando tudo isso, lógico. Poderia estar imaginando que é assim. Mas se você conhece uma maneira melhor de viver, por favor me conte, porque fazia mais de meio século que eu procurava e não encontrava, até Deus me dizer o que estou dizendo a você.

A ILUSÃO É UMA BENÇÃO, NÃO UMA MALDIÇÃO

Agora entendemos a razão e o propósito das Ilusões da Vida. Repetindo, a primeira ilusão é a ideia de que precisamos de algo. Lógico, todo mundo sabe que Deus não precisa de coisa alguma. E como somos uma individuação do Divino, também de nada precisamos. Mesmo assim, entramos na ilusão de que a necessidade é parte da realidade para experimentar a maravilha de atender a essa necessidade, criando justamente o que imaginamos precisar a cada momento.

Mas o Mestre vê tudo isso, entende tudo isso e está ciente de que nada disso tem a ver com a Realidade Suprema. Sabe que não precisa de qualquer coisa. Sabe que pode ser perfeitamente feliz e totalmente satisfeito apenas com a verdade, com o que é como é, com o que está acontecendo aqui e agora.

Desse lugar de paz profunda procedem todos os Mestres, entrando na Ilusão o tempo todo para demonstrar a maravilha e a glória de Quem Realmente São, e ajudar outras almas a reivindicar sua verdadeira identidade, e depois fazer o mesmo. Isso é tudo que qualquer Mestre já fez.

E assim, abençoamos a ideia de que a necessidade existe, porque nos dá uma plataforma para provar que ela não existe. Esse é o maior truque de mágica de todos os tempos.

As outras Dez Ilusões dos Humanos emergem da primeira. Você verá, após uma análise minuciosa, que cada uma dá à luz à seguinte. E isso está total, completa e maravilhosamente explicado em *Comunhão com Deus*. Se não leu esse livro, leia de imediato. Mas, por enquanto, neste espaço, vamos examinar algumas ilusões com mais atenção, aquelas que acredito serem as mais críticas no esquema geral.

As outras ilusões que eu gostaria de analisar neste livro são que o fracasso existe, a superioridade existe e a ignorância existe.

Você já sabe, pela leitura até aqui, que julgamento e condenação não existem. Já sabe que desunião não existe. E segue-se, então, que insuficiência não existe. Portanto, esses tópicos não precisam ser dissecados aqui.

Você também já sabe que é uma ilusão que a exigência existe. Ninguém exige coisa alguma de qualquer pessoa, muito menos *Deus de nós*, porque a necessidade não existe. Se nada é necessário, nada é exigido. Nem mesmo por Deus.

Que ideia extraordinária! Dá para imaginar um Deus que precisa de nada? Se conseguir, é porque entrou na Realidade Suprema.

Mas agora, vejamos as Ilusões que não são tão óbvias.

A ÚNICA COISA NA QUAL VOCÊ PODE FRACASSAR
Nada impacta mais negativamente a experiência diária dos seres humanos do que a ilusão de que o fracasso existe. Ele impede o caminho de mais pessoas do que você pode imaginar. Impede mais esforços, fecha mais possibilidades, atrasa mais projetos e mais promessas que qualquer outra condição ou circunstância.

Mas o que Deus veio nos dizer em *Comunhão com Deus* é que não existe fracasso. Na verdade, "fracassar" é a única coisa na qual você pode fracassar! (Chamo isso de Dicotomia Divina.) Tudo o que você experimenta, o que faz, o que expressa, o que cria produz um movimento para frente na jornada em que embarcou.

Ah, sim, existe uma jornada. Há uma razão para tudo isso que se estende além da mera alegria de experimentar as Ilusões *como* ilusões. A jornada na qual embarcamos é a Jornada da Alma. É o processo que chamamos de Evolução.

Deus, é óbvio, é o que sempre foi, o que é agora e sempre será. Portanto, *não pode* evoluir. Mas nós podemos. Cada Alma individual recebeu a grande dádiva final de Deus: a capacidade de ser mais e mais e mais e mais.

O processo não é realmente *ser* mais, e sim ser mais *consciente* do que *sempre* fomos e sempre seremos. Em outras palavras, "grokar em plenitude", ou seja, entender em plenitude (uma invenção memorável do falecido Robert Heinlein, cujo clássico livro *Um estranho numa terra estranha* é um comentário fascinante e muitas vezes perspicaz sobre a experiência de viver e sobre a busca de uma espécie pela compreensão de Deus.)

A Evolução, portanto, não é um processo de crescimento, e sim de lembrança.

NÃO DÁ PARA DESCOBRIR COISA ALGUMA

Mais uma vez, volto à experiência demasiado humana de estar apaixonado. Quando estamos apaixonados por outra pessoa, descobrimos, para nosso deleite e espanto, que é possível amar alguém cada vez mais, mesmo achando que desde o início já amamos ao máximo.

A maravilha e glória do amor é que ele é expansível. Ou parece ser. O que acontece é que simplesmente experimentamos quantidades maiores do que sempre esteve lá. O que se expandiu não foi o Amor, e sim nossa consciência dele. Por isso, podemos dizer à pessoa amada com sinceridade: "Eu a amo mais e mais a cada dia".

Assim também é com a Vida. E assim também é com Deus. Pois Deus e a Vida são um e o mesmo. Portanto, a oração mais maravilhosa de toda alma humana é a de gratidão ao próprio Criador: *eu o amo mais e mais a cada dia*.

E uma das razões de nos apaixonarmos de forma tão profunda por Deus é que Ele criou a vida de tal maneira que o fracasso não pode existir. Não há como deixar de chegar aonde estamos indo. Não há como deixar de experimentar quem somos. Não há como deixar de lembrar o que é realmente verdade e como realmente é.

Lógico, às vezes parece que ocorreu um fracasso, mas é tudo uma ilusão. Os cientistas no laboratório entendem isso perfeitamente. Mesmo um "fracasso" em um experimento é visto como um sucesso, pois revela ao cientista mais sobre o que ele precisa saber para avançar no processo maior de descoberta no qual está trabalhando.

Na realidade, não existe descoberta. Aquilo que sempre foi, que é e que sempre será não pode ser "descoberto". Nós não *descobrimos* no sentido de criar, inventar, e sim no sentido de *desvelar, tirar o véu que cobre*. Descobrimos as verdades da vida como pedras preciosas, como tesouros enterrados há muito tempo encontrados de repente. O tesouro sempre esteve lá, enterrado na Vida, nós apenas o desvelamos.

Essa é uma maneira maravilhosa de explicar todo o processo. Deus me deu essa metáfora para eu poder entender exatamente o que está acontecendo.

O grande ponto de inflexão em minha vida foi quando percebi que o fracasso não pode existir. Eu em nada havia fracassado, desde o início da vida até o momento mais recente. Agora, posso parar de me torturar por tudo que achava ter feito "errado" no passado e por tudo em que imagino ter "fracassado".

Tudo é perfeito exatamente como aconteceu e como acontece agora. O Mestre compreende isso.

Se quiser saber mais sobre como podemos aplicar tal compreensão na vida cotidiana, leia qualquer coisa escrita por

Byron Katie, cujo livro, *Ame a realidade,* foi um presente para a humanidade. Leia também qualquer coisa de Eckhart Tolle, um dos seres humanos mais extraordinários que já conheci, o qual entende perfeitamente tudo o que acabei de dizer aqui *e o vive perfeitamente todos os dias.* Assim como Byron Katie.

Como é libertador saber que tudo está acontecendo exatamente como deveria e que em nada fracassamos! Isto não é uma justificativa ingênua do passado, e sim uma explicação magistral dele.

A MAIOR SEDUÇÃO DA VIDA

Aprendi por experiência que não há coisa alguma mais sedutora na vida humana que a ideia de superioridade. No entanto, se o fracasso não pode existir, a superioridade também deve ser uma ilusão. Pois na ausência de fracasso na vida de qualquer pessoa, encontramos a ausência de que uma pessoa possa ser "melhor" que outra.

Somos todos iguais aos olhos de Deus. Essa é uma afirmação surpreendentemente verdadeira, mas que as religiões do mundo não podem aceitar, não podem abraçar, não podem endossar e não ousam sugerir. Pois todas as religiões do mundo, e todos os partidos políticos do mundo, e certamente as chamadas classes altas, dependem, para a própria existência, da noção de serem "melhores" que os outros de alguma forma. Elimine a superioridade e você eliminará o que muitas pessoas e grupos sentem haver de especial em si próprios.

A superioridade não seria tão ruim se não a usássemos como justificativa para discriminar os outros, isso sem falar do uso como justificativa para a guerra. Mas a ideia de superioridade é, em última análise, tão feia que não pode produzir qualquer coisa além de resultados horríveis. A beleza de um jardim não se deve ao fato de uma flor ser superior a outra, e sim ao *esplendor de igual glória* que é óbvio à primeira vista. O mesmo vale para o céu noturno. Existe parte dele mais gloriosa que outra?

A razão de não conseguirmos ver a raça humana como vemos um jardim de lindas flores ou o céu noturno foge a meu entendimento. Mas se víssemos toda a humanidade da maneira como Deus nos vê, notaríamos exatamente a mesma maravilhosa beleza que notamos com facilidade no mundo ao redor. Há quem diga, porém, que não podemos pretender conhecer e compreender o que Deus conhece e compreende. Isso me leva à última ilusão dos humanos: a ignorância existe.

A MAIOR MENTIRA DO MUNDO

Nada é mais prejudicial para a psique humana que a ideia de existir algo que não apenas *não* sabemos, como também *jamais* poderíamos *vir a saber*.

"Misteriosos são os caminhos do Senhor" é a maior mentira já contada. Não há coisa alguma de misterioso sobre Deus, sobre a vida e sobre você — e sobre quem você é, por que está aqui e como pode melhor experimentar e expressar isso.

Não há qualquer coisa sobre a Divindade que não possamos conhecer, compreender e experimentar plenamente. Esta é a maior promessa de Deus: busquem, e encontrarão. Batam, e a porta lhes será aberta. Chamaríamos Deus de mentiroso?

Elimine da cosmologia, de suas crenças mais íntimas, a ideia de que a ignorância, a superioridade e o fracasso existem, e terá removido o bloqueio final para a expressão mais completa da maior glória e da maior maravilha de quem você realmente é.

Aplicando esta mensagem à vida cotidiana

Talvez seja difícil integrar na experiência diária a ideia de que a maior parte do que entendemos (ou *pensamos* entender) é uma ilusão. E se for apenas um pensamento interessante nunca explorado mais profundamente, não haverá benefício algum para nós, mesmo ao tentarmos integrar. Portanto, seguem algumas ações que você pode fazer para tornar essa noção mais real em sua vida cotidiana:

- crie um caderno das Dez Ilusões. Na primeira parte, faça uma lista de coisas que há uma década você achava serem absolutamente necessárias. Ao lado dessa lista, indique quais necessidades foram atendidas e, em especial, qual não foi atendida e você imagina que tem ainda hoje;

- observe que você ainda está aqui, ainda é capaz de experimentar o mais alto nível de felicidade, de se expressar com alegria (independentemente, inclusive, de qualquer condição atual). Observe que você não precisava do que achava precisar para ser, fazer e ter o que está sendo, fazendo e tendo hoje;

- no caderno, faça uma lista de três fracassos que acha que teve. Abaixo de cada tópico, escreva em um parágrafo o que aprendeu com esse "fracasso" ou o que vivenciou como resultado dele. Não se surpreenda se isso lhe permitir perceber, com grande discernimento, que seu "fracasso" não foi um fracasso, e sim mais um degrau o qual o levou exatamente aonde você está agora: um lugar de mais sabedoria, mais compreensão, mais capacidade, mais percepção e mais consciência que antes. Como pode algo que o levou até aí ter sido um fracasso?

- faça também no caderno uma lista de pessoas ou grupos em relação a quem se sentiu "superior" no passado. Escreva em um parágrafo por que se sentiu assim. Qual foi a base disso? Expresse em outro parágrafo como se sente hoje a respeito dessas pessoas ou grupos e explique por que, mesmo — e talvez especialmente — se seus sentimentos não mudaram;
- faça uma lista de pessoas que acha que são superiores a você. Escreva em um parágrafo como isso o afeta e como você responde a essa pessoa quando a vê;
- da próxima vez que achar que não sabe e não consegue entender algo, permita-se, como um simples experimento, fazer o que for preciso para conhecer e entender completamente isso em particular. Use o Universo como recurso. Use o mundo como ferramenta. Agora, mais do que nunca, você descobrirá que a sabedoria reunida e acumulada de toda nossa espécie foi disponibilizada para nós na internet. Apertando um botão e clicando com um mouse, podemos acessar qualquer coisa que pensamos não conhecer. Como pode existir ignorância?
- se você se acha ignorante em conhecimento de vida, largue este livro agora mesmo, feche os olhos e peça

a seu Deus que o leve a um lugar de mais consciência e total conhecimento sobre o que você imagina não entender. Não se surpreenda se, mesmo antes de formular a pergunta em sua mente, Deus já houver respondido. "Antes mesmo de rogarem Eu os atenderei" é outra das famosas promessas de Deus. E ficou famosa porque é verdade.

14

O fato de viver dentro de uma construção de ilusão é uma benção, pois somente assim seria possível a cada um de nós ser o criador da nossa própria realidade.

Se a "realidade" fosse estática, seria extraordinariamente difícil para qualquer indivíduo mudá-la, alterá-la, modificá-la de qualquer maneira para se adequar aos interesses da Alma. Somente dentro de uma realidade flexível essas acomodações poderiam acontecer. Portanto, a realidade maleável é o maior presente que Deus nos deu.

Isso não significa que não existem constantes em nosso ambiente. É muito fácil criar uma constante, basta concordar com os outros sobre qualquer coisa, e isso sobre o que concordamos torna-se a Condição Constante.

A questão é: como se pode viver a vida dentro de um contêiner que cria simultaneamente Condições Constantes e Circunstâncias Mutáveis?

Temos que "concordar em concordar" em muitas situações. Chamamos uma colher de "colher", chamamos o céu de "céu", chamamos o "vermelho" de vermelho, o "azul" de azul e o "amarelo" de amarelo. Apontamos para as estrelas à noite e dizemos que estão "lá em cima". Apontamos para o solo e dizemos que está "embaixo". Entre idiomas e culturas diferentes, essas constantes permanecem. Elas nos ajudam a negociar o território.

Achamos que esses aspectos da nossa experiência permanecem constantes porque são "fatos", mas não é essa a razão. O que chamamos de "fatos" são apenas elementos do ambiente físico e da experiência emocional com os quais todos continuamos concordando durante muitos anos. Durante séculos e milênios, na verdade.

(Mas um astronauta que circundou a Terra talvez não concorde que as "estrelas" estavam "lá em cima", e diga que estavam à sua esquerda ou direita, e se viu olhando "para cima" para ver a Terra, não para baixo! Portanto, é isso: todo acordo é contextual.)

E é aí que reside a maravilha da vida e seu maior desafio. Nós literalmente "inventamos tudo", dependendo do contexto em que nos encontramos, e é melhor inventarmos direito, ou vamos arranjar sérios problemas.

E isso é justamente o que temos feito.

O grande problema é: como nós queremos e necessitamos as constantes, e concordamos que devem *permanecer* assim para que possamos nos expressar e nos experimentar dentro das marés variáveis criadas pelos momentos da vida, somos extraordinariamente relutantes a *alterar* qualquer constante.

Portanto, esses os quais imaginamos ser "fatos conhecidos" sobre o mundo são difíceis de mudar, mesmo quando descobrimos que são completamente imprecisos.

Você nem imagina o problema que nossa espécie enfrentou simplesmente para reconhecer que o Sol não gira em torno da Terra! Excomungamos uma pessoa brilhante da religião mais prestigiosa de seu tempo porque ela ousou sugerir que uma de nossas constantes era nada constante, e sim só uma ideia que tínhamos, com base no que *imaginávamos* ser verdade. De certa forma, era uma história elaborada que havíamos inventado.

Era igualmente difícil para os médicos admitir a existência dos germes. Ou aos professores de algumas escolas paroquiais reconhecer que ser canhoto não era um sinal do diabo e, portanto, não era necessário amarrar o braço esquerdo dos alunos canhotos nas costas e forçá-los a aprender a escrever com a mão não dominante. (*Acha que estou inventando?* Isso *aconteceu de verdade* em muitas escolas paroquiais na época de nossos avós.)

Portanto, vemos que, mesmo diante de evidências irrefutáveis de que algo não é verdade (para não dizer de todo ridículo), uma crença mantida há tempos como uma constante é extraordinariamente difícil de abalar. Precisamos ficar dizendo a nós mesmos, durante muitos anos, que o que pensávamos ser uma constante era apenas uma Ilusão, algo que *pensávamos* ser verdadeiro, mas que era obviamente falso.

A questão atual é: será que algumas coisas as quais pensamos *agora* como constantes podem ser, de fato, igualmente falsas? E algumas dessas coisas poderiam *ter a ver com Deus*?

Portanto, o grande desafio dessa bênção a qual chamamos de Ilusões da Vida é que precisamos estar mais dispostos a criar ilusões novas e mais benéficas mais depressa que no passado. Precisamos aprender a nos mover com graça e leveza, por assim dizer. É preciso nos "mover com os tempos".

Se na Vida têm de existir areias movediças, pelo menos não precisam formar montanhas à nossa frente, dispostas e moldadas segundo o vento, de maneira que nos seja impossível atravessá-las; podem ter a forma de belos castelos, os quais nós mesmos podemos desmontar se e quando quisermos.

Em suma, precisamos ser criativos, não reativos. Se vamos viver no Mundo da Ilusão, criemos ilusões que nos *sirvam*, não que nos impeçam.

É PRECISO UMA DECISÃO
Lógico, não poderemos produzir aquilo que nos serve se não tivermos ideia do que estamos tentando fazer. Primeiro, precisamos entender quem somos, onde estamos, por que estamos aqui e o que estamos "fazendo", antes de poder criar uma ilusão a qual nos sirva.

Alcançar esse entendimento tem sido nosso segundo maior desafio, pois até a pauta de vida é algo que Deus nos convida a criar da forma desejada. Portanto, não é questão de chegar a um *entendimento*, e sim de chegar a uma *decisão*.

Com relação a isso, é como se nos encontrássemos em uma sala de espelhos. Olhamos para o primeiro reflexo e vemos vários reflexos dele atrás. Somos um reflexo de nossos reflexos, ou, se preferir, dos pensamentos sobre nós mesmos.

Se me considero "corajoso", vejo-me como corajoso e posso agir como uma pessoa corajosa. Dessa forma, minhas ações se tornam um reflexo de como as vejo, com base no que penso de mim mesmo. (O que uma pessoa chama de "corajoso" outra pode chamar de "imprudente".) Eu me torno um reflexo do reflexo de mim mesmo.

Se me considero "azarado" ou "fracassado", eu me verei como "fracassado" quando certas situações acontecerem em minha vida, ainda que outras pessoas vejam as mesmas situações na vida delas e as considerem um "sucesso".

E assim, notamos que na Sala de Espelhos da Vida, nós nos tornamos um reflexo do reflexo do nosso reflexo.

Também a experiência de Deus é um reflexo de nossos pensamentos sobre Ele. Ou como encontramos sucintamente em *Conversando com Deus:* "A vida é um processo que informa a vida sobre a vida por meio do processo da própria vida." E a maneira como ela o informará sobre a vida dependerá de como *você se* informa sobre como esse processo *o informa.*

Isso é outra maneira de dizer que a vida é o que você pensa que ela é.

Histórias antigas e novas, de *Alice no País das Maravilhas* a *Matrix,* ofereceram vislumbres desse estado final das coisas. Em cada história dessas, a linha de raciocínio é praticamente a mesma: nós inventamos tudo! Uma coisa é aquilo que você diz que ela é.

Esses vislumbres têm sido em essência metafóricos, abordando os mistérios da vida física cotidiana, mas quase nunca teológicos, abordando realidades espirituais. Estamos perfeitamente satisfeitos sustentando uma ideia de que a vida pode ser, afinal, uma metáfora, mas de modo algum nos satisfaz supor que isso possa ser verdade sobre a teologia.

Dizemos a nós mesmo que nossa compreensão sobre Deus é absolutamente completa e correta, mesmo que de todo o resto não seja.

Pode imaginar, então, como isso torna difícil abraçar a mensagem de cinco palavras que Deus me convidou a compartilhar com Matt Lauer no programa *Today* da NBC, há alguns anos. Você deve se lembrar do conteúdo dessa mensagem, a qual está no início deste livro.

Vocês me entenderam totalmente errado.

Essa declaração é o maior presente que Deus poderia ter dado à humanidade, pois nos oferece a oportunidade de "fazer tudo de novo" no que diz respeito à criação da Mais Sagrada História. Convida-nos não só a *nos* recriar, como também a recriar nosso *Deus*, alcançando a nova versão mais grandiosa da maior visão que já tivemos sobre o Divino.

Será que nos atrevemos a fazer isso?

Ousamos mudar nosso pensamento sobre Deus? Atrevemo-nos a inventar uma Nova História sobre o próprio Criador da História?

Se não fizermos isso, a história que estamos vivendo agora não terá um final feliz. Em outras palavras, se não tomarmos cuidado, vamos acabar exatamente no lugar aonde estamos indo.

E assim, nossa espécie chegou ao que talvez seja o maior momento de escolha de toda sua história na Terra: um momento no qual decidimos o futuro decidindo sobre o passado. Um momento no qual escolhemos perceber que o que imaginávamos ser verdade ontem não é o que decidimos experimentar hoje. Um momento no qual construímos uma nova construção de forma construtiva, não destrutiva, permitindo-nos experimentar e expressar, por fim, todo o potencial de quem realmente somos e de quem é nosso destino ser.

Este é o momento do nascimento da humanidade na comunidade cósmica de seres sencientes, como a futurista e visionária Barbara Marx Hubbard colocou. Concordo plenamente com a alegoria dela.

Mas o que devemos usar como tijolos de construção dessa Nova História? Quais serão as próximas constantes, pelo menos por um tempo? Existe alguma coisa nova que desejamos nos dizer sobre tudo ao nosso redor e sobre Tudo O Que É? Existe uma maneira diferente de nos expressar e vivenciar neste planeta que pode mudar a tradição, mas não a trajetória, levando-nos exatamente aonde sempre buscamos chegar?

Seria benéfico para nós reconstruir ideias que há muito consideramos sagradas, certas e verdadeiras?

Finalmente abandonamos a ideia de que ser canhoto é um sinal do diabo, mas conseguimos agora, por fim, abandonar a ideia de que os negros são inferiores aos brancos? Que pessoas do mesmo sexo não podem demonstrar amor entre si de forma sexual? Que as mulheres são inferiores aos homens e por isso não devem ocupar posições de poder? Que as pessoas não são capazes de se governar de forma livre e sem restrições? Que Deus é uma divindade violenta, raivosa, vingativa e punitiva a qual vai nos "pegar" no final se não fizermos exatamente o que Ele exige, da maneira exata e precisa a qual Ele prescreve?

Talvez a mais ousada pergunta de todas seja: é hora de deixar de lado a ideia de que existe uma verdade absoluta?

Conversando com Deus diz sim a todas as perguntas acima e a muitas outras. Diz que sim, é hora de mudar tudo que não nos serve mais e visivelmente nos impede de cumprir o destino mais elevado do qual podemos imaginar, deixando-nos apenas com o mais baixo.

Conversando com Deus coloca diante da humanidade 25 construções revolucionárias; revisões da realidade e da teologia que, se adotadas pela humanidade, virariam o mundo de cabeça para baixo. Ou de cabeça para cima?

Entre essas Novas Histórias, está o alucinante conceito contido na...

Mensagem Fundamental 17 de *Conversando com Deus*

Não existe Verdade Absoluta. Toda verdade é subjetiva. Nesse contexto, existem cinco formas de dizer a verdade: *dizer sua verdade a si mesmo sobre si mesmo; dizer sua verdade a si mesmo sobre o outro; dizer sua verdade sobre si mesmo ao outro; dizer sua verdade sobre o outro ao outro; dizer sua verdade a todos sobre tudo.*

Se aceitarmos a noção articulada nesta mensagem de Deus, teoricamente, tudo o que pensamos ser como é se desfaz diante de nós. Como disse acima, esse pode ser o maior presente que já recebemos, e este pode muito bem ser o momento perfeito para toda a humanidade o receber.

É provável que muitos dos entendimentos atuais, se não a maioria, sobre o que é "assim" possam ser desvendados. E um deles, o qual não o é menos importante, talvez seja a ideia de que existe a Verdade Absoluta.

Se aceitarmos a ideia de que a Verdade Absoluta, no sentido objetivo, não existe, precisaríamos assumir total responsabilidade pela maneira como percebemos e experimentamos o mundo ao redor. Isso não significa que as pessoas vitimadas no mundo, ou esmagadas por acontecimentos da vida sobre os quais não tiveram controle, sejam responsáveis por essas criações. Não quero que qualquer pessoa acredite que *Conversando com Deus* diz algo assim, de jeito nenhum. O livro deixa evidente que os acontecimentos da vida experimentados individualmente são criados de forma colaborativa, são o resultado da consciência coletiva. Isso inclui vitimizações como estupro e roubo, bem como condições circunstanciais, tais quais questões de saúde, situações econômicas ou eventos ambientais.

Também deixa explícito que as reações internas a tais acontecimentos estão inteiramente sob nosso controle, não importa quão horríveis eles possam ser. E aqui reside nosso poder e nossa liberdade de criar a própria realidade.

Muitas pessoas experimentaram o mesmo acontecimento exterior (do estupro ao roubo, da doença à falência), mas reagiram e responderam de maneira totalmente diferente à experiência.

Se aceitarmos a ideia de que a Verdade Absoluta, no sentido objetivo, não existe, perceberemos e reconheceremos que nada é *objetivamente* "assim" e toda "verdade" é subjetiva. Ou seja, algo é "assim" apenas aos olhos de quem vê.

Agora, se *muitos* "observadores" veem algo (uma circunstância, condição, situação ou acontecimento) da mesma maneira, então, *por mútuo acordo,* de fato *criam* o que posteriormente é *chamado* de "Realidade".

Quando percebemos como esse "sistema" funciona, chegamos a uma conclusão surpreendente: estamos, e sempre estivemos, muito mais no controle da realidade coletiva (e, por extensão, da experiência individual) do que até agora fomos capazes de reconhecer ou admitir.

Em escala coletiva, o aquecimento global é um exemplo perfeito. Enquanto muitos de nós não *concordarem* que o aquecimento global é "real", não será. Ele existe na "realidade" de uma pessoa e não na de outra; ambas veem os mesmos dados externos, mas cada uma tira deles conclusões internas inteiramente diferentes.

Dizem que quando um número suficiente de pessoas concorda com a interpretação dos dados externos, a "Verdade" é criada.

Se a humanidade afinal chegar à consciência coletiva de que toda "verdade" é produzida interiormente com base nos dados externos disponíveis no momento, por fim reconhecerá que o maior mistério ainda enfrentado por nós — a existência, a verdadeira natureza e os desejos e exigências de Deus — baseia-se em uma única e simples pergunta: *todos os dados sobre esse assunto estão disponíveis hoje?* Ou é possível que ainda haja algo que não sabemos, *cujo conhecimento pode mudar tudo?*

Como uma sociedade recém-reconstruída, nós nos convidaríamos a enfrentar com coragem o momento mais desafiador para qualquer espécie: o momento quando decidimos que *somos nós que decidimos,* o instante quando aceitamos que *somos criadores e criaturas.*

Somente uma espécie que se visse como divina poderia aceitar tal ideia. Mas e a humildade? Não dizem que foi por tamanha arrogância que Deus puniu Lúcifer, Seu anjo mais promissor?

De acordo com os ensinamentos religiosos, Lúcifer era o anjo da Luz, também conhecido como Satanás, e se declarou igual a Deus. Irritado com essa afronta, Deus o baniu por toda a eternidade no Hades, pois se dizia que ele havia cometido o Pecado Supremo.

Mas, por acaso, todos os pais não desejam que seus filhos os igualem em realizações e até os excedam? E se os filhos fizerem isso, cometerão o Pecado Supremo? Acaso não é esse, de fato, o *desejo final* de todos os pais amorosos?

Assim sendo, Deus é menos gracioso, menos generoso, menos magnânimo e benevolente do que pais terrenos?

Somente as espécies mais corajosas e evoluídas de seres sencientes poderiam ousar abraçar um conceito tão abrangente que inclui a possibilidade da própria equação com a Divindade.

E uma delas seria a humanidade neste momento.

A menos que não.

Podemos decidir *até isso*.

O QUE É A "VERDADE", AFINAL?

A ideia de não existir verdade absoluta é mais fácil de aplicar de início no âmbito pessoal. Se começarmos a entender e experimentar que podemos controlar e mudar o que vivenciamos internamente todos os dias, daremos o primeiro passo para modificar também a experiência externa coletiva.

No momento, tudo o que fazemos e experimentamos individualmente se baseia no que consideramos "verdadeiro" sobre nós mesmos e sobre as pessoas, os lugares, os acontecimentos e as circunstâncias ao nosso redor. O mais triste é que muitas, muitas pessoas não vivem dentro da estrutura de sua "verdade" autoconstruída. Ou seja, têm e mantêm uma verdade, e consideram que é absolutamente "assim" dentro deles, mas, muitas vezes, não demonstram essa verdade na vida e na criação da experiência externa diária.

Conversando com Deus diz que toda verdade é subjetiva. Ou seja, é "verdade" apenas para cada um. O que é verdade para mim pode não ser verdade para você. E, na maioria dos casos, provavelmente não *é*.

O que chamamos de "verdade" nada mais é que a experiência subjetiva do que supomos ser um acontecimento, circunstância ou condição objetiva. Mas mesmo a natureza objetiva dos acontecimentos, circunstâncias e condições deve ser questionada.

A física quântica agora nos diz: "Tudo que é observado é afetado pelo observador." Em outras palavras, o ato de olhar para algo envia energia para ele, de tal forma que interage com a energia daquilo que é observado. A *vida* é energia *interagindo*. Essa revelação notável dos físicos colocou em termos científicos a afirmação metafísica de sermos os criadores da nossa realidade.

Seria útil, dado esse estado de coisas altamente maleável, se pudéssemos pelo menos reconhecer *o que decidimos dentro de nós* em relação ao encontrado fora de nós. *Conversando com Deus* nos oferece uma fórmula para conhecer a nós mesmos e uns aos outros. Isso está resumido nos Cinco Níveis de Verdade listados acima.

É a ideia que oferece *Conversando com Deus*: abraçar e praticar os Cinco Níveis de Verdade pode nos fornecer uma nova base fundamental sobre a qual formular os acordos mútuos em relação à Vida.

Lembre-se: eu disse que vivemos por acordos. Uma colher é uma colher, uma flor é uma flor, para cima é para cima e para baixo é para baixo. Mas, óbvio, se você fosse astronauta (um exemplo já usado antes), toda a noção de em cima e embaixo se dissolveria assim que se visse olhando "para baixo" para ver a Lua e "para cima" para ver a Terra. Então, vemos que mesmo aquilo do qual supomos ser entendimentos imutáveis são meramente contextuais.

Vivemos dentro de um Campo Contextual. E quando esse Campo Contextual muda (ou, mais corretamente, quando é visto sob uma perspectiva mais ampla) nossa "verdade" também muda. Ainda bem, ou estaremos em profundo conflito no momento em que as percepções da Vida se expandirem.

No entanto, não poderemos mudar nossa verdade se formos incapazes de conhecer ou anunciar, declarar ou defender o que é verdade para nós agora. Por isso, os Cinco Níveis de Verdade são uma ferramenta poderosa na tentativa de nos recriar, de alcançar a mais nova versão mais grandiosa da maior visão que já tivemos sobre quem somos.

Nível 1

Deus nos aconselha a primeiro "dizer a sua verdade a si mesmo sobre si mesmo". Talvez você ache isso fácil, mas pode ser a coisa mais difícil de todas, pois exige que sejamos totalmente honestos conosco.

Agora, vemos que todas as mensagens de *Conversando com Deus* se entrelaçam de uma maneira maravilhosa, porque antes nos disseram que honestidade, consciência e responsabilidade são os três conceitos centrais da vida holística. E neste momento, somos convidados a aplicar esses conceitos no confronto e no reconhecimento de nossa verdade sobre nós mesmos.

É óbvio que sua verdade sobre si mesmo muda constantemente, porque *você* muda constantemente. Ontem você não era como é hoje, e pode muito bem *não* ser assim amanhã. Mas hoje você é como é hoje, e essa é a verdade.

No Capítulo 9, eu disse que, em minha experiência, o que *eu digo* ser "verdade" é a Realidade Compreendida Existencialmente, ou, se preferir, um ato de liberdade individual e vontade pessoal. Algo é "verdade" porque eu *digo* que é. Portanto, é *verdade para mim*.

Quando algo é "verdade" para muitas pessoas durante muitos anos ou séculos, os humanos têm o hábito de chamá-lo de *Verdade*. Para mim, a "verdade" vivenciada nesse nível é: Realidade Temporária Compreendida ao longo da história. (O que faz que não seja muito "temporária", não é?)

Só que toda "verdade" *é* temporária, e quanto mais cedo aceitarmos isso, melhor estaremos, porque não nos prenderemos a uma verdade específica de uma maneira específica em um momento específico — que em nosso mundo tendemos a chamar de "política" ou "religião".

Coisas que você deve saber

Portanto, entenda que, quando uso a palavra "verdade" neste livro, refiro-me à Realidade Compreendida Existencialmente. Refiro-me ao que *eu* decidi ser verdade e ao que o convido a *explorar* para ver se pode ser verdade para *você*.

Com relação ao Nível 1 dos Cinco Níveis de Verdade, estamos falando do que *é* verdade para você aqui e agora. O Nível 1 o convida a dizer a verdade sobre si mesmo, tanto o bom como o ruim, ou o que você *chama* de bom e ruim. Basta dizer o que é verdade sobre cada aspecto de si mesmo e sobre seu relacionamento com os eventos externos e as pessoas.

Não precisa compartilhar isso com alguém; ninguém mais precisa saber. Mas *você* precisa. Você precisa ser objetivo o tempo todo. Senão, ficará interiormente confuso sobre muitas experiências externas.

Nível 2

O Nível 2 dos Cinco Níveis de Verdade convida você a dizer sua verdade a si mesmo sobre o outro.

Isso também é mais fácil falar que fazer. Descobri que as pessoas, muitas vezes, querem se iludir a respeito do outro. Um exemplo típico é quando percebem internamente que não estão mais apaixonadas por uma pessoa com quem compartilham a vida.

Elas rejeitam o pensamento de imediato toda vez que ele surge, dizendo que não deveriam pensar nisso, que estão só chateadas no momento, ou estão apenas reagindo a um determinado acontecimento ou situação. E assim, continuam mantendo um relacionamento disfuncional por um tempo extraordinariamente longo, convencendo-se de que o que vêm dizendo a si mesmas durante anos apenas não é "verdade".

Assim, ficam intermitentemente confusas em relação aos sentimentos de "amor" e compatibilidade. Acham que os dois necessitam ser um. Quando se sentiam compatíveis e em harmonia um com o outro, diziam a si mesmos que estavam apaixonados. Quando se sentem fora de harmonia (e em especial se isso dura por muito tempo), dizem "não amar mais" a outra pessoa.

Descobri que preciso residir em um campo harmonioso para ser produtivo, criativo, pacífico e útil aos outros. Também descobri que é perfeitamente possível amar alguém *com quem não estou em harmonia.*

O difícil para mim foi desativar a ideia de que amar alguém significava ter de conviver com ela, passar o resto dos dias e toda minha jornada humana em uma cacofonia emocional. Eu pensava que se amava uma pessoa, e dizia que a amava, e me comprometia a amá-la para sempre, era preciso ficar com ela, independentemente de tudo, e que deixá-la era declarar não a amar. Com isso, confundi amor com proximidade física.

O resultado foi que criei muitos relacionamentos "permanentes", achando que era preciso conviver a longo prazo com cada pessoa a qual aceitasse meu amor.

E não fui a primeira pessoa a fazer isso.

Quando finalmente aprendi a dizer a verdade a mim mesmo sobre o outro, consegui negociar relacionamentos de uma maneira nova e mais funcional. Lamento dizer que isso só aconteceu depois de eu magoar muita gente.

Não há razão para você cair nem permanecer nessa mesma armadilha.

Níveis 3 e 4

No Nível 3, fui convidado a contar minha verdade sobre mim a outra pessoa.

Isso significava revelar tudo o que pensava e vivenciava dentro de mim em relação a mim mesmo em conversas abertas e honestas com o próximo. Era como estar totalmente nu diante do outro.

Um aspecto intrigante do comportamento humano é que achamos um tanto fácil, e até excitante, ficar nus fisicamente diante de uma pessoa amada; mas, muitas vezes, é bem desconfortável e difícil ficar nus mental e emocionalmente diante dessa mesma pessoa.

Estamos dispostos a nos mostrar por completo por fora, mas não por dentro. O resultado é que pessoas que vivem juntas há anos, maridos e esposas comemorando bodas de ouro, às vezes são quase estranhos um para o outro.

Isso não seria assim se aceitássemos e praticássemos o Nível 3 dos Cinco Níveis de Verdade. Mas essa prática exige uma coragem enorme. Temos que nos dispor a correr o risco de sermos rejeitados, e como a rejeição é o maior medo de muitos seres humanos, é preciso muita coragem para arriscar.

Mas de que adianta sermos aceitos pelo outro se o outro não sabe o que está aceitando? Quanto tempo poderemos manter a farsa? Quanto tempo ficaremos esperando não sermos descobertos mental e emocionalmente, mesmo se mal pudermos esperar para sermos descobertos fisicamente?

Quanto tempo poderemos ficar nesse trem que parece ir em duas direções ao mesmo tempo? Quanto tempo poderemos dizer à pessoa amada: "Conheça-me por completo, mas não me faça perguntas."

Isso nos leva ao Nível 4 dos Cinco Níveis de Verdade, no qual contamos nossa verdade sobre o outro *ao outro*. Agora sim que o mais alto nível de coragem, bravura e valor pode ser exigido. Mas é uma *experiência* muito libertadora quando cruzamos a terra de ninguém entre duas partes que estão guerreando dentro de si sobre quanto querem revelar e se render à sua verdade do momento.

É de vital importância para qualquer pessoa com quem você tem um relacionamento de qualidade saber o que realmente sente em relação a ela em todos os sentidos, nas coisas grandes e nas pequenas. No óbvio e no não tão óbvio. No importante e no trivial. Ela precisa saber *tudo*. Na verdade, tem o *direito* de saber tudo.

A vida não é um jogo de pôquer, no qual fazemos apostas escondendo as cartas. A vida é um jogo de paciência, jogado com todas as cartas na mesa, viradas para cima, bem na nossa frente. É um jogo de paciência, mesmo que às vezes joguemos em duplas ou em grupo, porque, na realidade, somos todos um.

NÍVEL 5

Chegamos ao nível final: dizer a verdade a *todos* sobre *tudo*.

Agora estamos realmente experimentando a liberdade. Quando você está livre da necessidade de esconder algo de alguém, é livre para seguir sua vida da maneira mais alegre, criativa, dinâmica, fluida, exuberante e autêntica que existe.

Antes, eu disse que existem dez ilusões dos humanos, sendo a primeira a ilusão da necessidade. Agora, digo o seguinte: *quando você está livre da necessidade, é livre para prosseguir.*

O Nível 5 dos Cinco Níveis de Verdade nos dá essa liberdade. Podemos seguir a vida livres da necessidade de "ficar bem na fita", ou de "acertar", ou de ser "iluminado espiritualmente", ou o que quer que imaginávamos dever ser, fazer ou ter para evitar a rejeição.

Este é um nível de transparência total ao qual o mundo não está acostumado. Quando esse tipo de transparência se tornar comum não só na vida pessoal, mas também em toda a experiência coletiva, dos negócios à política, da educação à religião e tudo o mais, teremos criado o tipo de sociedade em que todos podem saber tudo sobre tudo, e sobre cada *um*.

Essa ideia nos desafia a considerar as seguintes questões: "Por que temos necessidade de esconder algo?", "Qual é a diferença entre sigilo e privacidade?", "O que em nossa imaginação nos leva a pensar que as coisas precisam ser privadas?" e "Por que essa coisa chamada amor, quando expressa em seu nível mais elevado, magicamente apaga a necessidade de privacidade?"

Precisamos esconder as coisas da pessoa amada?

Sim? Se sim, esconder o quê? Se não, como Amor e Intimidade (para *mim*) eliminam a necessidade de "privacidade"?

Será que é porque o Amor e a Intimidade geram segurança? Nós nos sentimos "seguros" e continuamente amados, apesar de tudo? Sentimo-nos aceitos como somos? Não é o medo de não sermos aceitos e amados como somos que nos faz sentir a necessidade de "segredos" e "privacidade"?

Isso nos daria alguma pista sobre como nos comportamos uns com os outros neste planeta? Daria uma pista sobre como *poderíamos* nos comportar se desejássemos uma sociedade totalmente transformada?

Aplicando esta mensagem à vida cotidiana

Descobri que os Cinco Níveis de Verdade são fáceis de entender e difíceis de aplicar. Pelo menos foram para mim. Ainda não estou em todos eles o tempo todo. Mas estou mais perto que nunca.

Vejamos algumas sugestões para aplicar a Mensagem Fundamental 17 em sua vida diária:

- crie um caderno da Verdade. (Sim, eu sei, lá vamos nós de novo. Mas, como expliquei antes, manter cadernos para os vários aspectos da vida e fazer anotações importantes neles é uma ferramenta poderosa para recriar a vida como você sempre desejou experimentá-la. Portanto, não lute contra isso, crie o caderno e pronto!);

- no caderno da Verdade, sua primeira anotação será toda a verdade que conhece atualmente sobre si mesmo em todas as áreas da vida. Divida a narrativa em áreas, como dinheiro, amor, sexo, Deus, trabalho ou carreira, talentos e habilidades, filhos e parentalidade, aparência e atributos físicos, atributos mentais, casa e meio ambiente, e qualquer outra coisa que seja verdade sobre você como a vivencia no momento. Talvez seja um pouco desconfortável ser honesto consigo mesmo. Mas tudo bem, permita-se sentir o desconforto, o qual é um sinal de que a cura está prestes a acontecer;

- agora, faça partes semelhantes no caderno, com narrativas semelhantes, sobre sua verdade atual em relação a outra pessoa. Pode ser qualquer outra pessoa: cônjuge, filho, amigo, vizinho, chefe, e até mesmo seu Deus;

- pegue essas revelações que fez a si mesmo (colocá-las por escrito meramente torna física a experiência mental) e "tire-as do papel". Ou seja, escolha vivê-las. E o primeiro passo para vivê-las é pronunciá-las. Nisso, é bom lembrar: "Fale sua verdade, mas amenize as palavras com paz."

- decida que a partir deste dia você será total e completamente verdadeiro com todos acerca de tudo. Isso não significa sair por aí dizendo que não gosta das roupas das pessoas, ou do penteado do cabelo. Significa que quando for questionado sobre algo específico, ou participar de uma conversa sobre qualquer assunto, você se revelará por completo, ficará totalmente nu e permitirá que o vejam com nitidez. Quando estiver se expressando e se experimentando como quem realmente é, não terá medo dessa experiência. De fato, você a convidará e a aguardará com ansiedade. Pois, como o outro pode nos conhecer ou abraçar por completo se só nos vivencia em parte? Essa é a pergunta de todo ser humano em cada relacionamento. A vida o convida a responder a essa pergunta com mais coragem, e lhe promete que, se o fizer, receberá a maior recompensa;

O que disse Deus

- questione cada "verdade" que sua cultura, religião, sociedade, seu partido político, sua escola e família lhe ensinaram. E questione cada verdade vista neste livro, lógico;
- escreva as 25 verdades mais importantes da vida e, em uma coluna ao lado, anote por que as considera verdades e o que poderia mudá-las;
- faça o necessário para criar um ambiente seguro para os outros dizerem a verdade, e peça que façam o mesmo. Debata com a pessoa amada se pode fazer algo para ela se sentir segura por completo em seu amor, independentemente do que for pedido;
- pratique a abordagem "Fale sua verdade, mas amenize as palavras com paz" escrevendo com antecedência, sozinho, qualquer Grande Afirmação da Verdade a qual deseje fazer a outra pessoa. Muitas vezes, isso não é possível, óbvio, porque a "hora da verdade" surge espontaneamente. Mas algumas vezes queremos dizer algo ao outro e só estamos esperando o "momento certo". Essa é uma boa hora para treinar esta habilidade. Escreva o que deseja falar, deixe toda a possível "carga" negativa do assunto ser liberada com as melhores palavras para isso. Depois, releia o que escreveu e veja se há uma maneira de dizer a mesma coisa sem perder a intenção ou o significado, mas eliminando a carga negativa ou qualquer energia potencialmente prejudicial ou crítica a qual você possa estar carregando;
- não esqueça que o *tom de voz* e a *expressão facial* são tão importantes como portadores de energia quanto as palavras. Portanto, no modo de comunicação pacífica da verdade, leve tudo isso em consideração;

- aproveite esse pequeno processo. Pegue uma folha de papel e escreva os nomes de três pessoas importantes para você neste momento. Deixe um grande espaço abaixo de cada nome. No espaço, complete a seguinte frase: "O que eu tenho medo de lhe dizer é..." Veja o que surgirá para você e encontre uma maneira de comunicar isso ao outro o mais rápido possível;
- não tenha medo de *iniciar* uma conversa com a frase: "O que eu tenho medo de lhe dizer é." Porém, sempre pergunte à pessoa em questão se pode falar abertamente sobre algo. Mas não pergunte por mera formalidade, e sim com sinceridade;
- fale sua verdade a Deus todos os dias. Se está com raiva, sinta a raiva. Se é grato, seja grato. Se está frustrado e questionando, sinta exatamente isso. Converse com Deus com verdade todos os dias, mas não de um jeito só. Converse também no papel e prepare-se para receber respostas surpreendentes. Porém, tenha cuidado; não faça isso se não quiser que sua vida mude.

15

Quando a humanidade, como espécie, reunir coragem para questionar tudo o que já aceitou sobre si mesma e sobre seu Deus, para acreditar que *foi* de fato criada "à imagem e semelhança de Deus", finalmente poderá se expressar e se experimentar da maneira a qual sempre deveria ter sido, da maneira que está aberta a todos os seres sencientes do Universo.

Como todos sabemos, indivíduos de nossa espécie já fizeram isso. De tempos em tempos, o que fizeram vai chegando ao conhecimento do resto de nós que somos incapazes de fazê-lo ou, por causa de nossas crenças, recusamo-nos a fazê-lo; ou, por causa da nossa compreensão de Deus, temos medo de fazê-lo.

Os poucos que fizeram isso de maneira bem ostensiva são citados na história e atraíram a atenção. Nós os chamamos de santos, sábios, gurus, mártires e heróis, porque violaram a ideia fundamental da espécie: *não* somos divinos, *não* somos parte de Deus; nunca *poderemos* e nunca *subiremos* ao nível de expressão e experiência Divina.

No entanto, o momento que agora se apresenta à humanidade nos oferece um convite para chamar a *nós mesmos* — a cada um dos membros, não apenas a poucos selecionados —

de santos, sábios, gurus e heróis. Não só um homem é filho de Deus; todos são. Não uma só mulher foi beatífica e abençoada, e sim todas foram. Não só uma pessoa é Divina; todas são.

Deus não pretendia conceder Sua magnificência a apenas um de nós ou a uns poucos selecionados. É a intenção de Deus conceder a todas as Suas criaturas sencientes todas as qualidades Dele. Isso Ele fez precisa e meticulosamente. Todo ser senciente foi *de fato* feito "à imagem e semelhança de Deus".

Há séculos ouvimos isso, mas só agora estamos começando a aceitá-lo como Realidade Suprema, sem que nos chamem de blasfemos, apóstatas ou hereges. Sem sermos rotulados de loucos ou insanamente egoístas e autoexaltados. Sem sermos marginalizados, ostracizados e demonizados dentro de nossa comunidade.

A ESCOLHA: DESTRUIÇÃO OU GRANDE AVANÇO

Nossa espécie está à beira de um grande avanço. O avanço ocorre quando surge a ameaça de *colapso*; e nunca na história de nossa espécie enfrentamos a ameaça de um colapso total e completo como agora.

Como observamos antes, nada na experiência coletiva está funcionando da maneira que pretendíamos. Construímos meticulosamente sistemas e soluções políticas, econômicas, ecológicas, educacionais e espirituais, e nada disso gerou os resultados pretendidos e ansiados. Quem acha que a política, a economia, a espiritualidade ou qualquer outra coisa está *funcionando* está delirando.

Há uma diferença entre *delírio* e *ilusão*. A ilusão é mágica, o delírio é trágico.

A tarefa, a oportunidade, o convite da vida é trocar delírios trágicos por ilusões mágicas. Podemos fazer isso usando o poder da criação pura, sabendo que a Vida é uma ilusão e nos permitindo criar a realidade ilusória *exatamente da maneira que desejamos*, em vez de continuar residindo na realidade delirante *como nos mandaram fazer*.

Mas enquanto estamos às portas dessa oportunidade extraordinária, temos de estar cientes de uma coisa. Foi o poeta, padre e filósofo francês Apollinaire quem escreveu o seguinte (levemente adaptado):

Venham para a beira, disse ele.
Eles responderam: estamos com medo.
Venham para a beira, disse ele.
Eles foram.
Ele os empurrou... e eles voaram.

A ANALOGIA DO VOO
Precisamos estar dispostos a considerar a possibilidade de voar se tentarmos decolar. E agora, mais que nunca, é imperativo considerarmos essa possibilidade, porque a pista está acabando. É hora de decolar em novas direções ou assumir o futuro assustador que continuar fundamentados nas velhas crenças inevitavelmente produzirá.

Mas conforme avançamos, com coragem e convicção, na criação do amanhã tão esperado e sonhado, é importante entender o que vamos enfrentar pelo caminho. É importante compreender plenamente a...

Mensagem Fundamental 16 de
Conversando com Deus

No momento em que você declara qualquer coisa, tudo que é diferente disso surge no espaço. Essa é a Lei dos Opostos, responsável por produzir um Campo Contextual no qual aquilo que você deseja expressar pode ser vivenciado.

Esse elemento é fundamental para a compreensão do funcionamento da vida. Se não estivermos cientes dessa lei imutável do Universo, seremos tentados a recuar, a nos render, a evitar ir até a beira do precipício e voar. Ficaremos morrendo de medo.

De fato, essa é a natureza da vida de centenas de milhões de pessoas. Estão literalmente morrendo de medo. Vivem com medo, da manhã à noite, do início ao fim da vida.

Primeiro, têm medo dos pais. Depois, têm medo dos professores. Então, têm medo dos empregadores. E têm medo dos vizinhos. E têm medo do país. E algumas (muitas) têm medo de Deus.

Isso ocorre porque tudo, *exceto* o que elas procuram e esperam, está surgindo ao redor delas.

Mas não há por que temer a Lei dos Opostos. Seu efeito nos leva a uma magnífica posição de poder sobre o curso e sobre a direção da vida. E quando testemunhamos esse efeito, finalmente temos certeza de que estamos indo na direção certa.

Obviamente, isso é ilógico. Quando vemos o oposto daquilo que escolhemos criar, imaginamos estar indo na direção *errada,* fazendo a coisa *errada,* tentando produzir o resultado *errado.* Na maioria das vezes, só o oposto é verdadeiro. É por isso que se chama Lei dos Opostos.

Vejamos como funciona.

É IMPERATIVO

A Lei dos Opostos foi apenas um rótulo dado nas conversas com Deus para que eu pudesse entender por que, assim que tomo qualquer decisão, pareço de repente encontrar um obstáculo ou bloqueio. O "diferente" do que procuro expressar e experimentar de imediato surge em meu horizonte, aparentemente me mostrando todas as razões pelas quais não deveria seguir com meu propósito.

Não entendemos, porém, que a Vida *precisa* fazer isso. Isso é imperativo para que a Vida crie um Campo Contextual dentro do qual possamos experimentar a expressão de nossa escolha.

Isso foi extensamente discutido nos diálogos de *Conversando com Deus,* e já foi explorado aqui no Capítulo 8. Mas agora, vamos analisar os encontros práticos, os quais observei em minha vida e na de outros, para que possamos ver melhor não apenas *por que* funciona, mas também *como.*

O SEGREDO DE "CEBER"

Segundo minha experiência, o Processo de Criação Pessoal ocorre em três etapas. (1) Temos uma ideia. (2) O Universo cria de imediato um contexto dentro do qual tal ideia pode ser mantida, oferecendo elementos contrastantes para que ela possa ser singularizada, vista e experimentada. (3) Vemos cada elemento contrastante exatamente como ele é: não como um *obstáculo*, e sim como uma *oportunidade*, capacitando-nos a prosseguir com a criação original.

Já me referi a isso muitas vezes como Processo de "Ceber".

Eu sei, eu sei, essa palavra não existe em nenhuma língua da Terra, mas vamos analisar com detalhes essa fascinante expressão.

Toda criação começa quando *concebemos* algo. Temos uma ideia, e esse é o momento da concepção. Damos à luz um Novo Pensamento.

No momento em que temos uma ideia sobre qualquer coisa, a Mente a analisa, explora e examina minuciosamente. Assim *per*cebemos o que *con*cebemos.

A maneira *como* a *per*cebemos, como a vemos e avaliamos na Mente, determinará como a experimentaremos. É uma ideia boa ou ruim? É funcional ou disfuncional? É possível ou impossível? Vamos seguir em frente com ela ou abandoná-la?

Assim, apresentamos a ideia de novo a nós mesmos, mas não em sua forma original. Nós a *recebemos*, ou seja, *cebemos* mais uma vez! Porém, agora, na forma que evoluiu quando *per*cebemos o que *con*cebemos. Raramente ocorre uma concepção imaculada; o comum é uma forma distorcida daquela concebida no início.

Devemos ter muito cuidado com como *re*cebemos o que *per*cebemos daquilo que *con*cebemos, porque senão, com certeza, nos enganaremos. Ou seja, vamos *desfazer* exatamente o que pensamos fazer. Criaremos um *engano* por causa da maneira que *recebemos* o que *percebemos* do que *concebemos*.

Muita gente já abortou uma grande ideia depois de a conceber e antes de a dar à luz. Isso por causa da Lei dos Opostos, a qual as colocou cara a cara com o que elas não perceberam como oportunidade, e sim como oposição.

Conhecendo a verdade

Compreendendo isso, fazemos bem em ignorar — ou, se preferir, tornar impotentes — as coisas que parecem ser obstáculos na vida. Esses obstáculos são apenas placas de sinalização as quais indicam estarmos justamente indo na direção certa. São avisos de que foi produzido um Campo Contextual dentro do qual podemos vivenciar o que escolhemos manifestar em nossa realidade.

Voltemos a um exemplo oferecido no Capítulo 8; quando chega a escuridão, ela nos traz a oportunidade de nos conhecermos como luz.

Então, quando esses "obstáculos" aparecerem, precisamos reconhecê-los pelo que são: prova de que estamos no caminho certo; e seguir em frente.

Retirando todo esse processo do reino da metafísica e colocando-o no recipiente do que chamamos de vida física normal, rotularíamos tudo isso como simples "determinação" ou "adesão". Ou como "manter nossas convicções" ou "mostrar perseverança". Metafisicamente, isso é chamado de "conhecer a verdade".

Do ponto de vista espiritual, entendemos que nada pode ser alcançado, expresso ou experimentado fora de um Campo Contextual no qual existe seu oposto. Isso nos ajuda a lidar com esse oposto de uma maneira surpreendentemente diferente. Em vez de sermos repelidos para trás, somos compelidos para frente. Em vez de sermos desligados, somos ligados. Em vez de sentirmos que nos tiraram da tomada, sentimos que fomos conectados. E assim avançamos de forma deliberada a toda velocidade em direção à glória e ao objetivo da próxima magnífica criação.

SIM, MAS E SE...

Mas há quem pergunte (e é uma pergunta muito válida, aliás): e quando o oposto do que estamos tentando realizar ou vivenciar se apresenta repetida e infinitamente, sem parar, durante meses ou anos?

Eu mesmo precisei encarar isso, e tenho certeza de que todos nós precisamos. Portanto, é justo observar que há uma nuance acerca dessa Lei dos Opostos a qual merece mais análise e explicação.

Na vida, quando as condições e circunstâncias as quais surgem dificultam cada vez mais que eu alcance o que me proponho a fazer, analiso imediatamente duas coisas:

1. Existe alguma crença básica a qual me impede de trabalhar com a Lei dos Opostos de uma maneira funcional, e que transforma a oportunidade de novo na oposição que eu pensei que fosse?

A Lei dos Opostos me oferece a oportunidade de revisar minhas crenças. O que ainda mantenho como realidade mais íntima a qual não me permite ser, fazer ou ter o que agora procuro ser, fazer ou ter?

Para ser justo, vamos considerar a possibilidade de, ao se fazer essa pergunta, descobrir que você não tem crenças as quais o impedem de ir aonde deseja. Minha experiência me mostrou que isso seria incomum, mas não impossível. Seria hora, então, de se fazer a segunda pergunta:

2. É possível que eu não esteja indo na direção *errada*, fazendo a coisa *errada*, tentando produzir o resultado *errado*, mas simplesmente agindo da *maneira errada* ou na *hora errada*?

Isso muitas vezes me leva a algo que eu não havia pensado antes: talvez o necessário não seja uma mudança de destino, e sim uma mudança de direção, o que não é a mesma coisa.

Quando mudamos de direção, não abandonamos o destino, simplesmente *escolhemos outra maneira de chegar lá*.

QUAL É QUAL?

Portanto, acho justo observar que a Lei dos Opostos pode nos oferecer não só um Campo Contextual dentro do qual podemos criar a experiência de nosso desejo. Ela também pode nos oferecer um Sinal da Alma de que esse pode não ser o momento perfeito para nossa manifestação, ou a maneira mais eficaz e eficiente de produzi-la.

Assim, a Lei dos Opostos é dupla, não singular, em sua aplicação.

E, lógico, leva a outra indagação muito justa: como saber a diferença entre os dois?

Para mim, é uma questão de ênfase e consistência. Se o oposto ao que desejo experimentar se apresentar logo após eu fazer uma escolha ou tomar uma decisão, normalmente dou risada. Eu sabia que isso aconteceria. Eu sabia que *precisava* acontecer. A vida não tem outra escolha. A Lei dos Opostos *deve* se manifestar em minha vida, como exige o Processo de Criação Pessoal.

No entanto, se aquilo que parece estar se opondo a mim *de forma constante* se reafirma durante muito tempo, e se eu sinceramente não consigo encontrar no meu sistema de crenças pessoais uma que tenha uma energia que, por si só, torna meu maior desejo impossível de realizar, eu me rendo à ideia de poder, de fato, estar recebendo um Sinal da Alma de que isso não é o mais alto e melhor para mim agora. De novo, para reafirmar, isso também é uma manifestação da Lei dos Opostos.

Portanto, é uma questão de intensidade e longevidade em relação aos obstáculos e oposições que surgem.

Mais coisas do que parece?

Quero dizer algo que pode parecer não convencional, mas que preciso explorar para estar completamente a seu serviço.

Como você sabe se leu *Conversando com Deus,* nós vivemos não apenas muitas vidas (um processo que muitas vezes é chamado de reencarnação), como também podemos viver a mesma vida mais de uma vez. Aliás, muitas vezes.

Em casa com Deus, título original do Livro 3 da série *Conversando com Deus,* diz que somos dotados com a bênção de poder repetir qualquer vida em particular quantas vezes quisermos para usar essa identificação singular como um meio de chegar cada vez mais perto da perfeição, cada vez mais perto da completude na expressão da Divindade em cada vez mais momentos de uma vida. Quero sugerir que esse é o processo pelo qual todos os Mestres espirituais alcançaram a maestria.

Quando passamos por uma vida a qual já experimentamos antes, muitas vezes nos deparamos com momentos que chamamos de *déjà vu*. Parece que já experimentamos essas coisas, exatamente igual. Isso nos faz parar e olhar em volta, imaginando como algo assim é possível. Às vezes até dizemos em voz alta: "Meu Deus, já vivi isso antes igualzinho! Você estava sentado lá, eu aqui, estávamos dizendo isso... Já tive exatamente essa mesma experiência!"

Muita gente já teve esses momentos. Talvez você mesmo tenha tido um ou dois. Se sim, sabe exatamente do que estou falando. Em minhas conversas com Deus, Ele me disse que esses momentos são "imersões" de uma vida duplicada nesta vida, como uma gota d'água em uma pilha de papel manteiga.

No contexto desta discussão sobre a Lei dos Opostos, muitas vezes senti que quando as oportunidades são, de fato, obstáculos, isso é uma manifestação física do nosso "outro eu" sinalizando ao "eu presente" que já tentamos isso antes e não deu certo.

Vou tentar dizer de um jeito diferente.

Acredito que existimos em todos os lugares da linha do tempo simultaneamente. Se isso for verdade, temos um Eu no futuro, um no presente e um no passado.

("Passado", "presente" e "futuro" não existem nesta cosmologia, somente o eterno agora. Na terra do eterno agora, o que vivenciamos atualmente depende de onde está o foco da Consciência de qualquer expressão de vida particular.)

Acho possível que estejamos *dando instruções a nós mesmos* sobre a melhor forma de proceder com a intenção da Alma, alcançando o que pretendíamos alcançar quando passamos do reino espiritual para o reino físico, por meio da expressão da própria Vida sagrada.

Se somos todos Um com Deus, e se a Consciência é expansiva a ponto de incluir todas as experiências de tudo o tempo todo, não é inconcebível uma parte da Mente ter acesso à parte da Alma a qual conhece todas as aventuras que estão acontecendo em todos aqueles quando/onde da existência de que fala Robert Heinlein.

Também não é inconcebível que a Alma possa nos "avisar", como placas de sinalização em um cruzamento, que esse pode não ser o momento perfeito para seguir na direção aonde estamos indo, que talvez seja preciso mudar o caminho. Ou pelo menos esperar um pouco. (Salvo se quisermos que a vida atual produza exatamente o que a outra jornada nessa identidade específica está produzindo; nesse caso, vá em frente!)

NÃO PRECISA ACREDITAR

Sei que isso parece bem pouco convencional, uma teoria tão distante do que muita gente chama de "realidade" a ponto de ser difícil de aceitar. Por isso, vou lhe dizer que realmente não importa se você aceita ou não.

Só o que quero dizer aqui é: se o "oposto" do que você procura experimentar se apresentar nas fases iniciais do momento de criação, enfrente essa aparente oposição e veja-a como uma oportunidade. Faça isso com perseverança, determinação e comprometimento. Fiz isso em minha vida e posso garantir que essa abordagem é poderosa e funciona.

Também quero lhe dizer que, se o que você vê como "oposição" continuar se apresentando durante muito tempo, com intensidade crescente, pode se tratar da segunda categoria de Sinais da Alma a qual me esforcei para descrever logo acima.

Essa é a sabedoria a qual posso lhe oferecer sobre esse assunto. Ela me serviu bem, e espero que também lhe sirva.

APLICANDO ESTA MENSAGEM À VIDA COTIDIANA

Assim como a vida, a Lei dos Opostos é mais complexa do que parece, como evidenciou a narrativa acima. No entanto, ela pode nos ser útil. Não há dúvidas sobre isso.

Compreender essa Lei me desencoraja a me deixar desencorajar. Impede-me de parar. E há algo de bom nisso. Portanto, vou dar algumas sugestões práticas para aplicar tudo isso na vida cotidiana:

- compre nesse instante o livro *Ame a realidade,* de Byron Katie. Já o mencionei antes e o menciono de novo porque é uma ferramenta poderosa para melhorar a vida de uma pessoa. Comece a se envolver no que Katie (todos os seus conhecidos a chamam pelo sobrenome) chama de *The Work* [O trabalho, em tradução livre]. É um processo simples de autoquestionamento o qual o convida a explorar, de forma mais profunda do que normalmente faria, todos os pensamentos que surgem. Convido você a fazer isso em especial com os pensamentos os quais se relacionem ou apresentem o oposto de qualquer coisa que deseja experimentar. Faça a si mesmo as perguntas sugeridas pelo processo de Katie. É verdade? Você sabe que é verdade mesmo? Como reage, o que acontece quando acredita nesse pensamento? Quem você seria sem esse pensamento? A seguir, faça o que Katie chama de *The Turnaround* [A reviravolta]. Isso pode mudar sua vida. Se quiser saber mais sobre como o *The Work* foi criado e oferecido a nós por Byron Katie, acesse www.thework.com;

- da próxima vez que tiver uma ideia maravilhosa, uma visão emocionante ou um sonho fantástico o qual deseje transformar em realidade, *faça isso independentemente de tudo*. Ou seja, *não deixe que qualquer coisa o impeça*. Decerto, não no curto prazo; e por "curto prazo" não quero dizer um ou dois dias. Só depois de muito tempo eu pensaria que a vida está lhe enviando um Sinal da Alma de que não deveria estar fazendo algo. Para mim, em geral são meses ou anos, não dias ou semanas. Sou persistente, sem dúvida;

- meu lema é: "Se houver *um* caminho, eu o *encontrarei*." Acho que Deus ama esse tipo de determinação. Ele envia aos Céus um sinal de que sabemos quem somos, sabemos que poder temos, entendemos o Campo Contextual no qual esse poder pode ser expresso e que pretendemos deixar que nada atrapalhe nossa expressão, mesmo se seguirmos o Sinal da Alma o qual nos pede para esperar um pouco ou expressar de outra maneira;

- se está experimentando uma manifestação da Lei dos Opostos (no curto prazo) ou um sinal certo e seguro de que deve mudar de direção (no longo prazo), abençoe, abençoe, sempre *abençoe* o que está abençoando você, aparecendo em sua vida dessa maneira específica. Tudo na vida, tudo mesmo, acontece para seu benefício. Um amigo meu, na França, chamado Jacques Schecroun, escreveu um belo livro intitulado *Et si la vie voulait le meilleur pour nous?* [E se a vida só quiser o melhor para você?, em tradução livre]. Essa é uma pergunta extraordinária, e que responde a si mesma. A vida *só quer* o melhor para você. E quando entendemos isso, experimentamos isso. É simples e maravilhoso.

Antes de encerrar, acho que esse negócio de "expressar de outra forma" merece um pouco mais de análise.

Como eu disse antes, mudar de direção não deveria significar mudar de destino. Há mais de um caminho até o topo da montanha. O que você deseja experimentar é sempre um estado de ser, não um processo de fazer. O que está fazendo — ou o que acha que *precisa* fazer — é apenas o que acha necessário para alcançar um Estado de Ser.

Pense, então, no que acha que *será* se conseguir terminar o que se propôs a fazer. Você se sentirá realizado? Será famoso? Será poderoso? Será rico? Será feliz? Ficará satisfeito? Ficará contente?

Tudo isso, e mais, são coisas que estamos tentando *ser* na vida. As coisas as quais *fazemos* nada mais são que as maneiras que acreditamos ter para mover o Corpo, e as maneiras como imaginamos que devemos usar a Mente, para a Totalidade de Nós *ser isso*.

Mas e se houvesse outra maneira de chegar a esse destino?

Para aplicar essa ideia transformadora em sua vida, primeiro: (a) defina, em termos específicos, o que você disse a si mesmo que *seria* se pudesse *fazer* isso ou aquilo. A seguir: (b) faça uma lista de pelo menos três outras maneiras as quais podem lhe permitir ser a mesma coisa. Por fim: (c) eleve ao nível de Divindade o que deseja *ser* como resultado de qualquer momento, evento ou criação na vida. Decida que o que deseja experimentar e expressar é a própria Divindade; e essa é a única razão de você ter vindo para a fisicalidade.

Se isso for "verdade" para você (e lembre-se: "verdade" é definida como a Realidade Compreendida Existencialmente), meça cada esperança, cada sonho e cada visão que tem para a vida com esse parâmetro. Pergunte a si mesmo:

- *o que aquilo que quero fazer agora tem a ver com o que escolhi expressar e experimentar na vida?*
- *que aspecto da Divindade vejo se manifestando na realidade física como resultado de dedicar meu tempo e energia a fazer isso em particular?*

Não esqueça: essas perguntas podem colocar toda a vida, não apenas as escolhas e decisões individuais, em um contexto completamente novo.

16

Ouvi dizer que a humanidade, no futuro, viverá mil anos de paz. Foi previsto por videntes e profetas nas páginas da história que nossa espécie um dia entrará no melhor amanhã de nossa imaginação e finalmente reivindicará a verdadeira herança como seres cósmicos e manifestações do Divino.

Acredito de verdade que é exatamente isso o que vai acontecer, e também que estamos próximos dessa nova e magnífica expressão da vida. Só é preciso agora bater na porta, pois é como um Mestre, de forma tão presciente, disse: "Busquem, e encontrarão. Batam, e a porta lhes será aberta."

Não acho que seja coincidência, um erro ou um acaso que você e eu estejamos passando a vida na Terra neste momento culminante, testemunhando e participando desse extraordinário evento de transição. Acho que sua alma e a minha vieram aqui com hora marcada, por desígnio, com intenção.

Acredito que você e eu já estivemos aqui antes. Esta não é nossa primeira visita à vida física neste planeta. Juramos voltar e *continuar* voltando até que tenhamos elevado esta espécie a um nível de Divindade manifestado na fisicalidade.

Mas o dia do "salvador" individual ou do "Mestre" único já passou. Os santos e sábios anteriores, salvadores e Mestres, todos fizeram o que vieram fazer aqui. Eles nos despertaram para a possibilidade de que *todos* somos santos e sábios, *todos* somos salvadores e Mestres. Agora, caminham entre nós de novo, mas desta vez não para nos liderar, e sim para *se juntar a* nós no processo de autorrealização. O propósito deles nas visitas anteriores era nos liderar pelo exemplo. Nos dias atuais, é nos apoiar por meio da colaboração.

Esse nível de colaboração está resultando em muitos outros seres humanos experimentando o que apenas "Mestres" experimentaram em tempos passados. Vemos milhões de pessoas vivendo uma vida de santidade e maravilhas; milhares de mensageiros avançando para compartilhar com seus irmãos e irmãs percepções e entendimentos sobre a Vida os quais eles não teriam como saber, como entender, com base na própria experiência individual nesta vida. Todas as pessoas da Terra, porém, estão percebendo agora, uma a uma, em progressão lenta, mas certa, que cada um recebeu a capacidade de alcançar a consciência coletiva e retirar dela a sabedoria eterna em um só momento.

Este é o momento de transformação da humanidade. Este é o momento em que nossa espécie é, por fim, convidada a viver sua verdadeira identidade.

Por isso, entre as 25 Mensagens Fundamentais de *Conversando com Deus* está uma ideia a qual forma a base de tudo que esse diálogo procura compartilhar conosco e inspirar dentro de nós.

Mensagem Fundamental 15 de
Conversando com Deus

Seu propósito na vida é recriar-se, passar à versão mais grandiosa da maior visão que já teve sobre Quem Você É.

Desde pequeno eu me perguntava o que estava fazendo aqui. Lembro que quando tinha 7 anos, estava deitado na cama, olhando para o teto, e me perguntando por que estava vivo. *Certamente*, pensava, *devia haver algum propósito ou função, alguma razão para tudo isso.*

Levei essas perguntas aos meus pais e, Deus os abençoe, eles fizeram o possível para responder. Mas o que podiam dizer a um menino de 7 anos ao lhes fazer a Pergunta Primordial?

Então, levei a pergunta às freiras da escola paroquial. Mas o que uma freira poderia dizer a um aluno do segundo ano escolar que fazia as mesmas perguntas que doutorandos no último ano?

Então, levei a pergunta ao pároco. *O padre deve saber*, disse a mim mesmo, *especialmente sendo monsenhor e tendo aqueles botões vermelhos na batina!* Mas o que um monsenhor poderia dizer a uma criança de 7 anos que lhe fazia perguntas as quais ele levava ao bispo, o qual levava ao cardeal, o qual levava ao papa para que lhe respondesse?

Então, a infância acabou sem uma resposta satisfatória de ninguém. Passei a maior parte da vida adulta assim também. Só depois dos 53 anos ouvi algo que finalmente pareceu verdadeiro para minha alma.

Foi em minha conversa com Deus. Tive a experiência de Deus me dizer diretamente: "Tudo bem, é justo. Seu desejo de saber é sincero e honesto. Você analisa essa questão há mais de meio século, desde que era pequeno. Sua busca não foi frívola, nem tem sido sem sentido para você. É justo, você merece uma resposta direta. Aqui está."

E então, recebi a mensagem acima.

O QUE NÃO PRECISAMOS SABER

Cheguei a ver que o maravilhoso é: Deus não se importa com minha melhor visão para mim mesmo. Ele não tem preferência no assunto. Portanto, se eu quiser ser um açougueiro, um padeiro ou um fabricante de velas, o propósito da vida é muito simples: tornar-me a nova versão mais grandiosa disso.

(Só que, no final, descobri que isso tem nada a ver com minha ocupação. Falarei mais sobre esse assunto daqui a pouco.)

A ideia de que Deus não liga para as escolhas feitas por mim sobre minha vida é muito diferente do que eu ouvia quando jovem. Fui criado na fé católica, e me disseram muitas vezes que Deus tinha um plano para mim. *Há um plano para todos nós*, diziam as freiras em sala de aula. Mas nunca me disseram qual era esse plano; apenas que eu tinha de tentar ser o melhor possível para poder voltar ao Céu.

E foi o que eu fiz. Tentei ser o melhor possível.

Mas quando não era tão bom quanto pensava que deveria ser, ia me confessar e contava ao padre tudo de ruim que havia feito. E pagava a penitência dada pelo padre, para poder receber a absolvição pelos pecados cometidos. Recebia a Sagrada Comunhão no dia seguinte na missa, e estava de volta em meu caminho! Livre dos ônus de meus maus comportamentos! Inspirado de novo para embarcar na jornada para sei lá onde!

Se acha que isso é emocional, espiritual, psicológica e humanamente frustrante, tem razão. Ainda mais para uma criança de 9, 10 anos. E também para um jovem de 22 ou 27 anos. Ou para um adulto de 39 ou 56 anos! Como posso chegar aonde estou indo se *não sei* aonde estou indo, e nem por quê?

Esse era o estado das coisas em minha pobre mente. E não seria melhor se eu estivesse sozinho nessa? Não seria bom se só meu eu criança fosse incapaz de se recompor, sofrendo os estragos de uma infância nociva, respondendo às tragédias de uma vida adulta difícil e achando impossível entender tudo? Não seria bom se fosse simplesmente isso? Mas não era.

Estamos todos no mesmo barco

Que fique explícito que eu tive uma infância maravilhosa e pais fantásticos. Todas as oportunidades me foram oferecidas. Não, não éramos ricos; na verdade, éramos de classe média baixa. Mas a classe média baixa nos Estados Unidos de 1950 estava indo muito bem em comparação com noventa por cento do restante do mundo. Então, não tenho do que me queixar a esse respeito.

E as tragédias da vida adulta? Não houve nenhuma. Simplesmente não surgiram, não existiram em minha vida. Eu fui um dos sortudos. Gostaria de poder dizer isso sobre todo mundo, mas preciso admitir que fui um dos sortudos. Então, *qual era meu problema?*

Quero sugerir que esse não era *um problema só meu*, e sim de milhões e milhões de pessoas, por razões diversas. A maioria simplesmente não recebeu dos pais, dos professores, da comunidade, da sociedade global nada que fizesse sentido como *razão de ser*.

Por isso, perguntamos com urgência: qual é nossa razão de ser?

Quando perguntei a Deus, recebi como resposta a Mensagem Fundamental 15. É uma resposta que pode funcionar para todo mundo. Entre as 25 Mensagens Fundamentais, em uma só temos tudo o que precisamos saber sobre por que estamos aqui e como dar propósito e significado à nossa presença.

Tudo o que é necessário fazer agora é decidir *qual* é a maior visão que já tivemos sobre quem somos. E que liberdade é saber que Deus não vai nos fazer mal pela escolha feita! Depois de tudo dito e feito, Ele *não* tem um plano para nós. Temos uma chance maior de desapontar as expectativas dos próprios pais que de frustrar as expectativas de um Deus não exigente.

Portanto, todas as opções estão abertas para nós, e Deus nos garantiu que não há maneira certa ou errada de fazer o que viemos fazer aqui.

Uma ilustração da vida real

Quando olho para trás, percebo que recebi essa mensagem antes, de uma maneira fascinante e surpreendentemente próxima da experiência que tive em minhas conversas com Deus. Fico me perguntando se você também tem recebido mensagens da Vida o tempo todo e apenas não as sincronizou.

Vou contar sobre minha experiência anterior, porque é uma ótima ilustração.

Quando eu era jovem, tinha um emprego importante em um grande órgão público no estado de Maryland. E durante um período específico, fui chamado para desenvolver um plano mestre sobre como organizações como a nossa se propunham a proceder em particular e em relação a certas interações com o governo federal. Esse plano seria apresentado a uma subcomissão do Congresso.

Eu não tinha ideia de como escrever aquilo, nem como apresentar. Nunca havia feito qualquer coisa parecida. Como poderia saber como apresentar um documento de tamanha importância a um órgão austero como o Congresso dos Estados Unidos?

Liguei para meu pai e expliquei a situação. "Como vou criar esse documento?", perguntei. "Sei o que a empresa está tentando fazer, mas não sei como colocar isso em um relatório escrito para mandar para Washington."

Meu pai me ouviu pacientemente até eu terminar de expor minha frustração. Então, disse baixinho: "Filho, por acaso eu não lhe ensinei nada?"

Esperei o sermão.

"Não existe uma 'maneira certa' de fazer algo. Existe apenas a maneira como você o faz."

Eu não disse coisa alguma, fiquei só pensando. Muito. Será que é verdade? Então, meu pai prosseguiu.

"Confie em si mesmo. Faça do jeito que faria se não houvesse expectativas. Faça do jeito que *achar* melhor."

Agradeci e desliguei. Eu gritava para mim mesmo em minha cabeça: "Ah, é *só isso*? *Isso* eu posso fazer. Achei que havia *regras*, um formato para essa coisa toda ser válida."

Então, redigi o relatório exatamente do jeito que achei que deveria ser e o enviei a Washington. Algumas semanas depois, recebi um telefonema de um assistente da subcomissão a qual realizava as reuniões no Congresso sobre o assunto. Ele disse: "Temos um pedido a lhe fazer."

"Pois não."

"Estamos recebendo informações de outros órgãos do país semelhantes ao seu relatório, todos respondendo à mesma pergunta. Gostaríamos de pedir a essas organizações que as refaçam no formato que você usou. Meu comitê achou suas informações mais fáceis de acessar, mais simples de entender e mais concisas na apresentação. Gostaríamos de usar seu documento como modelo para os futuros relatórios desse tipo. Você nos autoriza?"

Depois de recolher meu queixo do chão, percebi que havia acabado de inventar o formato preferido — que passaria a ser o "jeito certo" — para que certos relatórios fossem enviados ao Congresso.

Está me zoando?

O PASSO QUE A MAIORIA AINDA NÃO DEU

Não contei essa história para me gabar. Faz tempo que superei essa necessidade. Entre os 50 e os 70 anos, essa necessidade se esgota, se tivermos sorte; e eu tive sorte. Contei essa história porque acho que tem relevância para todos nós. E entendi o seguinte: o que meu pai me disse anos atrás é o mesmo que Nosso Pai me disse mais recentemente.

Portanto, o propósito da vida é recriar-se na versão mais nova e mais grandiosa da maior visão que você já teve sobre quem é, e ninguém vai lhe dizer como isso deve ser, o que deve ser ou a "maneira certa" de ser. Você pode decidir tudo isso sozinho.

Mas esse é um passo do qual a maioria das pessoas ainda precisa dar. Quando você pergunta a uma pessoa comum: "Qual é a maior visão que você tem de si mesmo?", muitas vezes ela não sabe. Não em termos específicos. E se sabe, quase sempre o que tem a dizer se relaciona com algo que está *fazendo*, ou deseja fazer, no mundo. Mas o que você está fazendo não tem nada a ver com quem você é; o que você está *sendo* determina isso.

Você pode escolher qualquer coisa que seu coração deseje. Mas, saiba disso: seu coração deseja um estado de ser, não um emprego. Não uma carreira. É apenas *você decidir ser o que deseja ser*.

Você pode escolher ser qualquer aspecto da Divindade desejado, e esse é o motivo pelo qual veio para a fisicalidade. Pode escolher ser sabedoria e discernimento, compaixão e compreensão, paciência e generosidade, inspiração e criatividade, cura e amor — o tipo de amor que Deus tem por *você*, fluindo de você para todo mundo. Pretensioso? Há quem diga que sim, mas eu não acho. E sei que Deus não acha. Tenho certeza de que Ele diz: *acho uma ótima escolha!*

Aplicando esta mensagem à vida cotidiana

Será fácil encontrar maneiras de aplicar esta mensagem específica na vida diária, porque ela é muito simples de entender e vai direto ao coração da experiência humana. Ela canta para a alma e impressiona a mente cética (e isso não é algo fácil de se fazer).

Veja algumas ideias — e tenho certeza de que você terá muitas outras — para a aplicação desta mensagem em sua vida diária:

- decida agora mesmo, antes que outro dia passe, qual é a versão mais grandiosa de quem você é. E não se preocupe em "fazer certo". Quero que você entenda que *não há como errar*. Basta decidir. Basta escolher;
- ao tomar essa decisão, também não tenha medo de precisar ficar com ela até morrer. A ideia é se recriar todos os dias. Ou a cada hora, se estiver pronto para tanta emoção. Ou a cada *minuto*, se quiser voar. Cada momento da vida é um momento de renascimento. É o maior presente que Deus pode lhe dar: um espaço no qual nada aconteceu ainda e onde você pode decidir exatamente como quer ser, apesar de tudo o que aconteceu antes. Note que nada tem significado, exceto o significado dado por você. Decida, então, que o passado não significa coisa alguma, exceto como informação para o próximo grande conceito sobre si mesmo;
- observe amanhã, na semana que vem, no mês que vem que, tendo tomado as decisões acima, a vida lhe oferece, surpreendente e consistentemente, o palco

perfeito para representar a cena de sua autoria. Aqui está Shakespeare de novo. O que ele disse é perfeito, não? "O mundo inteiro é um palco, e todos os homens e mulheres não passam de meros atores, que entram e saem de cena e, cada um no seu tempo, desempenham diversos papéis."

O convite da vida para todos nós é: desempenhe bem seu papel; *divirta-se*. E quando não for divertido, use a sabedoria. Quando a sabedoria falhar, use a paciência. Quando a paciência faltar, use a aceitação. Quando a aceitação for difícil, use a gratidão. Pois a gratidão reverte qualquer ideia de que algo que está acontecendo não deveria estar acontecendo. E assim, encontramos a paz.

17

Escolhi explorar a lista das 25 Mensagens Fundamentais de *Conversando com Deus* ao contrário por uma razão. Vistas na sequência original, conforme são apresentadas no Capítulo 2, uma mensagem leva à outra em progressão lógica. Mas para analisá-las e explorá-las profundamente, comecei pela última e fui subindo para que você possa ver com mais nitidez *como chegamos lá*.

Como em qualquer teologia, os tijolos de construção do pensamento, discernimento e sabedoria nos quais o estudo de Deus se baseia são importantes. Mas, às vezes, é mais revelador quando passamos o filme ao contrário, por assim dizer. Estou em um ponto da vida em que faço muito isso em pensamento. Sei aonde cheguei (até agora), e é sempre instrutivo ver como cheguei, acontecimento por acontecimento, decisão por decisão, escolha por escolha, momento por momento, do mais recente ao que o precedeu e assim por diante.

Quando olho para trás, não penso na vida na ordem em que foi vivida. Não a vejo desde o nascimento até o momento. Olho para ela de agora até ontem, e depois até o dia anterior, e depois os meses e o ano anterior, e depois a fase adulta, a juventude e a infância.

Assim, muitas vezes me surpreendo, porque vejo de antemão o impacto de cada carta jogada quando elas são mostradas. Percebo como é possível eu estar jogando a mão que estou jogando agora, e vejo o *impacto* dessas cartas anteriores no desenvolvimento da mão atual.

Para ter uma melhor noção dessa experiência, jogue uma partida inteira de xadrez e registre cada movimento que você e seu oponente fazem durante o jogo. Depois, jogue a partida a qual acabou de terminar de *trás para frente*. Observe: cada movimento anterior criou a situação em que você se encontrou no final do jogo. (A propósito, essa é uma ótima maneira de aprender a jogar xadrez. E uma ótima maneira de entender que olhar a vida de alguém ao contrário pode nos dar uma grande visão enquanto avançamos.)

Ao analisar a cosmologia espiritualmente revolucionária de *Conversando com Deus*, escolhi oferecer a oportunidade de explorá-la do fim ao início, para que veja como cada Mensagem Fundamental surgiu de uma anterior, criando, assim, uma série de momentos reveladores os quais não seriam possíveis do começo para o agora, pela simples razão de que você não saberia aonde chegaria.

Estamos analisando, então, a nova história cultural da humanidade e um novo paradigma espiritual proposto como um detetive analisaria um mistério. Ele chega ao local e sabe exatamente o que aconteceu, mas não sabe como nem por quê. Então, começa a procurar pistas, sinais, indícios os quais lhe digam de fato *como* aquilo aconteceu.

VOCÊ É UM DETETIVE ESPIRITUAL

Como você está aqui comigo analisando o que Deus disse, tornou-se um detetive o qual chegou à cena da experiência atual da humanidade para desvendar o mistério de como chegamos a este ponto de oferecer a ela outra ideia sobre si mesma e uma oportunidade de recriar toda a história.

Isso é o que estamos fazendo aqui, lógico. A cosmologia de *Conversando com Deus* acaba sendo um convite aberto a toda a raça humana para reescrever a história cultural, decidir novamente quem somos como espécie, escolher de novo o que estamos fazendo aqui na Terra e anunciar porque estamos fazendo isso. E assim, estabelecer uma nova base, uma nova fundação, sobre a qual possamos construir nosso futuro individual e coletivo. Ou como disse Robert Kennedy em sua memorável frase: lutar por um mundo melhor.

De todas as mensagens nas mais de três mil páginas dos diálogos originais de *Conversando com Deus*, nenhuma me pareceu parte desse mundo melhor tanto quanto a que vamos explorar a seguir. Quando observar bem (o que faremos agora), você verá como foi possível chegar às conclusões as quais chegamos nos capítulos anteriores.

Mas devo avisar a você que talvez este capítulo não seja fácil de absorver em uma leitura rápida. O que me foi mostrado aqui não consegui entender depressa quando ouvi pela primeira vez. Talvez seja um desafio para você também.

Permita-se ter um tempo para absorver tudo, então. Talvez queira ler certas passagens mais de uma vez. Vá devagar, absorva tudo e pense de forma profunda sobre o que está sendo dito a cada momento. Porque vem aí a grande "surpresa" a qual permite que você entenda mais profunda, rica e plenamente como eu poderia ter feito as declarações já feitas aqui.

Vejamos uma declaração impressionante de Deus para a humanidade.

Mensagem Fundamental 14 de *Conversando com Deus*

Sua vida tem nada a ver com você. Tem a ver com todos cuja vida você toca e como a toca.

Nunca me ocorreu, até mais de meio século depois da experiência, que a vida tinha nada a ver comigo. Como quase todo mundo a quem observava, eu havia presumido que, lógico, minha vida tinha tudo a ver comigo.

Eu não era tão presunçoso a ponto de imaginar que *toda* a Vida ao meu redor tinha a ver comigo, mas me parecia perfeitamente razoável supor que a maior parte da vida a qual eu próprio experimentava me dizia respeito. E ali estava o Deus de meu entendimento me dizendo o exato oposto: minha vida tinha nada a ver comigo e, se eu achava que tinha, estava perdendo o foco.

Que espanto! Que choque! Que despertador!

No início, quis discutir com Ele. Como poderia minha experiência do dia a dia ter nada a ver comigo? *O que eu deveria fazer com essa informação?* Como eu entenderia isso funcionalmente em minha vida?

Agora, depois de viver com essa Mensagem Fundamental por mais de 15 anos, posso dizer que foi uma das mais gratificantes de implementar no dia a dia — e uma das mais desafiadoras.

Mudou tudo. Mudou minha razão para me levantar de manhã, o propósito de atravessar o dia, a compreensão dos encontros do dia quando eu colocava a cabeça no travesseiro à noite, olhando para o teto, e pensava no que havia feito e o que isso significava.

Sem dúvida, essa é uma maneira nova e radical de ver a vida. Se eu começasse a considerá-la achando que *precisava* de algo, presumiria ter que dar atenção às minhas necessidades, gastar tempo para garantir que fossem atendidas. No entanto, se gastasse meu tempo em atividades as quais tivessem nada a ver comigo, essas necessidades não seriam atendidas. Assim, a ideia de que a vida tinha nada a ver comigo exigia que eu adotasse outra visão sobre mim mesmo: no âmbito pessoal, eu não precisava de coisa alguma.

Ao examinar profundamente essa possibilidade, comecei a ver a diferença entre exigir e desejar. Compreendi que o fato de *exigir* nada não significava *não desejar*. No passado, via meus desejos como exigências. Os dois se tornaram um, como se eu houvesse criado uma nova palavra: "desigências". Cheguei a sentir que, se a vida não satisfizesse meus desejos, não poderia ser feliz. Isso significava que era *imperativo* satisfazê-los.

Explorando mais isso, de repente ficou evidente para mim: a raça humana está cometendo exatamente o mesmo erro em relação a Deus. Concluímos que como há coisas que Deus *deseja,* há coisas que Ele *exige.* Só quando, por fim, percebi que Deus de nada precisa e que a essência Dele inclui, por definição, Tudo O Que É, comecei a prestar mais atenção na diferença entre o que Deus *deseja* e o que Deus *exige.*

Não há *coisa alguma* que Deus exija, mas há coisas que Deus deseja. Desejar algo não significa apenas não ter, pode significar também que temos *e* amamos tanto aquilo a ponto de escolhermos vivenciá-lo mais.

Então, um Deus poderia ser perfeitamente feliz e desejar ser mais feliz ainda!

Assim também acontece conosco. É possível até desejar ser *mais feliz que Deus.* E é disso que trata o livro de mesmo nome. Nele, o qual acredito ter sido inspirado por Deus, descobri que eu também podia *desejar* algo para ser feliz sem o *exigir.*

Essa não foi uma "lembrança" insignificante.

Por que os Mestres disseram isso

Quando me lembrei de quem de fato sou, quando compreendi que a Alma é a presença e a evidência de Deus dentro de mim, percebi que não poderia exigir uma coisa sequer, porque tudo o que poderia desejar estava facilmente ao meu alcance — dentro de *mim.*

Esse era o último lugar, óbvio, onde eu imaginava que deveria procurar. Passei os primeiros 50 anos de vida procurando fora de mim o que desejava. E como não conseguia encontrar, a crescente pressão para conseguir transformou meu "desejo" em "exigência". Em algum momento, passou a parecer que eu *precisava daquilo* para ser feliz.

Quando Deus me disse que minha vida nada tinha a ver comigo, e sim com aqueles cuja vida eu tocava e como as tocava, meus olhos se abriram, em choque, e percebi e lembrei que isso *sempre foi* verdade: eu não precisava de coisa alguma; e a maneira de *vivenciar* que tinha tudo o que imaginava precisar era simplesmente dando.

O "ter" é experimentado por meio do "dar", não do "receber". Não é o que *recebemos* da vida, e sim o que *damos* à vida, que nos traz a experiência do que *temos* na vida; e por meio dessa experiência, torna-se possível a plena percepção de quem realmente somos.

De repente, entendi por que todos os Mestres espirituais de todas as eras diziam, cada um à sua maneira: "É melhor dar que receber."

Sim, sim, eu havia ouvido isso durante toda a juventude, mas nunca me foi explicado por que deveria aceitar isso como verdade. Nunca me foi explicado a metafísica disso. Nem meus pais em casa, nem as freiras na escola, nem os padres na igreja, nem os anciãos de minha comunidade, nem a sociedade maior em que eu vivia, nem o mundo ao qual eu observava. Ninguém me ensinou por que ou como poderia ser "melhor dar que receber". Com certeza *parecia* legal, mas nunca alguém me disse, nem parecia ser capaz de dizer, por que era verdade.

Então, depois de mais de meio século no planeta, tive maravilhosas conversas com Deus e ele me disse algo tão simples que agora é quase embaraçoso compartilhar como se fosse uma grande verdade oculta. Mas aqui está: é *dando* que demonstramos e, portanto, experimentamos, o que *temos*.

Bingo! Fiz a conexão! Então, compreendi que precisávamos *pedir nada,* e sim *dar tudo,* para experimentarmos nós mesmos a plenitude.

Essa noção dependia de uma compreensão prévia de não pouca importância. Precisávamos saber que possuímos tudo o que desejamos; que, de fato, está tudo dentro de nós o tempo todo.

Mas como poderíamos abraçar tal ideia se toda a experiência, desde o nascimento, parecia nos mostrar que a verdade era exatamente o oposto?

O MAIOR DESAFIO DA HUMANIDADE

Essa se tornou a questão central de nossa espécie. Como podemos pensar em aceitar a ideia de que precisamos de nada se a experiência cotidiana parece evidenciar que isso não é verdade?

A resposta é surpreendentemente simples. Temos de usar a própria existência como um ser único e unificado chamado humanidade para demonstrar a capacidade de atender às nossas necessidades.

Quando cada um de nós atende às necessidades de todos, ninguém *necessita* de coisa alguma, e a promessa e a profecia de Deus se cumprem: a humanidade não tem necessidades.

É justamente isso o que Deus faz. Quando Ele experimenta um desejo de qualquer tipo, apenas satisfaz esse desejo com o que já tem. Assim, Deus "não precisa" de coisa alguma.

Porém, para que a humanidade experimente isso, é necessário nos *entender* para, de fato, *sermos* únicos e unificados, todos nós como partes de um único corpo. É preciso decidir que

"Somos Todos Um" não é apenas um aforismo, e sim a maneira como fomos projetados, como deveríamos nos experimentar e como deveríamos *funcionar*, a fim de expressar nossa Divindade.

No entanto, é realista concluir que, se agíssemos como se todos fôssemos um, se pudéssemos contar uns com os outros, compartilhar e cuidar uns dos outros, a carência, a necessidade e o sofrimento desapareceriam da face da Terra?

Bem, não temos como saber, pois nunca ousamos tentar. Pelo menos, não em grande escala. Houve culturas, lógico, que agiam exatamente assim, viviam em comunidade, operavam como um todo, onde "um por todos e todos por um" era o lema. Observamos que, nessas culturas e sociedades, o nível de felicidade humana dispara, e ficamos imaginando como seria a vida em todo o planeta se toda a humanidade vivesse dessa maneira.

A UNIDADE NÃO É UM OBJETIVO, E SIM UM MÉTODO

Mas o propósito específico da Alma não é a criação dessa experiência coletiva. A intenção da dela ao chegar à fisicalidade é singular e simples: expressar e experimentar, ser e realizar aquilo que é a própria Divindade por meio da fisicalidade. A prática da Unidade é simplesmente a maneira mais rápida de fazer isso. É um método, não um objetivo.

A vida é Deus em forma física, e cada aspecto e elemento da vida física expressa a Divindade em plenitude quando atinge a forma particular de expressão na completude.

Uma rosa expressa a Divindade em plenitude quando seu crescimento e florescimento estão completos. Não há mais qualquer coisa para ela fazer. Ela fez o que veio fazer no reino físico. Não há motivo para ficar triste quando o processo se conclui, só para comemorar.

Uma estrela no céu noturno expressa a Divindade em plenitude quando seu crescimento e florescimento estão completos. Não há mais coisa alguma para ela fazer. Ela fez o que veio fazer no reino físico. Não há motivo para ficar triste quando o processo se conclui, só para comemorar.

Um ser humano expressa a Divindade em plenitude quando seu crescimento e florescimento estão completos. Não há mais uma coisa sequer para ele fazer. Ele fez o que veio fazer no reino físico. Não há motivo para ficar triste quando o processo se conclui, só para comemorar.

Não vivemos para satisfazer nossas necessidades, vivemos para expressar nosso potencial. São coisas diferentes.

Expressamos mais plenamente nosso potencial quando o demonstramos como a realidade; não como algo que *precisamos* experimentar, e sim como algo que *escolhemos* experimentar agora.

É por isso que minha vida tem nada a ver comigo e tudo a ver com você e todos os outros cuja vida eu toco. E descobri que, vivendo dessa maneira, todas as coisas pelas quais eu ansiava e lutava nos últimos anos chegaram a mim sem esforço.

(E se isso não for motivo suficiente para aceitar esta mensagem e experimentá-la em sua vida, não sei o que seria.)

Aplicando esta mensagem
à vida cotidiana

A vida nos oferece infinitas oportunidades dia a dia, hora a hora, momento a momento, para colocar a Mensagem Fundamental 14 em prática na experiência diária. Vejamos algumas maneiras de fazer isso:

- observe todas as pequenas coisas que está fazendo hoje. Não as grandes, como ir ao trabalho, ou ao médico, ou levar o carro à oficina, ou qualquer outra atividade que consuma seus momentos, e sim as pequenas. Lavar o copo depois de usá-lo, fazer carinho no cachorro, morder seu sanduíche, dizer olá ou tchau a um ente querido... todas as pequenas coisas. Apenas observe;
- agora, pergunte a si mesmo por que faz isso. É por si mesmo? É para os outros? Se é por si mesmo, observe como se sente a respeito disso. Se é pelos outros, observe como se sente a respeito;
- decida que tudo que fizer a partir desse dia terá nada a ver com você. Você faz o que faz não porque precisa, não porque deve, não porque alguém exige, e sim porque cada coisa feita é vista como uma contribuição sua para o outro. Se for mais fácil, pense nisso não como uma contribuição *direta* para o outro, e sim como uma simples contribuição. A seguir, explore profundamente por que e como o que você faz agora contribui para o outro. Pergunte a si mesmo se pedir algo a outra pessoa não é dar a ela a oportunidade de experimentar-se de uma maneira específica. Quando alcançar essa compreensão e consciência, aja sob esse princípio a partir desse dia;
- comece a fazer contribuições não só indiretas, mas também diretas na vida de outra pessoa com mais frequência, mais fluidez e mais intencionalmente a cada dia. Decida que precisa de nada para ser feliz; nem sa-

bedoria, conhecimento, compreensão, amor, felicidade, paciência, compaixão, nem realização, nem coisa alguma. Decida que tudo isso já existe *dentro* de você, e seu único trabalho na vida é permitir que fluam *de você* para a vida de outra pessoa; uma pessoa que ainda vive na ilusão de precisar dessas coisas e depender de alguma fonte externa para obtê-las. Permita-se tornar-se a Fonte. Observe o que isso faz com você. Observe o que isso faz *por* você.

Ah! Agora vemos que o círculo está completo! O que você faz é feito para você no final das contas! É óbvio, porque somos um. Portanto, o que você faz para o outro faz para si mesmo, e o que deixa de fazer para o outro deixa de fazer para si mesmo. Logo, a vida tem tudo a ver com você. Mas com você grande, não pequeno; com o Você Universal, não com o Você Local.

O propósito da vida é fazer o que se deseja, mas não o Pequeno, e sim o Grande, o Único. Quando entender isso, será capaz de viver plenamente o que se costuma chamar de Dicotomia Divina. E isso mudará toda sua experiência na Terra.

18

Para nos engajar de verdade no processo de manifestar na Terra o que a Unidade deseja, seria preciso ter algum controle sobre os acontecimentos da vida, um mínimo de jurisdição e pelo menos uma pequena capacidade de comandar e criar as circunstâncias do dia a dia.

A maioria das pessoas experimenta a vida como uma expressão exatamente oposta. Parecemos ter muito pouco controle sobre qualquer coisa. Dizem que Deus está no comando e que Ele decide o que é melhor para nós. E se não acreditamos em Deus, imaginamos estar à mercê do destino. Se não somos fatalistas, vemo-nos simplesmente passando por uma série aleatória de acontecimentos aleatórios em um universo aleatório que não oferece nenhuma garantia de resultado específico.

Mais uma vez, recorreremos ao grande metafísico da humanidade William Shakespeare, o qual captou perfeitamente os dilemas dessas ideias conflitantes em seu solilóquio: "Ser ou não ser, eis a questão: será mais nobre em nosso espírito sofrer pedras e flechas com que a fortuna, enfurecida, nos alveja, ou insurgir-nos contra um mar de provocações e em luta pôr-lhes fim?"

O que fazer, *o que fazer*? E faz diferença o que façamos? Estamos só nos enganando? Estamos iludindo a nós mesmos e aos outros ao pensar que, de alguma maneira, estamos no comando?

A maior parte da teologia diz que não precisamos nos preocupar com essas questões, basta confiar em Deus. Diz para orarmos sem parar e termos fé sem limites. Isso nos apresenta uma dicotomia interessante. Por que orar se temos fé ilimitada de que o resultado preferido ocorrerá? Mesmo assim, aprendemos que é preciso ter fé de que o nosso pedido nos será dado, mas que primeiro precisamos pedir. E, lógico, precisamos estar de bem com a Deidade. Senão, nem todas as orações do mundo ajudarão.

Essa é, em grande parte, a mensagem da maioria das religiões do mundo. É uma interpretação primitiva, de fato, mas, em grande parte, essa é a mensagem. Entretanto, o que Deus nos comunica na Nova Espiritualidade é um pouco diferente, e foi capturado na Mensagem Fundamental 13.

Mensagem Fundamental 13 de
Conversando com Deus

Você é o criador de sua realidade e usa
as Três Ferramentas de Criação:
pensamento, palavra e ação.

Esse é, ao mesmo tempo, um dos mais empolgantes e mais perigosos ensinamentos do movimento do Novo Pensamento. Sugere que estamos totalmente no comando, e nisso é totalmente preciso.

Mas essa sugestão foi interpretada como se estar no comando da realidade externa fosse uma experiência singular, ou seja, uma qualidade e habilidade unilateral. Fomos levados a acreditar que somos singularmente responsáveis pela realidade a qual encontramos no mundo ao nosso redor.

Isso não é exato, como você, sem dúvida, aprendeu.

O QUE NINGUÉM EXPLICOU

É comum que aqueles que nos dizem que somos os criadores de nossa realidade não expliquem que fazemos isso de maneira *colaborativa*. O "nós" que somos é Aquele que somos. Se não partirmos do pressuposto de que somos todos um, interpretaremos perigosamente mal o processo de criação da realidade.

As Três Ferramentas de Criação são, de fato, pensamento, palavra e ação, exatamente como se observa nessa Mensagem Fundamental. Mas é o pensamento *coletivo da humanidade*, a *combinação* de *todas* as palavras faladas e as ações de *todos nós* que produzem a experiência externa de vida na Terra.

Portanto, a boa notícia é que você não é o único responsável pelas guerras do mundo, pelas doenças e pestilências as quais causam sofrimento em massa, pela pobreza que gera tanta tristeza em todo o planeta, ou por qualquer manifestação física, boa ou ruim, testemunhada diariamente.

Mas isso também é uma má notícia, porque parece, de fato, confirmar a avaliação original de que *não estamos* no controle de nossa experiência, *não temos* jurisdição ou autoridade sobre a vida e somos *relegados* a sofrer as pedras e flechas da fortuna enfurecida.

Conversando com Deus deixa evidente que não estamos nessa posição. Como, então, conciliar essas duas visões de mundo?

Definindo nossos termos

Começamos entendendo o que significa a frase "sua realidade". Essa frase deve, no novo léxico, referir-se a como cada um de nós *experimenta* interiormente as manifestações da vida física externa coletiva, não as manifestações externas em si.

Essa não é a primeira vez que esse aspecto surge nestas páginas, então, vamos analisá-lo um pouco melhor.

Deus nos diz que não é o que acontece fora de nós que cria nossa experiência e, portanto, nossa realidade em relação a quem somos e à maneira como manifestamos isso; é nossa *decisão interior* sobre isso que a cria. É nossa escolha interna. É a conclusão separada, a avaliação individual.

Simplificando: tudo é o que dizemos ser. Ou como observaram alguns, ironicamente: o proveito de uma pessoa é o prejuízo de outra. O lixo de uma pessoa é o tesouro de outra. Os valores mais elevados de uma cultura são as noções rejeitadas e descartadas de outra.

Há um grande poder nisso, mesmo não sendo imediatamente aparente. O poder aqui contido é o de nos separar da "aparência das aparências" externas e nos voltar para dentro a fim de criar *nossa experiência delas*.

Por mais difícil que seja acreditar, existem pessoas que gostam de espinafre refogado. Não, é verdade! Até já vi gente comer e pedir mais! Aparentemente, elas vivenciam algo naquele garfo que eu não consigo. *O que seria?* Trata-se da capacidade individual de rotular a experiência coletiva como nos convém rotulá-la individualmente.

A chuva de sábado é simplesmente a chuva de sábado. É um acontecimento objetivo. É algo ocorrente. É "o que surge", como diria meu amigo Eckhart Tolle. O que você acha da chuva e, portanto, como a experimenta, é problema seu.

Quando a "reação" se torna "criação"

Pois bem, existe aqui um poder ainda maior do que parece, porque quando experimentamos e criamos nossa realidade interna acerca de qualquer circunstância externa da maneira desejada, começamos a gerar uma enorme quantidade de energia interna que, *quando projetada no mundo exterior*, começa a impactá-lo de tal forma a ponto da realidade exterior se tornar um reflexo cada vez mais próximo da experiência interior do Mestre espiritual.

Se não tivermos animosidade ou negatividade em relação a uma pessoa, lugar ou acontecimento externo, a energia projetada começa a *transformar* essa pessoa, lugar ou acontecimento. E se um número suficiente de pessoas remover a animosidade e a negatividade da experiência interior de acontecimentos externos, começaremos a coletar as expressões individuais para produzir um impacto colaborativo no processo criativo do grupo. Observa-se que, dessa maneira, uma pessoa pode mudar o mundo.

Assim, pessoas como Madre Teresa e Martin Luther King Jr., Lech Walesa e Gloria Steinem, Harvey Milk e você e eu, tiveram mais efeito sobre a realidade coletiva do que jamais poderíamos imaginar.

Incluí você e eu nesse grupo de pessoas amplamente celebradas porque a única diferença entre elas e nós é que elas tinham consciência do que faziam enquanto faziam, enquanto muitos de nós não.

Muitas pessoas não têm ideia do que estão fazendo. Confesso: já me encontrei nesse grupo muitas vezes. Mas agora, sei que a maneira como me movo pelo mundo o impacta e o muda. Nem sempre entendi isso, e não em larga escala. Não sabia que a maneira como escolhia perceber interiormente as manifestações exteriores da vida afetava estas últimas.

Muitas pessoas (talvez a maioria) pensam que não têm controle sobre essas manifestações, e que sua única resposta é reagir a elas. No entanto, temos o poder não apenas de reagir, mas também de criar nossas respostas. E esse é o significado de "Você é o criador da própria realidade".

SEU PODER É MAIOR DO QUE VOCÊ PENSA

Não se engane. Não há fim para o poder de um indivíduo de alterar o coletivo conhecido como humanidade. E onde houver dois ou mais reunidos, esse poder aumenta exponencialmente. Não em progressão aritmética (1-2-3-4), e sim geométrica (2-4-8-16-32).

Se você acha que o Sol aquece o papel batendo nele ao meio-dia, observe o que acontece quando coloca uma lupa entre os dois. Se quiser incendiar o mundo, escolha magnificar os pensamentos mais elevados os quais Deus irradia sobre nós.

Você não encontrará esses pensamentos mais elevados em sua Mente, e sim em sua Alma. Por que não na Mente? Se você a ouvir, encontrará pensamentos de sobrevivência e o que é preciso para isso; pensamentos de medo e o que é preciso para aplacá-lo; pensamentos de poder e o que é preciso para expressá-lo; pensamentos de raiva e o que é preciso para liberá-la; pensamentos de ameaça e o que é preciso para evitá-la. Mas não os encontrará na Alma.

Já disse antes em outros livros e vou explicar aqui de novo: a Mente é o repositório da experiência desta vida. A Alma, por outro lado, é o repositório do conhecimento eterno. A primeira só pode responder ao que observa ocorrer com base no que pensa estar acontecendo. A segunda responde ao que ocorre com base no que ela *sabe* estar acontecendo. A Alma sabe o que está ocorrendo porque ela se engajou em colaboração com outras na criação disso. A Mente não acha que é isso que está acontecendo e, por esse motivo, o que ela lhe diz muitas vezes tem nada a ver com a ocorrência em questão. Só achamos ter.

Embora o que esteja ocorrendo externamente pareça prejudicial ou perigoso para você de alguma maneira, a Alma sabe que isso é apenas uma avaliação feita pela Mente com base em sua compreensão bastante limitada de quem você é e o que está fazendo aqui (a Mente pensa que você é seu corpo e o que está fazendo aqui é tentar sobreviver).

A Alma sabe que mesmo que a avaliação e previsão da Mente em relação ao que está ocorrendo se revele "verdadeira" em relação ao Corpo, ela não vai se ferir ou danificar, porque isso é impossível, dada a totalidade de quem você é, e não seria permitido, dado o que essa totalidade está fazendo aqui.

Portanto, para ser o criador da própria realidade interior no mais alto nível, a vida o convida a criar com base no conhecimento da Alma, e não na experiência da Mente.

Nós, de fato, criamos nossa realidade. Mas o processo não é tão simplista quanto as palavras parecem indicar. Não se trata apenas de produzir um carro novo na garagem ou de diamantes no pescoço ou uma bicicleta nova e brilhante no jardim (infelizmente, todos usados como demonstrações de "poder" criativo pessoal no filme *O Segredo*). Não, o Poder da Criação Pessoal é produzir um novo e maravilhoso você. Não se trata de adquirir ou conseguir algo, e sim de expressar e experimentar coisas. Na verdade, a coisa *mais elevada* que poderia expressar e experimentar. Trata-se de expressar e experimentar a Divindade.

Conversando com Deus nos dá essa mensagem repetidamente, e repetidamente ela aparece aqui nas páginas deste livro. Ela aguarda seu abraço. Ou você pode continuar vivendo a vida exatamente como a tem vivido. A escolha é sua.

APLICANDO ESTA MENSAGEM À VIDA COTIDIANA

Não quero, em absoluto, fazer parecer que tudo isso é muito fácil e simples como rolar uma bola. Eu estaria mentindo se dissesse que essa foi minha experiência, e não quero sugerir, de forma alguma, que será a sua. Tudo isso é desafiador. E é desafiador porque é transformador.

Mas, depois de um tempo, fica mais fácil. Santos, sábios e gurus de todas as tradições de sabedoria já disseram isso. O processo de transformação pessoal fica mais fácil com o tempo. Neste momento, quero parafrasear uma maravilhosa declaração de John F. Kennedy em seu discurso de posse:

"Tudo isso não será realizado nos primeiros cem dias, nem nos primeiros mil, nem, talvez, em nossa vida. *Mas vamos começar.*"

A questão é como começar. Vejamos algumas humildes sugestões de alguém que acabou de começar essa tarefa:

- no momento em que ocorrer algo em sua vida capaz de aborrecê-lo, deixá-lo preocupado ou angustiado mental ou emocionalmente, observe o que sua mente faz com os dados recebidos. E então, *mude de ideia.* Você consegue. É questão apenas de Mente sobre matéria. Instrua a Mente a abrigar seu pensamento mais elevado, e não o mais baixo (Esse processo é maravilhosamente explicado no livro *Se tudo mudou, mude tudo!*);

- pratique pelo menos três vezes ao dia o convite para a mente acessar o conhecimento da Alma. Você pode fazer isso de várias maneiras, mas está é uma a qual uso: pergunte à Alma se ela sabe alguma coisa sobre o que o corpo e a mente estão encontrando agora. Pergunte: "Você detém algum conhecimento que possa expandir a experiência da qual minha Mente está extraindo essa conclusão?" Em outras palavras, simplesmente faça a pergunta à Alma! Foi assim que comecei minhas conversas com Deus. Eu não sabia que estava fazendo isso, na época, mas toda a experiência começou assim. A Alma é minha ligação direta com Deus. Meu diálogo com Ele começou com o processo chamado por Byron Katie de Inquérito. Pergunte à sua Alma o que é verdade sobre o que você está pensando sobre o que está acontecendo. Ela lhe dirá a verdade. Sempre;

- a porta da Alma se abre com muita facilidade, mas primeiro a Mente precisa concordar em bater. Sem isso, a última tentará bloquear tudo. E não podemos acessar a Alma tentando contornar a Mente. É impossível desligar a segunda, mas não é impossível redirecioná-la. Você encontra uma descrição sobre como usar a Mente para acessar a Alma em *The Storm Before the Calm*. O capítulo relevante está publicado em www.TheWaytotheSoul.net;
- escolha, em cada momento possível, tornar a vida uma experiência de criação, em vez de reação. Quando algo o qual não parece bem-vindo surgir em sua vida, não se pergunte: "O que isso significa?" Pergunte: "O que *quero* que isso signifique? O que *escolho* que isso signifique? O que *pretendia* que isso significasse?" Não procure respostas na Mente. *Você* é quem dá as respostas a *ela*. Isso se chama "decidir-se". A maioria das pessoas deixa a Mente lhes *dizer* o que pensar. Os Mestres dizem à Mente o que pensar;
- cole um *post-it* em pelo menos três lugares onde você os veja com frequência, dizendo: "Nada tem significado além do significado que eu lhe dou." Pode colocá-los na porta do armário, ou talvez no espelho de maquiagem, ou no painel do carro — ou nos três lugares. Conheço um homem que tinha uma pulseira com essas palavras gravadas. Sempre que a vida lhe trazia um momento ou uma circunstância na qual ele se sentisse tentado a ficar desconcertado, ele observava o sentimento surgir dentro de si e tocava com a mão direita a pulseira no pulso esquerdo, permitindo que a energia da mensagem gravada percorresse seu corpo e o levasse a um lugar de mais paz quase instantaneamente;

- permita-se entender o que estamos fazendo aqui, ter discernimento sobre o propósito da vida e a oportunidade que a experiência do dia a dia nos apresenta. Assim, verá cada evento futuro como uma bênção, não importa qual seja. Nesses momentos, você se move em direção à conclusão da Jornada da Alma. Podemos alcançar a conclusão mais de uma vez na vida. Essa é a beleza, a maravilha e a glória da completude. Nunca podemos e nunca queremos ser "completamente completos" nesse processo. Queremos experimentar ser completos muitas vezes. É por isso que a vida "aparece" desse jeito;
- escreva em outro lugar separado o que venho enfatizando aqui: como o Mestre entende isso, a experiência interna da realidade externa dele começa a afetar e recriar essa realidade externa, de tal forma que o impacto de certos encontros e experiências negativas no mundo exterior começa a enfraquecer, reduzindo a frequência e, finalmente, sumindo por completo.

Alguém uma vez me descreveu da maneira mais incomum. "Você parece estar sempre alegre." Não sei se isso foi um elogio; talvez tenha sido um misto de leve aborrecimento com inveja. E acho que a pessoa que disse isso imaginou que eu tinha sorte de ter essa natureza, que era um subproduto de minha educação afortunada, ou simplesmente um dom genético. Não percebeu que eu também desempenhava um papel nutrindo isso.

Somos todos criadores da própria realidade interior. Que tal estarmos sempre alegres?

19

Algo que me ajuda a manter a alegria em todas as oportunidades é que sou profundamente consciente de existir apenas uma emoção verdadeira, uma experiência verdadeira e uma identidade verdadeira.

Não me refiro apenas à minha identidade, e sim à identidade de Deus e de tudo o que existe na Terra e nos Céus e em todo nosso Universo.

Talvez eu seja um otimista tolo, mas sempre senti, desde os primeiros momentos da vida, que ela estava do meu lado. Eu não a via como algo que se opunha a mim, e sim que me compunha. Várias vezes, quando era jovem, mandavam eu me "compor". Achava que isso significava me "recompor". Com o passar do tempo, comecei a levar isso ao pé da letra. Vejo a vida como uma sinfonia, e cada minuto é como um movimento da peça musical a qual vou compondo enquanto vivo. E a cada ano me convenço mais de que a vida não se opõe a mim, mas me compõe. Ela se junta a mim no processo de "inventar as coisas do jeito que quero que seja".

Nunca me passou pela cabeça que a vida se oporia a mim. Jamais encontrei razão alguma para isso. Imaginava-me vivendo em um universo amigável. Agora, admito que grande parte disso pode ter se devido ao fato de ter sido criado em uma família maravilhosa, em um ambiente maravilhoso cheio de experiências felizes.

Minha mãe não trabalhava fora e se sentava no chão comigo e meu irmão para brincar com a gente, com nossos brinquedos, fazia sanduíches de pasta de amendoim e geleia para o almoço e sua vida inteira parecia ser dedicada a mim, meu irmão e meu pai. Este era trabalhador, nunca faltou um dia ao trabalho, "botava a comida na mesa", mantinha-nos seguros e protegidos e desempenhava o papel apropriado para um pai na década de 1950. Foi líder da nossa tropa de escoteiros, nos levava para pescar no Canadá, nos ensinou a usar um machado para derrubar uma árvore no quintal e jogava softball conosco. (Na verdade, mamãe também jogava softball conosco! Geralmente era minha mãe e eu contra meu pai e meu irmão.)

Se acha que isso parece cenário de sitcom da década de 1950 com Jane Wyman e Robert Young, tem razão. Como expliquei antes, não tínhamos muito dinheiro — seríamos definidos como classe média baixa —, mas nunca nos faltou qualquer coisa a qual achássemos realmente importante ter e, acima de tudo, eu e meu irmão tivemos o amor, a atenção, a óbvia devoção de nossos pais e a presença deles em nossa vida de maneira ampla e significativa.

Nem todos neste planeta podem dizer o mesmo de sua infância, e tenho certeza de que sou um homem de muita sorte. E essa situação, sem dúvida, tem muito a ver com o fato de eu ter crescido com uma atitude tão positiva em relação à vida. Ela *estava* do meu lado, até onde eu podia ver, até onde sabia, até onde conhecia.

Portanto, tenho uma enorme dívida de gratidão para com meus pais, e para com Deus, por ter me colocado naquele ambiente, em um espaço tão abençoado, por me dar uma oportunidade tão gloriosa de experimentar o melhor lado da vida desde tão cedo em minha jornada na Terra.

NADA DURA PARA SEMPRE

Mas uma infância doce e amorosa não é garantia de que a pessoa crescerá com uma atitude positiva. Muita gente teve exatamente o mesmo tipo de educação e passou à idade adulta com um sentimento de *direito*. E quando não conseguem aquilo que acham ter direito, ficam ansiosas, chateadas e negativas. Em última análise, isso pode se transformar em amargura e raiva, e a sensação duradoura de que a vida pode até ter estado do seu lado no início, mas depois se voltou contra elas.

De minha parte, logo vi na vida adulta que a estrada seria muito mais esburacada fora daquele contêiner seguro onde havia passado a infância. A dificuldade de arranjar emprego, ganhar dinheiro, manter relacionamentos afetivos e de outros tipos do dia a dia foi, sem dúvida, muito diferente da minha experiência na rua Mitchell, em Milwaukee, Wisconsin, onde todos estavam bem o tempo todo; ou pareciam estar.

À medida que me aprofundava ainda mais na experiência adulta, chegando aos 30, 40 anos, comecei a perceber quanto meus pais deviam ter se esforçado para criar para mim um ambiente tão maravilhoso. E por mais difícil e emocionalmente desafiadora que minha vida tenha começado a ser, nunca perdi a ideia inicial, nunca deixei de lado a suposição inicial de que, no fim, tudo sempre daria certo, tudo ficaria bem, não precisava me preocupar com coisa alguma e a vida estava do meu lado.

E, caramba, era exatamente assim que as coisas aconteciam. E então, em um piscar de olhos, tive a oportunidade de ver o outro lado da vida.

UMA DOR NO PESCOÇO

Como muitos de vocês que conhecem minha história sabem, eu estava dirigindo na estrada um dia quando um idoso colidiu comigo, e no acidente fraturei a sétima vértebra cervical.

Isso não é bom.

Para contextualizar (e para garantir que você saiba que não estou exagerando), vejamos o que uma enciclopédia tem a dizer sobre isso:

Uma fratura cervical, comumente chamada de fratura de pescoço, é uma fratura catastrófica em qualquer uma das sete vértebras cervicais do pescoço. Algumas causas comuns em humanos são colisões de trânsito e mergulhos em águas rasas. O movimento anormal dos ossos do pescoço ou pedaços de osso pode causar uma lesão na medula espinhal, resultando em perda de sensibilidade, paralisia ou morte.

Surpreendentemente, eu escapei dos três. Ao que parece, meu pescoço quebrou no lugar certo para evitar esses resultados. Mas não pude evitar dois anos e meio de reabilitação.

Eu não conseguia levantar nem um litro de leite com o braço estendido e tive que usar colar cervical durante dois anos. Não podia retirá-lo em hipótese alguma, nem mesmo para tomar banho ou dormir. O pescoço precisava ficar sempre imobilizado. E se você não acha que isso limita radicalmente as possibilidades da vida, pense bem.

Mesmo assim, estava vivo e não tinha do que reclamar. Exceto que não podia trabalhar para me sustentar, o seguro do outro motorista levou mais de dois anos para me pagar porque a empresa tentou negociar comigo, e eu não tinha renda alguma. E os benefícios do sistema de assistência social (vale alimentação, renda por invalidez etc.) acabavam antes que a nova renda estivesse disponível.

Resumindo, acabei tendo que morar na rua. Ao ar livre, só com uma barraca como abrigo e sem meios de transporte pessoal (você não vai acreditar, mas poucas semanas depois do acidente, meu carro foi roubado. Deus, aparentemente, queria me mostrar que a vida *nem* sempre é um mar de rosas, que havia pessoas em situação muito pior que outras, e eu seria uma dessas pessoas a partir de então).

Fui morar em um parque de sem-teto, um terreno aberto o qual outros transeuntes haviam ocupado. Cada um tinha o próprio acampamento, a própria área. Alguns só tinham toldos ou abrigos improvisados. Outros tinham a sorte de ter uma barraca para pelo menos se proteger da intempérie. Eu estava no segundo grupo, mas tudo que tinha além da barraca eram dois jeans, três camisas, um par de sapatos, um fogão de acampamento e algumas panelas e frigideiras. Vivia como se estivesse acampando, em uma situação que acabaria depressa. Quanto tempo levaria para eu conseguir um emprego simples em algum lugar, mesmo usando um colar cervical?

Eu não poderia imaginar que a resposta seria: duas semanas antes de completar um ano.

Ninguém queria contratar uma pessoa que vivia de seguro-desemprego. Depois de 36 semanas, arranjei um emprego de fim de semana em uma pequena estação de rádio, a qual me rendia quatrocentos dólares por mês. Devo dizer que, para uma pessoa vivendo na rua, isso é uma fortuna. Eu poderia comer de novo sem precisar mergulhar na lixeira atrás de garrafas de refrigerante e latas de cerveja para transformar em dinheiro, na esperança de juntar o suficiente para comprar um saco de batatas fritas.

Ironicamente, foi depois que saí da rua, aluguei um pequeno chalé nos fundos de uma casa luxuosa e arranjei um emprego de período integral em outra estação de rádio, que percebi ter entrado novamente em um mundo com absoluta falta de sentido.

A REALIDADE NUA E CRUA

Eu trabalhava dez, 12 e às vezes 14 horas por dia, ganhando o suficiente para me sustentar e tentando reconstruir a vida aos 50 anos. Lembro-me de gritar para mim mesmo dentro da cabeça: "Meio século no planeta e é *isso* que eu tenho para mostrar?"

Não conseguia ver nenhum propósito no que estava fazendo além de simplesmente sobreviver. Lógico, eu tinha um pouco de felicidade aqui ou ali: assistia a um filme de vez em quando, tocava um CD do qual gostava, até fazia amor com uma nova amiga uma vez por mês, se tivesse sorte. Mas era para ser isso? Essa seria minha vida? Precisaria começar de novo depois de meio século, subir a escada *de novo*? Não, obrigado. Muito obrigado, mas não.

Foi durante esse "retorno" deprimente que tive minha primeira conversa com Deus, descrita palavra por palavra nos livros já publicados. E então, Hollywood fez um filme sobre todo esse drama.

Essa rápida descrição de uma experiência de vários anos é minha maneira de dizer que, sim, estou sempre alegre... e todo mundo pode estar. Porque, depois de tudo, encontrei meu caminho de volta à chamada "vida normal", e então, criei a vida dos meus sonhos.

Porém, quero que saiba que eu entendo, dadas as circunstâncias bastante desafiadoras e difíceis as quais tantas pessoas enfrentam (na maioria das vezes, sem culpa pela situação), que com certeza pode não parecer assim. Sei disso agora e não só conceitualmente, mas sim por *experiência própria*.

E é minha experiência de vida difícil e desafiadora a qual me qualifica para compartilhar com você, agora, o que entendo profundamente sobre a...

Mensagem Fundamental 12 de
Conversando com Deus
O amor é tudo o que existe.

Jura? Então acidentes de carro, pescoços quebrados e um ano na rua não contam? Ou, ainda mais implausível, é tudo demonstração do amor de Deus?

Então o amor é tudo o que existe, é? E como você explica minha experiência? É verdade que tive uma vida bastante tranquila desde o nascimento até os 19 anos e não conheci muito resultados horríveis nem desafios, nem dos 20 aos 50 anos. Tive uma vida muito boa, até aquele senhor decidir, sem razão aparente, jogar seu carro em cima de mim.

Lógico, enfrentei desafios de relacionamento, criei situações que deixaram a mim e aos outros tristes e desapontados, e às vezes completamente irritados. Mas eu podia encarar isso. Com certeza, tive altos e baixos na carreira profissional; mas também podia encarar isso. E sim, tive alguns pequenos problemas de saúde, mas nada que não pudesse administrar.

Tudo isso se encaixa com facilidade na estrutura de uma vida relativamente normal. Não houve grandes catástrofes, só as coisas normais que acontecem com tantas pessoas de uma forma ou de outra.

Porém, surgiu uma situação a qual me colocou *na rua*, vivendo o grande pesadelo humano. Meu relacionamento havia fracassado, de modo que eu não tinha para onde ir. Não queria recorrer a meu pai ou minha família porque me sentia envergonhado, e realmente achava que sairia daquela situação em poucas semanas.

Então lá estava eu, com meu orgulho e os bolsos vazios no parque dos sem-teto, pedindo moedas de dez centavos na rua para passar o dia. Isso é o amor de Deus? A vida está do meu lado? O amor é tudo o que existe?

Sem dúvida alguma.

A FACULDADE DA CALÇADA
Apenas olhando para trás pude dizer que foi uma das coisas mais amorosas a qual a vida poderia ter feito comigo; que o amor vem em todas as formas e tamanhos possíveis.

Aprendi mais naquele único ano de caminhada pela calçada pedindo ajuda às pessoas do que poderia ter aprendido em qualquer outra situação ou circunstância da vida, assim como adquiri mais percepção da natureza humana e mais consciência de quem realmente era no âmago de meu ser.

Era a faculdade das ruas. Era o que meu pai teria chamado de "educação liberal". Não recomendo, veja bem, mas certamente sou grato por isso.

Se havia adquirido um mínimo de senso de "direito" como resultado da minha infância dourada, se havia desenvolvido um pouquinho de complacência acerca do fluxo da bondade da vida para mim, tudo isso desapareceu rapidinho. Em seu lugar, surgiu um novo reconhecimento de que essa experiência chamada Vida pode ser muito difícil, bem como uma nova compreensão, uma nova consciência, uma nova expressão, uma nova experiência de quem eu realmente era, do que realmente era a vida e de por que estamos todos aqui em forma física.

Aprendi que meu tempo na Terra não tinha coisa alguma a ver com o que eu estava acumulando na vida. A questão não era sucesso pessoal, realização, poder ou riqueza. Na verdade, aprendi que a vida tinha nada a ver com *qualquer coisa* que eu pensava que ela era.

Isso produziu dois efeitos interessantes: primeiro, puxou meu tapete, fazendo-me cambalear e tentar manter o equilíbrio. Depois, criou uma plataforma sobre a qual poderia ficar muito mais firme que no tapete de meus mal-entendidos. Eu sabia que nunca mais precisaria ter medo de cair, porque essa plataforma nunca seria puxada debaixo de meus pés. Era a plataforma da minha verdadeira identidade, do meu real propósito, da minha Unidade com a Vida e com Deus.

ESPELHO DA DIVINDADE

Certamente não fui a primeira pessoa a encontrar uma experiência a qual considerou, enquanto a vivia, a pior coisa que poderia lhe acontecer, e apenas meses ou anos depois descobriu que foi a *melhor*.

Quando isso ocorreu em minha experiência, mudou tudo para mim. Eu pessoalmente encontrei a fascinante proposição de que é possível que *todas* as coisas as quais acontecem na vida sejam para nosso maior benefício, ainda que não saibamos que benefício é este.

Foi enquanto explorava essa ideia que pela primeira vez dei atenção à possibilidade maior de estar, de fato, embarcado em uma Jornada da Alma a qual nada tem a ver com meu corpo e minha Mente, exceto que estes últimos são ferramentas, dispositivos, *veículos* com os quais empreende-se essa jornada e alcança-se o que a Alma se propôs ao longo do caminho.

Minhas conversas com Deus me convenceram de que eu era um ser *eterno* em uma jornada *eterna*, com alegria e aventura participando de um processo o qual poderia ser vagamente chamado de "evolução". Ou seja, o processo de *tornar-me*.

E tornar-me o quê? Tornar-me a mais nova expressão mais grandiosa de quem eu realmente era: aquilo que é Divino. A vida é Deus percebendo-se como Si mesmo, em momentos de consciência cada vez maior.

Já se olhou no espelho e percebeu algo que sempre esteve lá, mas que pareceu ver pela primeira vez? E se foi algo positivo, não surgiu um sorriso em seu rosto?

Diga a verdade. Já se olhou no espelho e, em um piscar de olhos, percebeu: "Ora, não sou feio. Sou um ser humano legal e agradável. Eu gosto de mim!"?

Se já teve essa experiência, talvez também tenha tido esta: você nega a própria beleza e bondade, dizendo a si mesmo: "Acho que estou em um bom dia, hoje. Ninguém me conhece como realmente sou."

A questão é: temos a capacidade de nos tornar conscientes de nós mesmos e de valorizar aquilo de que tomamos consciência. Não nos *tornamos* bonitos, legais e agradáveis de repente. Sempre fomos. Mas, de repente, ficamos conscientes disso, mesmo que logo depois o neguemos ou menosprezemos.

Talvez você esteja entre aqueles os quais experimentaram momentos em que reconheceram a própria compaixão, paciência, compreensão profunda, sabedoria e o próprio eu verdadeiramente amoroso. Decerto teve momentos, como eu, em que se afastou de si mesmo e se reconheceu por meio de uma consciência mais profunda de si. Essa é uma experiência humana deliciosa, maravilhosa, gloriosa e muito especial. Decerto você já a viveu pelo menos uma vez.

Isso é o que Deus experimenta o tempo todo.

Ao contrário de nós, Deus não nega o que é, e se *deleita* na experiência. E como Deus cria essa experiência? *Por meio de nós,* por meio de todas as outras expressões de vida na fisicalidade; todo o magnífico, todo o maravilhoso, todo o incompreensivelmente majestoso, complexo e belo.

Todo o Divino. Tudo isso o Amor expressa.

A MAIS INESPERADA MENSAGEM DE DEUS

E agora, quero compartilhar algo muito incomum que Deus me disse. Aviso: a princípio, parecerá mais que incomum. Parecerá radical. Você precisará mergulhar no nível mais profundo de compreensão para "ouvir" de verdade. Mas é algo do qual a Alma deseja que você ouça, porque lhe dará uma nova e maravilhosa visão da vida e dos outros *em* sua vida.

Eu disse que Deus é Amor. Eu disse que o Amor é tudo o que existe. Ora, e quanto ao medo? E a raiva? E o ódio? E o mal? E a violência e morte? Certamente, isso não pode ser uma expressão do Amor! *Mas é.* E aqui está a mensagem mais incomum, mais impressionante, mais inesperada da série de livros *Conversando com Deus*: *toda* expressão de Vida é uma expressão de Amor.

Se você não ama algo, não pode odiar outra coisa. Se não amasse algo tão desesperadamente, não poderia nem começar a pensar em usar medidas desesperadas, como violência ou morte, como meio de obter, manter ou proteger o que ama. Se não amasse algo intensamente, nunca sentiria raiva por não o ter ou por tê-lo perdido.

Ladrões agem por amor. Amam tanto algo que desejam desesperadamente tê-lo, e não conhecem outra maneira de obtê-lo senão roubando.

O mesmo vale para pessoas que cometem outras ações chamadas de "crimes". Mesmo os mais horríveis. Estupro, assassinato, são todos atos de amor. Atos profundamente distorcidos, com certeza; totalmente inaceitáveis, sem dúvida, não tolerados nem aprovados nem justificados por mim, pela sociedade ou pelas explicações de *Conversando com*

Deus. Não justificados, mas *entendidos*. E assim, *percebidos* de outra maneira.

Ninguém faz qualquer coisa que não seja um ato de amor, por mais distorcida e inaceitável que seja essa expressão. Se a pessoa não amasse algo, simplesmente não agiria de determinada maneira. Deus entende isso por completo.

Deus nos vê como criancinhas, sem maturidade emocional ou espiritual o suficiente para entender de verdade o impacto e a consequência de nossas ações. E uma pequena porcentagem de pessoas faz coisas feias além da medida, totalmente inaceitáveis e, do ponto de vista humano, totalmente imperdoáveis.

Só um santo poderia perdoar algumas coisas que certas pessoas já fizeram. Ou talvez um Deus que é tão santo que o perdão não é considerado necessário. Pois a mensagem aqui não é que tudo é perdoável do ponto de vista de Deus, mas que, por mais difícil que seja aceitar isso, tudo emerge de uma única energia no Universo chamada em nossa linguagem de Amor, e assim, é compreensível. E a compreensão substitui o perdão na Mente Divina.

Até na sua mente isso acontece. Você não precisa "perdoar" um bebê por chorar às 3 horas da manhã porque entende a razão de ele fazer isso. Não precisa "perdoar" uma criança pequena por derrubar o copo de leite enquanto pega a torta porque entende que isso é característico da idade. Nem precisa perdoar os adultos por certas coisas que criam situações difíceis ou constrangedoras quando entende por que agem dessa maneira.

A compreensão substitui a necessidade de perdão.

A única razão de considerar algo "imperdoável" é *não entender como alguém pode fazer uma coisa dessas*.
Mas Deus entende.
Viu? É tudo muito simples. Deus entende.

As distorções desaparecerão

A notável percepção de que toda ação é gerada pelo Amor cria um espaço dentro do qual podemos final e completamente entender como certas coisas podem ocorrer, e isso nos abre para a consciência de que é por meio da distorção extrema da Energia Essencial que as pessoas fazem as tais "coisas ruins".

É muito parecido com a energia nuclear. Essa força extraordinariamente poderosa dentro do universo físico pode ser usada de maneira benéfica ou não. O amor é bem assim. É a energia mais poderosa de todo o cosmo, física e não física, e pode produzir o que chamamos de "bem" e "mal".

Usada sem a distorção de uma mente transtornada, a Energia Essencial do Universo é nossa melhor amiga, e cria um ambiente dentro do qual vivemos, respiramos e temos o ser; produz um ambiente que sustenta todos os nossos desejos e gera perfeitamente, o tempo todo, as condições exatas necessárias para atender aos desígnios da Alma.

Mas não é verdade que as coisas as quais fazemos uns aos outros neste planeta às vezes produzem pensamentos distorcidos e respostas furiosas? Sim. Não é verdade que a bioquímica da humanidade às vezes produz mentes danificadas no nascimento? Sim. E essas duas condições não produzem, às vezes, doenças mentais de longo e curto prazo, as quais o sistema jurídico entende como *"insanidade temporária"* ou "capacidade diminuída" e por isso mesmo declara essas pessoas *inocentes?* Sim.

Conforme a humanidade cresce, evolui e aumenta a compreensão de todo o processo de expressão da vida, essas distorções ocorrem menos e se tornam mais distantes. Primeiro, porque os novos entendimentos farão que nos comportemos de maneira notavelmente diferente uns com os outros, e isso fará que maus-tratos e crueldades de todo tipo desapareçam na teoria. Segundo, porque a maior consciência dos efeitos de longo prazo de todos os aspectos da vida nos fará limpar o meio ambiente, mudar o que consumimos, mudar outros hábitos pessoais e modificar o estilo de vida a ponto de reduzir de forma drástica os desequilíbrios bioquímicos genéticos em nossa espécie e, um dia, eliminá-los.

Juntas, essas alterações, como parte da evolução, produzirão um novo tipo de humano. Não só os crimes flagrantes desaparecerão da experiência coletiva, como também outras distorções flagrantes da Energia Essencial. Pois não são apenas os crimes cometidos pela humanidade, mas também as muitas ações *legais* dos seres humanos (falar de forma dura com um ente querido, ignorar o que os outros têm a nos dizer ou o que pedem, trair companheiros de vida etc.) as quais demonstram diariamente que ainda não aprendemos a amar uns aos outros.

A Energia Essencial *é* o Amor, e a vida nos chama a expressá-lo, apenas em sua forma mais pura, em nós, por meio de nós e como nós a cada momento. Quando evoluirmos ao ponto de entender e aceitar isso, nossa espécie entenderá de forma muito nítida que criar um sistema econômico no qual cinco por cento das pessoas do mundo detêm ou controlam 95 por cento da riqueza e dos recursos mundiais simplesmente não é uma expressão de amor para toda a humanidade. Entenderá que um processo político baseado em absolutismo implacável, xingamentos, marginalização e demonização não é, de forma alguma, uma expressão de amor. Verá que permitir a morte de mais de seiscentas crianças por fome a cada hora não é uma expressão de amor; que criar uma sociedade do tipo "o vencedor leva tudo", uma cultura de "ao vencedor o butim", não é uma expressão de amor e que criar e incentivar a cidadania de segunda classe para pessoas de religiões, nacionalidades, raças ou preferências sexuais específicas não é uma expressão de amor.

O CONVITE ATUAL DA VIDA

Embora evidentemente ainda não estejamos lá, descobri ser possível viver uma vida individual sabendo que a sempre presente Energia Essencial (Deus em sua forma mais elevada) está disponível para mim o tempo todo. Essa é a razão de dizerem que estou sempre alegre. E a razão de eu ter dedicado tempo a lhe contar (mesmo se já tiver ouvido antes) um pouco da minha história de vida aqui, é porque eu queria que você soubesse que não estou falando como alguém que passou a vida no topo da montanha, e sim como uma pessoa que conheceu a devastação de perder tudo e viver uma vida de completo abandono pela sociedade, lutando para sobreviver não mês a mês ou semana a semana, e sim dia a dia, hora a hora, em um clima frio e úmido, em mundo cheio de vento e tempestades, sem abrigo, sem garantia nem de quando comeria de novo, e sem alguém para segurar sua mão, dar-lhe um abraço e caminhar ao seu lado em tudo isso.

Lembre-se: o Amor é tudo o que existe ao permitir que cada momento da vida seja uma demonstração disso, fazendo que nada além de Amor flua por nós para todas as pessoas em todas as situações apresentadas pela vida. Foi exatamente isso que Nelson Mandela fez durante os mais de 25 anos nos quais esteve preso na África do Sul (para usar um exemplo impressionante do que os seres humanos são capazes). Dizem que seus carcereiros choraram quando ele foi libertado, pois estavam perdendo seu melhor amigo.

E assim, somos convidados pela Vida a criar uma nova ética, expressão e experiência pessoal. Somos convidados pela Vida a ser um exemplo, uma apresentação viva e contínua da verdade mais elevada dela: o Amor é tudo o que existe.

Só o que precisamos fazer para adentrar essa possibilidade, essa demonstração, essa expressão extraordinária, é convidar a Mente a ir a um lugar de profunda compreensão do "porquê" dos acontecimentos humanos.

Quando entendemos por que o ladrão rouba, por que o terrorista ataca, por que o trapaceiro trapaceia, por que o assassino mata, damos um passo gigantesco em direção ao lugar onde habita a Divindade.

Com a compreensão vem não só a falta da necessidade de perdão, como também um nível notável de consciência que nos permite dizer: "Quando sabemos melhor, nós fazemos melhor", nas maravilhosas palavras de Maya Angelou.

Até saber mais, farei o melhor que puder. E começarei amando cada pessoa, lugar e coisa as quais encontrar, entendendo que foi colocado na minha vida para que eu possa expressar e experimentar minha verdadeira identidade. E se puder fazer isso sem distorção, finalmente alcançarei o lugar da autorrealização e perceberei que esse era, no fim das contas, o propósito de toda a vida.

Aplicando esta mensagem à vida cotidiana

Por mais desafiador que seja, é possível os seres humanos comuns atingirem os níveis de compreensão e consciência descritos aqui. Nelson Mandela e Madre Teresa fizeram isso e muitas outras pessoas comuns também. Portanto, nós também podemos, começando com pequenas coisas, com passos de formiga, chegar aonde queremos com pequenos avanços os quais acabam resultando em grandes. Vejamos algumas ideias que podem ajudá-lo no caminho:

- expresse o amor que está ao seu redor amando a si mesmo primeiro. Observe as coisas que você faz que não são consideradas completamente aceitáveis ou totalmente maravilhosas pela sociedade onde vive. Você mentiu? Traiu? Machucou os outros? Cuidou de si mesmo primeiro e colocou os outros em segundo lugar pelo menos algumas vezes na vida e se sentiu envergonhado depois de ver o que fez? Atuou na vida como menos do que sabia ser com mais frequência do que gostaria? Se você for como eu, a resposta é sim. Mas se for como eu, também terá se movido para um lugar de compreensão e amor-próprio e se permitido fazer o que fosse preciso para conhecer mais e depois fazer melhor;

- tendo encontrado uma maneira de entender e amar a si mesmo, mesmo por meio de seu pior comportamento, procure agora ver se há pessoas ao seu redor a quem você possa oferecer o mesmo presente. A ironia é que, às vezes, achamos mais fácil dar esse presente aos outros que a nós mesmos. No entanto, se pudermos aprender a dar a nós mesmos primeiro, descobriremos que fica ainda mais possível e imensamente mais natural oferecer esse presente aos outros;
- agora, pense em três pessoas a quem pode dar esse presente. Isso começa no coração humano. Começa em seu interior, onde você dá o presente primeiro em silêncio. Depois, pode falar em voz alta, em uma comunicação aberta e carinhosa, compassiva e amorosa com o outro. Faça isso esta semana com as três pessoas que identificou acima;
- à medida que avançar em sua experiência diária e ficar cara a cara com os encontros da vida, faça a si mesmo esta pergunta: *o que o Amor faria agora?* Descobri que essa é uma pergunta extraordinariamente motivadora e profundamente energizante. Eu a uso o tempo todo. E lembre-se de que estamos falando tanto do amor por si mesmo como pelo outro. Os dois não são mutuamente excludentes. Essa é a coisa mais importante que entendi na vida: amar a mim mesmo e amar o outro ao mesmo tempo é possível. Portanto, faça isso e não sinta que precisa sacrificar um pelo outro;
- quando vir uma pessoa se comportando de uma maneira não "gentil" segundo nossos padrões, pergunte a si mesmo (e a essa outra pessoa, se surgir a oportu-

nidade) o que ela ama tanto a ponto de a única maneira de sentir que pode expressá-lo é distorcendo o amor? Veja se a resposta a essa pergunta o leva a outro nível de compreensão;

- quando sair de casa por qualquer motivo, decida que não está saindo para realizar uma tarefa ou função em particular, e sim que está simplesmente dando a si mesmo uma desculpa para expressar e compartilhar seu amor com o mundo. Faça disso o motivo de você passar tempo fazendo qualquer coisa. Imagine que tudo o que faz foi planejado para ser uma forma de amor. Veja se isso muda a maneira de agir ao longo do dia e como se sente ao realizar tarefas comuns;

- por fim, escolha confiar no fato de que o amor está disponível para chegar *até* você tanto quanto está disponível para fluir *por meio* de você. Veja se consegue encontrar uma maneira de passar a um lugar onde simplesmente saiba que a Vida e Deus querem apenas o melhor para você, e procure de todas as maneiras fluir amor para si mesmo. Confie nisso. Permita-se confiar. Coloque-se em um lugar onde tenha certeza de que isso vai acontecer. Você descobrirá, se for como eu, que o poder desse pensamento positivo pode mudar sua vida.

20

Estamos começando agora a entrar em alguns dos entendimentos e explicações mais esotéricos em relação à vida os quais nos foram oferecidos nos diálogos de *Conversando com Deus*. E nada é mais abstrato que a...

> **Mensagem Fundamental 11 de**
> *Conversando com Deus*
> Não existe espaço e tempo,
> existe apenas aqui e agora.

Conversando com Deus está nos dizendo que espaço e tempo (ou o que o fantástico futurista Gene Roddenberry apelidou de contínuo espaço-tempo) é puramente uma invenção da nossa imaginação. É uma construção da mente humana. É uma maneira que nossa espécie criou para organizar o ambiente no qual nos encontramos para dar algum sentido a ele, dado nosso entendimento limitado, mas sempre crescente; e, mais importante, uma maneira de fazer que sirva ao nosso propósito.

Prevejo um futuro em que nossa espécie expandirá e ampliará sua consciência para incluir a possibilidade de viver dentro de uma estrutura onde espaço e tempo sejam nitidamente realidades fabricadas, apenas construções perceptivas que nos permitem experimentar sempre aqui/sempre agora de uma forma a nos oferecer mais oportunidades do que poderíamos imaginar para conhecer e experimentar a Divindade.

Ao discutir conceitos como espaço e tempo (e especialmente a *ausência* dessas expressões de vida limitantes e condicionais), precisamos suspender a descrença, sair da zona de conforto e ir além dos territórios dentro dos quais a Mente viaja com mais facilidade.

Entenda: a Mente contém apenas os dados reunidos desde o momento em que seu mecanismo biológico foi ativado, entre a concepção e o nascimento. A Alma, por outro lado, é o repositório da consciência plena e completa e do conhecimento total da eternidade.

À medida que a Mente começa a acessar e absorver as informações vastas e muito diferentes mantidas pela Alma, seus entendimentos e posses, criações e construções começam a desmoronar. Encontramo-nos entrando em estudos esotéricos os quais não podem ser apoiados ou sustentados pela razão, lógica ou qualquer evidência. Nessa discussão, a conjectura substitui a conclusão, as possibilidades substituem as probabilidades, as ficções substituem os fatos. Portanto, é dentro desse quadro que procedemos.

A NATUREZA DAS COISAS
Fui levado a entender que a Realidade Final existe em três formas: reino espiritual, reino físico e reino de puro ser. Essas

três expressões de vida existem simultaneamente e sempre em um único "local". Essa é outra maneira de dizer que, na Realidade Suprema, é sempre aqui e agora. Além disso, tudo que existe nela é Amor.

A vida física se baseia em uma ilusão por meio da qual separamos o inseparável (pelo menos em nossa mente), assim permitindo que Aquilo Que É Completo seja observável e experimentável em suas partes agregadas. Que a vida seja experimentada dessa maneira foi um *planejamento intencional*, para o Todo poder se expressar plenamente.

Usarei uma metáfora para facilitar um pouco.

Pense na beleza da neve que cobre uma encosta ao amanhecer. O Sol brilha sobre a brancura azulada fresca, criando uma visão impressionante — mas impressionante *apenas por causa da grandiosidade daquilo que compõe a cena,* apenas por causa da beleza estonteante de suas partes individuais.

Isso fica bem evidente quando pegamos um pouco dessa neve, separamos cada floco e o observamos sob um microscópio potente, experimentando sua beleza maravilhosa.

O que impede esse floco individual de se derreter instantaneamente na encosta é o fato de que são unos com a neve. Eles *são* a neve. Ela não está separada deles, ela é a *soma total deles.* É a falta de separação dos outros flocos de neve que permite que todos formem e sustentem o todo.

A neve é a neve que é a neve, e é magnífica em sua totalidade. É ainda mais magnífica em suas partes agregadas. Mas é preciso conhecer a beleza e a maravilha das partes agregadas para experimentar isso.

É exatamente isso o que Deus está fazendo conosco.

VOCÊ NÃO É MENOS QUE UM FLOCO DE NEVE

O que torna tudo de Deus passível de *experiência* como Deus são as partes individuais, díspares e agregadas Dele, cada uma tão magnífica quanto o próprio Todo, e todas *criam* a magnificência que o Todo emana.

Não use sua imaginação poderosa para pensar que você é menor, quando comparado a Deus, que um floco de neve quando comparado a uma montanha de neve. O que vemos ao nosso redor é *exatamente como a vida é*. De forma irônica, pensamos que a vida é assim em relação aos flocos que compõem a neve, às gotas que compõem o oceano, às estrelas que compõem o céu noturno e praticamente a tudo o mais que compõe Deus, exceto *nós*.

É hora de parar com isso. É hora de declarar que *tudo* na vida é uma expressão da Divindade, não "tudo *exceto você*". Sim, você é uma individuação de Deus, e individuação não é Separação.

A ilusão de espaço e tempo torna possível nossa individuação. E a ausência deles na Realidade Suprema permite que as Almas de Deus puras como a neve permaneçam "não derretidas" para sempre.

A separação de Tudo O Que É em suas partes individuais é simplesmente um processo pelo qual Tudo O Que É se permite olhar para Si e experimentar-Se na maravilha agregada de Sua Totalidade, por meio do uso do espaço e do tempo.

Pode parecer que a noção de não existir espaço e tempo não tem aplicação prática na vida cotidiana, mas talvez o oposto seja verdade. É minha verdade que para viver neste nosso universo de *Alice no País das Maravilhas,* é útil e necessário conceber que as coisas existem no espaço e no tempo. Mas saber que ambos são uma ilusão pode ser metafórica e metafisicamente útil.

Primeiro, não colocamos muita energia negativa na passagem do tempo, mas nos permitimos saber que existimos em todos os tempos. A urgência que o conceito de tempo limitado nos apresenta na vida pode, assim, ser retirada de nosso pensamento e experiência. Podemos ficar mais pacíficos, mais calmos, mais centrados, mais relaxados e, portanto, mais capazes de criar na realidade vivenciada individualmente o tipo de tranquilidade e serenidade duradouras pelas quais ansiamos.

Da mesma forma, a compreensão esotérica de realmente não existir espaço a não ser o aqui nos permite considerar que os espaços fictícios para os quais nos movemos e dos quais emergimos estão todos no mesmo lugar. Ou seja, no Reino de Deus. Ou, se preferir, no Céu. E isso não é algo sem importância.

Transformando "inferno" em "Céu"

O conhecimento de que todo lugar é o mesmo me ajuda muito quando me encontro em locais físicos que, por uma razão ou outra, julgo desagradáveis ou indesejáveis. Neles, tento trazer a bênção de uma compreensão mais profunda da Realidade Suprema à minha noção atual do que está bem à minha frente. E de uma maneira estranha e fascinante, essa compreensão maior muitas vezes altera e transforma minha experiência atual do "local" onde me encontro. Em outras palavras, minha experiência interior começa a colorir a exterior. Começo a gostar de onde estou, *onde quer que esteja*.

Começo a gostar do que estou fazendo, *o que quer que seja*.
Começo a gostar de com quem estou, *quem quer que seja*.

Penso ser assim que todos os Mestres caminham pela vida. Não que eu afirme ser um deles, mas estudo como eles se movem em suas experiências diárias.

No capítulo anterior, citei Nelson Mandela. Se não souber quem foi ele, pode descobrir mais com uma rápida pesquisa na internet. Descobrirá por que ele é um exemplo tão marcante desse nível de maestria.

Mandela passou mais de um quarto de século na prisão pelo "crime" de querer libertar seu povo. Porém, ele transformou seu espaço em um local totalmente aceitável, percebendo que a despeito de onde estivesse, o ambiente seria o que ele fizesse ser. Percebeu existir apenas um espaço, o qual demonstra características diferentes, e que essas características nada mais são do que aquilo que dizemos que são.

Esse tipo de entendimento esotérico nos desafia e nos convida a ver qualquer espaço ou tempo que ocupemos atualmente como paraíso, e a *torná-lo isso* pela maneira como o percebemos e experimentamos. E, mais uma vez, quero salientar que a experiência interior afeta a realidade exterior na qual nos encontramos, e não o contrário.

O fato de Mandela ver sua cela de uma maneira particular mudou todo o ambiente externo no qual ele foi colocado de forma involuntária. Os guardas se tornaram seus amigos. Passaram a admirá-lo e até a amá-lo. Pediam seus conselhos sobre assuntos da vida "do lado de fora" e ele os dava de boa vontade, feliz e até alegre, entendendo que estava exatamente *onde* estava, *quando* estava, para ser exatamente *quem* era.

O mesmo é verdade para todos nós, independentemente de onde estejamos ou que horas sejam. E *essa* é a ferramenta de vida aplicável e prática que a Mensagem Fundamental 11 nos dá.

Aplicando esta mensagem
à vida cotidiana

Por mais divorciada da realidade atualmente compreendida que possa estar a noção discutida aqui, existem algumas maneiras de aplicá-la em seus encontros diários:

- olhe ao seu redor. Pare tudo que estiver fazendo, largue este livro e olhe ao redor. Decida que onde está agora é o Céu e que as coisas não poderiam ser melhores nem se você quisesse. Note: tudo é perfeito do jeito que é. Veja que tudo o apoia magnificamente ao lhe proporcionar uma oportunidade de anunciar e declarar, expressar e experimentar, tornar-se e realizar Quem Você Realmente É;

- da próxima vez em que você se encontrar em um espaço o qual não lhe pareça totalmente agradável, use a imaginação. Decida que ele também é um pedacinho do Céu. Ache legal do jeito que é, não importa como seja. E veja, sinta, toque, cheire e experimente por completo a maravilha e a glória do ambiente. Observe o espaço onde se encontra se transformando bem diante de seus olhos;

- uma maneira interessante de fazer isso é decidir se você prefere estar onde está, por mais desagradável que pareça, ou estar morto. (Sei que "morto" não existe, mas uso a ficção como metáfora para fazer esse experimento funcionar.) Na verdade, já fiz isso, já me encontrei em espaços os quais não eram totalmente agradáveis para mim, mas quando me perguntei se preferia estar ali ou não estar mais entre os vivos, de repente tudo ao meu redor parecia não apenas aceitável, mas preferível;

- é discutível que algumas pessoas possam dizer: "Não, eu prefiro estar morto." Mas isso também é uma escolha, tudo bem fazê-la em sua mente. Tudo bem ficar em sua energia negativa em relação ao que está experimentando em um espaço em particular. Não há certo ou errado. Não há regras. Tudo é apenas o que é. É apenas o que você cria para ser. Mas observe como sua vida enriquece quando você decide que qualquer espaço no qual esteja é perfeito do jeito que é;

- agora, observe como o tempo funciona em sua vida. Observe como alguns momentos parecem se estender e outros parecem encurtar. Reflita por que muitas vezes você tem essa experiência. Quais são os momentos que passam mais rápido e os que parecem se estender infinitamente? Analisando ambos, pergunte a si mesmo que ponto de vista, estado de espírito ou estado de ser, você está injetando em um determinado tempo que lhe dá a qualidade de se estender ou encurtar. Apenas observe. E depois, analise o que isso diz sobre você. Ah, e tenha um "tempo" agradável fazendo isso.

21

Para muitas pessoas, não há qualquer coisa mais impactante emocional, psicológica ou espiritualmente que a contemplação da própria morte. A ideia de um dia não fazermos mais parte da vida, que ela continuará sem nós como se nunca houvéssemos existido, pode abalar a mente e a psique de forma profunda.

Se somos apenas criaturas biológicas que vivem, depois morrem e deixam de existir, fica complicado entender a razão e o propósito da vida. Simplesmente não entendemos. Por que se preocupar em fazer algo de uma maneira particular se não haverá consequências depois da morte? As consequências desta vida deveriam ser suficientes para nos motivar? Por que se dar o trabalho de viver, aliás, se a vida é nada mais que uma série de experiências difíceis, desafiadoras e até trágicas? Por que passar pela dor? Por que passar pela turbulência?

Muitas pessoas acreditam que a perspectiva de nada existir ou ocorrer após a morte já é, por si só, motivação suficiente para a vida, provocando a sensação de "é agora ou nunca", de o que fazemos aqui ser tudo que teremos chance de fazer, tudo que teremos oportunidade de experimentar, portanto, é melhor fazer e experimentar tudo agora.

Uma vez, alguém comentou com tristeza que nada torna uma pessoa mais eficiente que o último minuto. Traduzido em termos de uma vida inteira, isso significaria: nada torna cada momento da vida de uma pessoa mais significativo que a ideia de não haver coisa alguma além.

Portanto, a ideia e o conceito do confronto da humanidade com a morte carregam consigo um fascínio de dois gumes desde o início da experiência da nossa espécie na Terra. Isso não é novidade e você já sabe disso. Mas trago aqui, talvez, uma nova expansão desse tema antigo:

Mensagem Fundamental 10 de *Conversando com Deus*

A morte não existe. O que chamamos de "morte" é meramente um processo de reidentificação.

O que talvez seja novo é a segunda metade dessa mensagem. Ninguém nunca me disse coisa alguma sobre "reidentificação". Vejamos o que isso significa atualmente.

A primeira parte dessa mensagem já ouvimos de várias fontes durante muitos e muitos anos. Praticamente todas as religiões na face da Terra proclamam que a vida continua depois do fim da existência do Corpo e da Mente. Mesmo antes (na verdade, *muito* antes) das religiões serem organizadas, nossa espécie desenvolveu noções, pensamentos e ideias sobre isso o qual chamamos de "morte", e muitos desses pensamentos abrigavam a expectativa de que a personalidade permanecesse intacta após morrermos, e a vida continuasse de alguma maneira misteriosa, por razões desconhecidas, mas inquestionáveis.

Algumas pessoas dizem que essas ideias nada mais são que anseios e desejos de nossa espécie para não acreditar que simplesmente deixamos de existir em qualquer nível quando a Mente deixa de funcionar em todos os níveis.

A vida após a morte nada mais é que uma ilusão, dizem essas pessoas, e o melhor a ser feito por nós mesmos é tirar essa ideia da cabeça e tocar a vida como se ela fosse realmente tudo o que existe e permitindo que isso seja suficiente.

Mas o maior número de pessoas deste planeta durante o maior número de anos que existimos na Terra sustenta a ideia de que algo mais acontece além da vida física. E agora vem *Conversando com Deus* para confirmar esse entendimento.

AS PERGUNTAS QUE SURGEM

Não fiquei surpreso quando Deus me disse que a morte não existe, *mas sim* quando Ele me falou sobre o *processo* da morte e o que isso significa.

Como já comentei, nunca ouvi alguém definir a morte como um processo de reidentificação, mas quando essas palavras apareceram para mim, fizeram todo o sentido.

Deus havia me dito antes que todos nós vivemos um caso de identidade equivocada. Não sabemos quem realmente somos. A maioria das pessoas não tem a consciência ou a experiência de sermos todos Deus em forma individualizada. Muita gente gosta de pensar (ou esperar) que somos todos, pelo menos, seres espirituais (algumas pessoas chamam de "almas") criados *por* Deus, que vivem além da vida física. Mas se essa for nossa verdadeira identidade, então nos depararemos com outras perguntas as quais essa ideia provoca.

Por que a vida continua? Qual é o objetivo da continuação? Para começo de conversa, qual é o propósito da vida física? O que acontece após a morte e qual é a relação entre o que acontece na vida física? Temos mais de uma dessas experiências físicas, ou a reencarnação é um mito? Se temos mais de uma, qual é o sentido disso? Se temos só uma vida física, qual é o propósito?

Somos mesmo residentes de um Universo de Castigo e Recompensa, onde o "bom" recebe louvor e o "ruim" recebe condenação? Se sim, quem decide o que é "bom" e o que é "ruim"? E qual é a natureza da "recompensa" e do "castigo"?

Todas essas preocupações é o que qualquer religião da humanidade procura abordar, óbvio. Quando sentimos que a abordagem nos satisfaz, nós nos tornamos membros dessa religião específica. Nossos medos, preocupações e dúvidas são satisfeitos e podemos deixar o assunto de lado, pelo menos por enquanto, e tocar a vida. Mas o que acreditamos acontecer *depois* da vida física terá um drástico impacto em *como* a vivemos. Portanto, esse não é um assunto sem importância.

FINALMENTE, O FIM DE NOSSOS DILEMAS

Se pensarmos que Deus vai nos castigar com a condenação eterna porque nos tornamos membros da religião errada, passaremos a vida tremendo igual vara verde e nos perguntando se fizemos a escolha certa, desesperados para saber se somos bons aos olhos da Divindade ou se iremos para o inferno.

Quando imaginamos que certos comportamentos são "abominações" aos olhos do Senhor, trememos de medo enquanto lutamos profundamente contra uma atração inexplicável por pensamentos e ações considerados "corruptos" ou "imorais".

Quando acreditamos que precisamos "pagar por nossos pecados", sejam eles quais forem, chegamos ao fim de nossos dias com ansiedade e mau pressentimento, desânimo e talvez até pânico, imaginando o que poderia acontecer de pior conosco do que o que já passamos nesta vida.

Sem dúvida, as religiões têm procurado resolver esses dilemas. Mas parece que não foram bem-sucedidas, pois eles permanecem.

Agora, vem uma nova teologia chamada *Conversando com Deus*, a qual concorda com as declarações das antigas teologias de que a morte não existe, mas discorda de quase tudo o que elas dizem sobre o que acontece depois da morte (e, por falar nisso, o que dizem sobre o significado, o propósito e a função da vida *antes* de morrermos).

A cosmologia de *Conversando com Deus* acaba com os dilemas trazendo respostas que finalmente fazem sentido. O último livro da série de nove livros, *Home With God: A Life That Never Ends* [Em casa com Deus: uma vida que nunca termina, em tradução livre], descreve com detalhes a experiência da alma após a morte. Não diz qualquer coisa sobre julgamento, condenação e castigo. As bases dessa falta de raiva, vingança ou necessidade de "justiça" por parte da Divindade foram estabelecidas em toda a teologia de *Conversando com Deus*, e já discutimos muito sobre isso aqui.

Essa teologia afirma que não há separação entre nós e Deus, que Deus e nós somos Um. Assim, se Ele nos castigasse, estaria castigando a Si mesmo. Isso não pode fazer sentido, portanto, para tornar real o julgamento, a condenação e o castigo, as religiões precisam descartar imediatamente a noção de que Deus e nós somos Um. Elas não têm escolha.

Mas se abraçarmos a mensagem de que Deus e todos os elementos da vida (e isso nos inclui) são Um, a definição de morte como simples e maravilhosamente um processo de reidentificação reúne tudo, respondendo às perguntas sobre o fim da vida, acabando com nossos medos, com a turbulência acerca do fim, e permitindo que descansemos em paz não só depois da morte, mas também enquanto nos aproximamos dela (o que fazemos, lógico, todos os dias).

O QUE ACONTECE APÓS A MORTE

Conversando com Deus nos diz que nos momentos seguintes ao final deste encontro físico, chegamos finalmente a compreender, experimentar e expressar de forma plena nossa unidade com o Divino. É a ilusão de nossa separação de Deus que acaba, não a vida.

Nós voltamos para casa.

Quando estamos em casa de novo, juntamo-nos a outros membros de nossa família espiritual, e, ao mesmo tempo, percebemos que só existe Um Membro dessa família e todos nós estamos unidos nessa Sagrada Associação. Tornamo-nos membros mais uma vez. Literalmente nos lembramos. Ficamos felizes por ver todas as outras formas de "nós", e ainda mais por saber que algo que sempre sentimos e esperamos sobre as pessoas que amamos de forma profunda é verdade: nunca nos separamos de nenhuma delas.

E assim nos identificamos com quem de fato somos, por fim e sem equívocos, sem dúvidas nem questionamento. A experiência de Unidade é plena, completa, e a individuação como uma expressão particular da Unidade é vivida mais gloriosamente que nunca.

Vivemos na Dicotomia Divina, experimentando a individuação e a reunificação simultaneamente. É como se a mão direita apertasse a esquerda. É como seus braços se dando um grande abraço, e nesse abraço você percebesse que está abraçando todas as outras expressões da vida, e que toda a vida está abraçando você também, com um imenso amor.

Nesse momento Divino e glorioso de autorrealização, tudo ama tudo e todos amam todos e tudo o que existe é amor; o que tem sido a verdade desde o início. Não há julgamento, não há condenação, não há castigo. Não há necessidade de respostas primitivas e reações bárbaras de uma Divindade que é tudo, tem tudo, cria, experimenta, expressa, sabe, entende e inclui tudo e não quer e não exige coisa alguma, nem precisa de qualquer coisa sequer.

Paraíso na Terra

Só o que falta na evolução de nossa espécie é ter como base, nos momentos cotidianos da vida física no planeta, a mesma consciência, a mesma compreensão, a mesma experiência que é nossa após a morte. Assim, teremos criado o paraíso na Terra.

Nós temos essa capacidade. Deus nos prometeu isso. Não precisamos esperar "morrer" para saber viver. Basta que lembremos, reconheçamos e demonstremos Quem Realmente Somos agora. É simples assim. Mas isso demanda que abracemos uma teologia totalmente nova, um tipo totalmente novo de espiritualidade, a identidade diferente a qual emerge disso e um Deus ainda mais maravilhoso.

A mensagem de Deus para o mundo ("Vocês me entenderam totalmente errado") terá maior importância que nunca se essa nova teologia for explorada e investigada, e mais ainda se aceita e abraçada pela raça humana.

Acaso nos atrevemos a imaginar que isso seria possível? Poderíamos de fato ter cometido um erro sobre Deus? É mesmo concebível que Ele nos ame incondicional e eternamente, que nunca nos tenha separado de Si mesmo e nunca o fará? E se sustentaria a ideia de um Deus que nos ama tanto, ama a vida de forma tão completa, ama a expressão da Divindade de forma tão absoluta, na verdade ser um pecado?

Aplicando esta mensagem à vida cotidiana

Dizem que quando não temermos mais a morte, não tememos mais a vida. Descobri que isso é verdade. Vejamos algumas ideias as quais podem ser úteis para você aplicar a Mensagem Fundamental 10 em sua vida:

- faça de conta que lhe disseram que você vai morrer mês que vem. Finja que isso é verdade. Faça uma lista de coisas para fazer, dada essa informação. Esse projeto foi usado como ideia para um filme intitulado *Antes de partir*. Faça sua lista realista e factível, dadas as circunstâncias da vida, mas com itens importantes para você. Inclua nela tudo que sempre quis dizer a todos com quem quis falar. Revise-a e faça tudo que anotou nela;

- agora, faça uma lista de coisas as quais gostaria de fazer mesmo que *não* fosse morrer, mas tem medo de fazer devido a outras consequências que acha possíveis de acontecer. Pergunte a si mesmo o que aconteceria se essas consequências resultassem do que você quer. Analise o que seria necessário para fazer o que realmente quer de qualquer maneira. Então, *decida* fazer e *faça*;
- faça uma promessa a si mesmo: ler pelo menos três biografias de pessoas as quais realizaram coisas extraordinárias na vida, e procure ver que qualidades demonstraram na realização do que fizeram. Evoque, alimente e expresse essas mesmas qualidades em sua vida no nível mais alto;
- faça um diário "Eu me impedi" (Sério, ponha esse nome no diário). No final de cada dia, escreva um ou dois parágrafos sobre coisas que você se impediu de fazer nesse dia e que queria muito fazer, e a razão por não ter se permitido. Se houver nada para se enquadrar nessa categoria em um determinado dia, parabenize-se e escreva um ou dois parágrafos sobre a coisa mais importante que alcançará no dia seguinte.

22

Quando observamos a Sala de Espelhos a qual preenche os corredores dos sistemas de crenças, vemos que uma compreensão tida sobre a vida e como ela funciona leva a outra, que leva a uma terceira, produz uma quarta, gera cada vez mais e mais e, finalmente, forma a totalidade das compreensões mais amplas que poderíamos chamar de cosmologia ou teologia.

Na teologia de *Conversando com Deus*, essa progressão também está presente. Portanto, não é surpresa que a noção da morte não existir e, mais importante, que a morte é meramente um processo de reidentificação, emerja de uma Mensagem Fundamental anterior, em específico a...

Mensagem Fundamental 9 de
Conversando com Deus

Não existe o inferno, assim como não
existe a condenação eterna.

Essa ideia em particular não requer uma explicação extensa. A mensagem fala por si. Mas suas ramificações, implicações e inferências contêm muitas nuances cuja exploração pode nos ajudar.

Se não existe inferno, podemos perguntar: onde se reúne o sistema de justiça eterna? Qual é o "pagamento"? E quais são as consequências de nossas ações durante a vida aqui na Terra?

Se não houver consequências para nenhuma ação, escolha ou decisão, qual é o objetivo delas? Que diferença fazem as ações, escolhas ou decisões tomadas? Por que não fazer tudo que nos agrada, independentemente de como ou se prejudica o outro?

Por que se preocupar em seguir orientações morais ou espirituais? E que tipo de Deus é esse o qual não tem senso de justiça nem de moralidade, nem de certo ou errado, e simplesmente nos permite correr soltos fazendo o que quisermos? Que tipo de pai criaria um filho dessa maneira? Que tipo de Divindade criaria um Universo desses?

São todas perguntas muito boas. Portanto, vejamos o que essa ideia de ausência de inferno ou condenação pode significar em termos da Realidade Suprema na qual dizem que nos encontramos.

ANALISANDO DE NOVO
AQUELE ELEMENTO CONTRASTANTE

Conversando com Deus nos diz que o propósito da vida não é ser recompensado ou castigado no fim, e sim que a vida experimente a si mesma em maravilha e glória crescente e sem fim. Ou seja, o propósito de Deus ao criar a fisicalidade foi usá-la como um dispositivo por meio do qual a Divindade poderia conhecer a Si mesma por meio da experiência, e poderia aumentar Seu conhecimento dessa experiência sem fim ou limitação.

Em outras palavras, Deus simplesmente quer se expressar nas inúmeras maneiras disponíveis para Ele, e expandir Sua experiência dessas expressões infinitas de maneiras que produzam mais glória e mais maravilha, mais alegria e mais felicidade, mais do que Ele é de fato (amor) em todas as formas concebíveis.

Dado esse desejo por parte de Deus, a ideia de que Ele faria a Si mesmo errado para qualquer expressão Sua — para não dizer que condenaria a Si mesmo e se castigaria com a tortura e condenação eternas e dor incessante — é absurda.

A chave aqui é entender como isso que chamamos de "mal" pode surgir. Como poderia algo que não fosse a noção de um Deus maravilhoso, glorioso, alegre e amoroso se manifestar na realidade física, dado o que devemos entender como o propósito final e a intenção singular Dele?

A resposta está no fato de que nada pode ser experimentado na ausência de seu oposto. E esse é um ponto repetidamente enfatizado na cosmologia de *Conversando com Deus*. Na verdade, você já viu isso várias vezes neste livro.

A vida deve produzir um elemento contrastante para que todo aspecto de Si mesma seja experimentado. E assim, a própria vida criou (na verdade, *é*) um Campo Contextual, dentro do qual todas as expressões de Si se tornam possíveis — e, de fato, estão ocorrendo — sempre, simultânea e eternamente.

A Vida concebeu um segundo aspecto de si mesma, encontrado em suas individuações, o qual permite que elas *experimentem* todas as expressões de Vida possíveis. Essa segunda maneira é o que nós, em termos humanos, podemos chamar de "Amnésia Seletiva".

Ao limitar a quantidade de dados da Vida conscientemente disponíveis a cada individuação, ou seja, imbuindo formas de Vida físicas com vários níveis de *consciência*, é possível para o todo contemplar o Campo Contextual sob perspectivas limitadas e, assim, ter experiências que não seriam possíveis se a Perspectiva Total da Vida estivesse disponível para cada individuação o tempo todo.

Para explicar melhor...

Quando passamos do reino espiritual ao reino físico como parte da jornada eterna e cíclica pela vida, passamos por um processo de *fisicalização* que implica a incorporação da Consciência dentro dos limites limitados da realidade coletiva na qual inserimos o Eu. Durante esse processo, o nível de Consciência se contrai para se ajustar ao espaço em que é mantida.

É preciso entender que a Consciência nada mais é que energia. Tudo é energia. Você, eu, tudo. Tudo que somos é energia. Tudo o que *existe* é energia. Pensamentos e emoções são energia em movimento. Ideias, conceitos, consciências, tudo é energia.

Também é preciso entender que toda energia impacta outras energias. Ou seja, a energia da vida está interligada. Uma afeta outra. A física quântica encontrou uma maneira de descrever esse processo interativo dizendo: "Tudo que é observado é afetado pelo observador." Em outras palavras, o simples ato de olhar para algo tem um efeito material sobre a coisa para qual olhamos.

Ou seja, criamos aquilo que observamos pela maneira como observamos e o lugar de onde observamos. O que isso tem a ver com a chamada "Amnésia Seletiva"? É o seguinte: o movimento da Consciência Ilimitada no ambiente da fisicalidade produz um ponto de vista limitado da Realidade Suprema. Este ponto de vista limitado reduz nossa consciência. Ela permanece ilimitada, mas a percepção de tudo que ela conhece é significativamente reduzida.

Seria como colocar antolhos em um cavalo. Os antolhos não prejudicam a visão dele, apenas prejudicam sua capacidade de *utilizar* a visão completamente. Assim, a consciência do cavalo fica prejudicada. Ele está menos "consciente" de tudo ao seu redor, da realidade na qual ele existe. Isso não faz que seu entorno seja menos realidade, mas sua falta de plena consciência permite que menos dela seja levado à *experiência* dele. O cavalo pensa que está vivenciando a realidade existente. Só quando os antolhos são retirados é que ele percebe "haver mais aqui do que parece".

Nos seres humanos, a Consciência é a visão do ser sagrado conhecido como Você. É ilimitada e vê tudo. A fisicalidade é o antolho da Consciência. Ao "colocar" a fisicalidade, é como colocar antolhos em um cavalo. Você limita a capacidade de ver tudo o que a Consciência desimpedida é capaz de ver. Ela é prejudicada; você fica menos "consciente" de tudo ao seu redor, da realidade na qual existe. Isso não faz que o entorno seja menos realidade, mas a falta de plena consciência torna sua *experiência* "menos". Você pensa que está experimentando a realidade, e só quando tira os antolhos percebe "haver mais do que parece" na realidade existente.

Ao contrário do cavalo, você pode tirar os antolhos durante sua jornada. Os "antolhos" da fisicalidade podem ser retirados todos de uma vez ou aos poucos. Na segunda hipótese, vemos gradualmente cada vez mais. Na primeira, vemos tudo de uma vez.

Às vezes, vemos tudo de uma vez e depois *perdemos a visão*. Isso pode acontecer quando um "choque psíquico" é provocado devido a ver tudo de uma vez, ou quando voluntariamente nos retraímos e ficamos na "visão limitada" para poder lidar de forma mais suave e eficaz com todos os dados (dados *ilimitados*) que nos foram disponibilizados no momento de Consciência Ampliada.

A fisicalidade "comprime" o campo de visão. Ao espremer o Eu Ilimitado no espaço extremamente restrito da fisicalidade, mudamos de forma drástica nosso ponto de vista, obstruindo-o. E obstruindo muito, devo acrescentar.

Nada disso é acidental. Nada disso é um erro ou uma infeliz condição de ter um corpo físico. É tudo intencional. Sem "espremer" o campo de visão, nós "veríamos" mais do que a Mente poderia processar; ou até mesmo *desejaria* processar.

Para dar outro exemplo do que digo aqui, vamos usar uma experiência comum aos humanos, não aos cavalos: um filme de terror.

Se conhece todas as cenas de um "filme de terror" antes de vê-lo (inclusive exatamente a cena final), tendo sido informado por amigos, será muito difícil se assustar com ele. Se o objetivo ao assistir ao filme é experimentar a adrenalina e o júbilo do medo, o choque e a surpresa, dirá a seus amigos: "Parem! Não contem nada!" Mesmo que você *possa*, não *quer* saber.

A vida em uma escala maior não é muito diferente. Mas como nela tudo que já aconteceu, acontece e acontecerá já é conhecido pela Alma, não há como dizer: "Não me conte nada!" Mas *podemos* dizer a ela: "Ajude-me a esquecer do que sei!"

Isso a Vida (leia-se Deus) faz com prazer. Assim, como almas individualizadas, recebemos o dom de "esquecer" por um tempo quem somos, para que possamos experimentar de novo vários aspectos de quem realmente somos os quais nos agrade experimentar.

Para a alma, o aspecto mais alegre da Verdadeira Identidade é que somos O Criador. Mas para *experimentar* nós mesmos (e não apenas *conhecer* nós mesmos) como criadores, é necessário *esquecer* que tudo que já foi, é e será *já foi criado*. Só então seria possível o processo chamado de criação e, portanto, a experiência do eu superior. Na verdade, nós não "criamos". Simplesmente nos tornamos mais conscientes da "já existência" de algo.

Assim, vemos que os dois Dispositivos Divinos (o Campo Contextual e a Amnésia Seletiva e Temporária) são usados juntos para produzir a experiência de Vida agora.

Teatro da Mente

A parte maravilhosa de tudo isso é que não somos obrigados a participar do chamado aspecto "negativo" da realidade física que foi criado para formar o Campo Contextual dentro do qual podemos experimentar a Divindade.

Esse chamado aspecto "negativo" do Campo Contextual existe apenas como um marcador de posições. É como o que os atores de teatro chamam de "quarta parede": o divisor invisível entre eles e seu público. A parede dos fundos, óbvio, é a do palco. As paredes laterais são os planos da direita e da esquerda. E a quarta parede é a que não está lá, é o espaço entre os atores e o público. Essa não é real.

Aquilo que o público vê de seu ponto de vista, como vê o palco, não é real. É tudo uma peça. E tanto o público como os atores concordam em fingir que existe uma quarta parede. O primeiro, portanto, passa a se sentir como uma "mosquinha", observando o que acontece no palco como se fosse real e imaginando que, como observador, ele não pode ser visto. Lógico, na verdade o público sabe que os atores o veem, mas *fingem que não*.

É um fingimento dentro de um fingimento. Os atores fingem ser outras pessoas, que fingem não estarem vendo o público que os vê *ser* outras pessoas!

Você é uma companhia residente

Não é necessário que nós, como almas, tornemos *real* qualquer negatividade ou maldade para poder usar a ilusão para criar um contexto dentro do qual a experiência do que realmente buscamos (a do desejo mais elevado pela expressão da Divindade) possa ser experimentada.

Se entramos totalmente na ilusão da negatividade e do mal, é porque escolhemos fazer isso, esquecendo que o mal era apenas um parâmetro e achando que não temos escolha senão experimentá-lo e até mesmo expressá-lo por meio de nós, como nós (logo explicarei como e por que fazemos isso).

Ainda assim, isso é, foi e sempre será uma ilusão, como tudo na vida física, e voltaremos a saber disso.

Quando a peça termina, o diretor não vai até o ator que interpretou o vilão e o joga em uma prisão nos bastidores, deixa-o sem comida e sem água e manda torturá-lo dia e noite pelo resto da vida porque interpretou tão bem. Também não pega o herói da peça e o coloca em um paraíso, jogando rosas a seus pés e colocando bombons em sua boca, cercando-o de belas músicas e o que mais ele desejar, pois sua atuação foi igualmente poderosa. O diretor não faz isso com seus atores, apenas os parabeniza pelo desempenho tão realista.

Mas há algo incomum nessa companhia teatral específica. É uma companhia residente. E sua residência é no Céu. Nas companhias residentes, como você deve saber, *os atores trocam de papel* a cada peça.

O diretor pode designar o ator que interpretou o vilão em um roteiro para interpretar o herói no próximo, e quem interpretou a heroína na primeira série da temporada muitas vezes acaba interpretando a vilã na segunda. E assim, todos os atores desempenham muitos papéis para a ilusão poder ser totalmente expressa e experimentada de maneira a permitir que pagantes que estejam assistindo *experimentem dentro de si* emoções geradas pela ilusão testemunhada.

Essa é uma descrição muito vaga do que acontece na Terra. Nós somos tanto os atores como o público; e até o diretor. O mal que vemos e que experimentamos parece bem real, mas é uma ilusão, assim como a ideia de que a morte é o fim da vida. *Tudo isso* é uma ilusão, e muitos Mestres entenderam e demonstraram isso, sendo Jesus um deles.

Relacionando com a vida cotidiana

Vamos agora à explicação que prometi antes. Porque, se nenhum dos itens acima puder ser relacionado à vida *in loco*, exatamente onde você está, não haverá sentido, propósito e benefício em você ter lido isto. Portanto, algo deve ser dito sobre o assassinato sem sentido de crianças inocentes por um louco, ou o implacável descaso pela vida humana de alguns que estão mais preocupados com a própria ganância/interesse. Vivenciamos esse sofrimento como bem real. Como isso se encaixa e como devemos nos identificar nessas situações?

São perguntas válidas. Essas situações não parecem "a maravilha e a glória da vida" quando as enfrentamos. "Não é nesse exato momento que a 'Amnésia Seletiva' falha?", talvez você pergunte. E seria perfeitamente natural que questionasse por que Deus criou essas coisas e nos faz sofrer por causa delas.

Pois bem, primeiro, vamos deixar evidente que "Deus" não é uma entidade separada das coisas que cria. Todo tipo de comportamento originado dentro da experiência humana é criado por seres humanos. "Deus" não é uma criatura no alto do Céu criando circunstâncias humanas horríveis, impingindo-as sobre nós, depois observando lá de cima e nos vendo lutar para sair delas.

Os seres humanos agem como agem porque ouviram, abraçaram e viveram histórias ("roteiros", se preferir) totalmente falsas sobre quem são, quem é Deus e o que é a vida. Essas histórias não fazem parte do "Esquecimento Divino", nem da chamada "Amnésia Seletiva"; são noções equivocadas passadas de uma geração a outra as quais vão contra tudo o que lembramos que somos, que Deus é e como a vida funciona — mas que rejeitamos como sendo *bom demais para ser verdade.*

Por exemplo, a maioria das pessoas sabe, no fundo do coração, que Somos Todos Um. Esse é um conhecimento instintivo, uma codificação celular, uma compreensão medular que nos leva a correr para uma casa em chamas para salvar um bebê. Nesses momentos, nossa sobrevivência não é o problema. Quem somos e o que sabemos ser verdade toma conta de quase todos os seres humanos.

A maioria das pessoas sente isso em seu âmago, mas, curiosamente, ignora na maior parte do tempo. Enquanto não vemos alguém enfrentando uma situação de crise, a maior parte da humanidade pensa que nosso instinto básico é a *sobrevivência.*

Isso tem nada a ver com esquecimento. A maioria das pessoas sabe muito bem que o que é bom para um de nós é bom para todos, e o que não é bom para um de nós não é bom para qualquer um; o que fazemos para o outro fazemos para nós mesmos, e o que deixamos de fazer pelo outro, deixamos de fazer por nós mesmos. Sabemos disso tão bem, de fato, que *é exatamente assim que nos comportamos com as pessoas amadas.*

Portanto, nossos comportamentos do dia a dia não têm coisa alguma a ver com Amnésia Seletiva, e sim com a *aplicação seletiva* do que já sabemos ser verdade. Tem a ver com a *entrega seletiva* ao verdadeiro instinto básico: a expressão da Divindade em nós, por meio de nós e como nós.

Sabemos muito bem, no âmago de nosso ser, que "humanidade" é a "divindade" expressa. Por isso, quando *vemos* alguém enfrentando uma situação de crise e fazemos nada, as pessoas dizem que *perdemos a humanidade*. Elas gritam para nós: "Você é *desumano*!" E imploram: "Seja um pouco mais *humano*, cara!"

Compreendemos com perfeição que essa "humanidade" falada é uma qualidade a qual atribuímos à "divindade". Não há como confundir um com o outro. Sabemos exatamente a qualidade de ser de que estamos falando.

Portanto, o massacre sem sentido de crianças inocentes por um louco, ou o desrespeito implacável pela vida humana de alguns mais preocupados com a própria ganância/interesse e todos os outros piores cenários da vida humana, não são acontecimentos e experiências que "Deus" cria para nos fazer sofrer. São coisas que criamos e sofremos devido à recusa abjeta a *acreditar* na realidade mais elevada e grandiosa sobre quem Realmente Somos, Quem e o Que Deus Realmente É e como a Vida realmente funciona — e a crença no "roteiro" ficcional representado por nós.

Estamos nos comportando como se a "peça" fosse real. Desempenhamos tão bem os papéis que caímos na toca do coelho, onde o Chapeleiro Maluco está despejando chá em uma xícara sem fundo, insistindo que o que é "assim" não é assim e o que "não é assim" é assim. E pensamos que Deus vai nos castigar com a condenação eterna porque nos comportamos como se a ilusão fosse real.

Mas a verdade é: não sabemos o que estamos fazendo. O nível de consciência coletiva, embora continue a se expandir, não atingiu o ponto em que a maior parte das pessoas entende de fato Quem Somos, Por Que Estamos

Aqui e do que se trata essa experiência chamada Vida. Não podemos nem sequer permitir que uma pequena parte dos humanos proponha uma ideia diferente sobre a Vida (para não falar de uma ideia diferente sobre *Deus)* sem a marginalizar como se fosse formada por sonhadores ou lunáticos; isso se não os condenarmos abertamente como blasfemos.

A verdade é que, *óbvio,* não existe um lugar chamado inferno. *Lógico* que a condenação eterna não existe. Por que existiria? Nós apenas experimentamos a vida dentro de um Campo Contextual o qual nos permite fazê-lo.

Deus deseja conhecer a Si mesmo experimentalmente em Sua expressão mais grandiosa e magnífica, e deseja que a sua consciência dessa expressão cresça, usando todas as possibilidades contidas na fronteira ilimitada que é a própria Divindade.

EM QUAL HISTÓRIA VOCÊ GOSTARIA DE ACREDITAR?

Talvez você diga que o que leu nesses dois últimos parágrafos (e em grande parte deste livro, aliás) é apenas uma história inventada que nada tem a ver com a Realidade Suprema. Mas por acaso é menos real (ou *precisa* ser mais real) que a história inventada de um Deus cujo anjo Lúcifer o irritou e foi enviado à condenação eterna, de onde pode (e inclusive é *convidado a*) tentar a Alma dos homens pelo resto da eternidade, fazendo que muitos deles sucumbam às suas tentações e se juntem a ele no inferno, em vez de estar com Deus no Céu?

É uma história mais inventada que a ideia de Deus e Lúcifer travarem uma batalha eterna pela Alma da Humanidade?

Nós realmente acreditamos que temos um Deus tão impotente a ponto de poder *perder* a batalha por nossa Alma? É nosso entendimento que Deus diz a Si mesmo sempre que o diabo triunfa e uma pessoa é condenada ao inferno: "É assim mesmo, uns ganham, outros perdem..."?

Qual dessas histórias é mais absurda? Qual delas é mais benéfica para a humanidade? Supondo que nenhuma delas seja verdadeira. Em qual você prefere acreditar? Qual acha que lhe traz mais paz de espírito, mais desejo de expressar a vida de uma maneira peculiar e maravilhosa? Qual delas traz mais amor ao coração, mais emoção à vida, mais alegria à experiência, mais admiração a cada encontro seu? Qual Deus você escolhe? O Deus de ontem ou o de amanhã?

Aplicando esta mensagem à vida cotidiana

Vejamos algumas sugestões para aplicar a Mensagem Fundamental 9 na vida diária:

- da próxima vez que imaginar que será castigado por Deus com a condenação eterna por causa de algo feito por você, diga a si mesmo que é um ator o qual foi para os bastidores depois de atuar de forma brilhante em uma peça. Simplesmente diga ao diretor: "Não quero mais fazer esse tipo de papel. Coloque-me no papel de herói. Coloque isso em meu contrato. Nunca mais quero interpretar um vilão." Lembre-se de que você é um ator tão bom que a companhia não tem escolha a não ser atender a seu pedido. Você recebe um novo contrato e, a partir de então, só interpreta heróis;

- da próxima vez que se sentir tentado a condenar alguém por qualquer coisa, a julgar outra pessoa, tente se lembrar de que ela apenas esqueceu quem realmente é. Não a julgue mais do que julgaria um ator em uma peça a qual está assistindo;
- para dar sequência à ilusão, finja que um dos atores esquece as falas e começa a improvisar. Ele está se saindo bem; está conseguindo passar a cena, apesar de não estar dizendo o que deveria recordar. Imagine que a pessoa a qual está julgando ou condenando é simplesmente um ator que esqueceu suas falas. Saiba que, na próxima apresentação, ele vai se lembrar. E não vai esquecer o desconforto sentido quando se perdeu no roteiro e não sabia o que estava fazendo. Talvez você possa até se imaginar como um assistente de palco nos bastidores sussurrando a próxima deixa ao ator, *para ajudá-lo a se lembrar.*

Não seria interessante se esse fosse seu trabalho nesta companhia de teatro? Talvez você seja apenas o assistente de palco correndo de uma ala à outra lembrando as falas aos atores. E enquanto trabalha, dê uma olhada no roteiro para saber em que ponto da peça todos nós estamos.

23

Há outra razão para não existir inferno. Há outra razão para que a condenação eterna não possa existir. É porque não fizemos coisa alguma de errado.

Entendo que o "erro" faz parte da cosmologia da vida humana. Realmente achamos que existe o certo e o errado. Afinal, Deus nos disse isso. Nossas religiões, nossos pais, nossa cultura nos disseram isso. Nossas sociedades no mundo todo deixaram explícito que algumas coisas são certas e outras são erradas.

Mas agora, vem surgindo essa nova teologia de *Conversando com Deus,* que nos traz a...

Mensagem Fundamental 8 de
Conversando com Deus
Ninguém faz coisa alguma inadequada
segundo seu modelo de mundo.

Essa é difícil de acreditar para muita gente. Talvez você esteja entre as pessoas as quais têm verdadeira "resistência" a essa ideia. Mas, como acontece com todas as mensagens espiritualmente revolucionárias que estão sendo exploradas aqui, o convite é se permitir analisar a ideia, em vez de rejeitá-la imediatamente, para ver se concorda ou discorda da lógica espiritual dessa afirmação.

A base dessa declaração é: a compreensão das próprias ações, escolhas e decisões cria as formulações de "certo" e "errado". Com base nesses entendimentos, os humanos criam um modelo inteiro de mundo. Ou seja, eles se convencem de "como as coisas são", e é dessa perspectiva que dizem a si mesmos o que é "certo" e "errado".

Tudo isso começa com declarações e decisões bastante inócuas — exploraremos algumas a seguir, para oferecer um exemplo de como o modelo de mundo de uma pessoa informa sobre seus valores. Mas, em última análise e inevitavelmente, progride para noções muito mais importantes (e perigosas) que produzem conceitos de "certo" e "errado", causam consternação no mundo inteiro e lançam as pessoas na confusão e no desespero. Parece que não sabemos como sair dessa armadilha criada por nós mesmos, e não conseguimos concordar, ao mudar de um lugar para outro, sobre o que é "certo" ou "errado". De modo que esses termos são maleáveis.

Uma cultura diz que é certo as mulheres se cobrirem da cabeça aos pés e não permitirem que parte alguma do corpo seja vista em público além dos olhos, por meio de uma pequena fenda na roupa a qual lhes permita ver por onde andam. Outra cultura permite que as mulheres possam mostrar *tudo* o que há para mostrar, inclusive que andem completamente nuas em uma praia de nudismo, atuem em filmes da mesma maneira e passeiem por uma rua pública usando roupas que deixam muito pouco para a imaginação. De fato, em algumas cidades, a nudez, mesmo em vias públicas, é legalizada.

Qual está certa e qual está errada? Qual é boa e qual é ruim?

Em alguns lugares, ter uma experiência sexual com outra pessoa que não seu cônjuge é considerado imoral, e fazer isso por dinheiro é pior ainda. Acredita-se que seja a pior coisa que uma pessoa pode fazer para profanar seu ser sagrado. Em outros lugares, essa atividade é considerada muito boa, legal e, na verdade, regulamentada pelo governo para garantir que os padrões de saúde e segurança sejam atendidos.

Qual é o lugar mais sagrado? Que cidade ou país é mais sagrado devido a suas leis e costumes e qual é um antro de iniquidade e o corredor do inferno?

Algumas pessoas podem comer o que quiserem e outras são obrigadas por suas crenças a comer apenas certos alimentos, ou alimentos específicos em momentos específicos de maneiras específicas.

Qual é a maneira certa de comer? Qual é a errada?

Algumas pessoas podem cantar, dançar, tocar música, fazer ou não a barba conforme quiserem, enquanto em outros lugares da Terra a música é estritamente proibida, exceto certas canções dedicadas a Deus. Em alguns locais, o uso da barba é *exigido* de todos os homens, ao passo que a dança e muitas outras formas de entretenimento são estritamente proibidas.

O que é certo e o que não é? O que Deus quer? O que a Divindade exige? O que é adequado e o que não é? Quem faz as regras? E quem disse que as regras as quais estão sendo feitas são as corretas?

Legislando sobre moralidade

Lógico, a humanidade vem discutindo sobre isso há séculos. Agora vem *Conversando com Deus* para nos trazer uma resposta surpreendente: ninguém faz coisa alguma imprópria segundo seu modelo de mundo. "Certo" é aquilo que dizemos que é, e "errado" também. Nós é que declaramos o que é "bom" e o que é "ruim", o que é "adequado" e "inadequado", o que é "certo" e "errado". E *mudamos de ideia* o tempo todo. Então, chamamos nossas ideias de "lei". Literalmente, legislamos sobre moralidade.

Na China, foi aprovada uma lei para tornar ilegal que os filhos deixem de visitar seus pais idosos com frequência. Os pais podem processá-los no tribunal se não os visitarem com frequência suficiente na velhice. Não estou inventando isso; por mais autocrático e ditatorial que possa parecer, *isso é lei na China*.

Em certos estados dos Estados Unidos, até o ano de 2016, pessoas que se amavam profundamente e desejavam declarar seu amor ao se casar não tinham esse casamento reconhecido para fins legais se fossem do mesmo sexo. Nenhum dos direitos matrimoniais lhes era concedido. Não estou inventando isso. Por mais primitivo e antediluviano que possa parecer, *até pouco tempo, isso era lei em muitos lugares dos Estados Unidos*.

Outras leis, em outros lugares, também tentaram codificar o certo e o errado, torná-lo uma questão de legislação;

não apenas um ponto de vista, mas sim um ponto de lei. Mas veja só a ironia: quase todas as culturas declaram que, espiritualmente, *Deus* determinou o que é certo e errado e só o que fazemos é tentar obedecer aos mandamentos Dele.

O problema é: mesmo esses mandamentos supostamente objetivos são difíceis de obedecer, visto que sua interpretação muda de uma época para outra, de um lugar para outro e de uma cultura para outra. A qual interpretação das leis de Deus obedecer, então? Aliás, em qual *Deus* ter fé?

A RESPOSTA QUE NOS RECUSAMOS A ACEITAR

A resposta extraordinária é que Deus nos dá total liberdade nesses assuntos e deseja que criemos nossa realidade e a experimentemos como desejarmos. Portanto, todo ato é um ato de autodefinição e toda escolha é uma expressão da vontade individual. Deus nos deu o livre-arbítrio.

Essa é a intenção de Deus, pois Ele deseja que todo ser senciente e toda vida tenham a maior oportunidade de expressar e experimentar livremente o nível mais completo de Divindade que permita a consciência de uma forma de vida.

Essa oportunidade, lógico, não estaria disponível para os humanos se estivéssemos apenas seguindo ordens, fazendo o que nos mandam e respondendo a demandas. Pois a natureza da Divindade em Si é liberdade total, poder completo e autoridade absoluta, e se os humanos quiserem experimentar a Divindade, terão que experimentar a mesma liberdade e habilidade ilimitadas. Simplesmente seguir ordens e responder a mandamentos não seria a mesma coisa. A lógica, portanto, diz que Deus nos deu o livre-arbítrio em todos os quesitos.

Assim sendo, vemos que o modelo de mundo de uma pessoa determina se ela imagina ou cria suas ações como "adequadas". Se acaso nos encontrarmos em um espaço onde alguém ou algum grupo age de uma maneira a qual julgamos inadequada, nossa oportunidade será convidar essa pessoa ou grupo a repensar e modificar o próprio modelo de mundo, pois é *isso* que fundamenta os comportamentos dela. Mas não fazemos isso. Ao contrário, punimos os outros por não agirem de acordo com *nosso* modelo de mundo. E fazemos isso sem sequer nos perguntarmos de onde eles tiraram suas ideias.

A ironia é que, muitas vezes, eles as pegaram de nós.

A CONTRADIÇÃO QUE DEIXAMOS DE VER

Em grande parte da sociedade humana, nós mesmos demonstramos um modelo de mundo e depois exigimos que as pessoas assistindo à nossa demonstração sigam outro. Esse é o método "faça o que eu *digo*, mas não faça o que eu *faço*" para criar uma sociedade. E é também aqui que nosso modelo de mundo nos faz deslizar pela ladeira escorregadia do inócuo ao perigoso.

Matamos pessoas para impedir que elas matem pessoas, e nos perguntamos por que o massacre continua. Aterrorizamos pessoas que aterrorizam outras e nos questionamos por que o terror continua. Ficamos com raiva das pessoas por ficarem com raiva de outras e nos indagamos por que a raiva continua. Abusamos de pessoas que abusam de pessoas e nos perguntamos por que o abuso continua. Odiamos pessoas que odeiam pessoas e nos questionamos por que o ódio continua.

Condenamos pessoas que condenam outras e nos indagamos por que a condenação continua.

Evitamos totalmente a injunção de fazer aos outros o que gostaríamos que fizessem conosco. Na verdade, invertemos isso por completo, fazendo aos outros o que *não* desejamos que façam conosco. E não conseguimos ver a contradição.

Mas Deus não. Deus não cai nessas contradições. Por isso, deixou evidente que o inferno não existe, nem experiências como condenação e castigo. Porque em um mundo no qual os seres scientes têm total liberdade de criar seu modelo do que é adequado ou inadequado e de produzir sua demonstração de quem são, castigo e condenação por fazer uma escolha com livre-arbítrio seria uma contradição.

O mundo precisa, no momento, simplesmente mudar seu modelo, suas ideias, reescrever a história cultural. Todos os seres scientes fazem isso quando param de procurar nos outros a própria direção. E as pessoas da Terra estão nesse processo agora.

Esse processo é chamado de "evolução" e começa com uma nova compreensão de Deus. Dessa compreensão surge uma história sobre o Deus do amanhã, que é bem diferente da história do Deus de ontem.

Nossa futura divindade

Para avançar no processo evolutivo, abandonaremos o apego ao "Deus de nossos pais". As regras, regulamentos, diretrizes e mandamentos desse Deus não são mais funcionais nem aplicáveis à vida no século XXI, e agora vemos isso nitidamente.

O Deus do amanhã não será um novo Deus, mas simplesmente uma compreensão nova e ampliada do Deus que sempre foi, é e sempre será. No livro *O Deus do amanhã*, a humanidade recebeu uma maravilhosa prévia do que está evoluindo agora e de como veremos e experimentaremos essa "nova" Divindade:

1. O Deus do amanhã não exigirá que acreditem Nele;

2. O Deus do amanhã não terá gênero, tamanho, forma, cor nem qualquer característica de um ser vivo individual;

3. O Deus do amanhã falará com todos, o tempo todo;

4. O Deus do amanhã não estará separado de coisa alguma, estará presente em todos os lugares, o Tudo no Todo, o Alfa e o Ômega, o Princípio e o Fim, a Soma Total de Tudo que já foi, é e sempre será;

5. O Deus do amanhã não será um Superser singular, e sim o processo extraordinário chamado Vida;

6. O Deus do amanhã estará sempre mudando;

7. O Deus do amanhã não terá necessidades;

8. O Deus do amanhã não pedirá para ser servido, mas será o Servo de toda a Vida;

9. O Deus do amanhã será incondicionalmente amoroso, sem julgamento, sem condenação e sem castigo.

Aplicando esta mensagem à vida cotidiana

Nenhuma conversa sobre Deus pode ter valor prático se não colocarmos as ideias apresentadas nela "na prática", em nossa experiência cotidiana. Precisamos experimentá-las, ver se funcionam, explorar as ramificações, estudar profundamente suas implicações.

A vida na Terra agora está nos dando uma chance maravilhosa de fazer isso. Vejamos então algumas ideias para você realizar esse desafio:

- comece um caderno de Adequação. Nele, anote três ações que fez na vida e que foram consideradas inadequadas por outra pessoa. Deve ser relativamente fácil fazer isso se você leva uma vida no mínimo normal. Abaixo de cada item, escreva um pequeno parágrafo explicando por que fez isso, mesmo sabendo que seria considerado inadequado pelas pessoas ao seu redor. Ou, se não sabia, pergunte a si mesmo o que teria sido adequado. Explore com profundidade tudo o que entendeu e sabe que é adequado e inadequado dentro do seu atual modelo de mundo;
- continuando o trabalho no caderno, pergunte a si mesmo se você já alternou entre adequado e inadequado mais de uma vez. Isto é, veja se algo que achava adequado em um momento da vida foi declarado por outros como inadequado; o que fez você parar de se comportar desse jeito, e depois mudar de ideia e considerar esse mesmo comportamento adequado de novo segundo sua definição;

O melhor exemplo que pude pensar foi o que usamos anteriormente: a nudez.

Quando crianças, achávamos que havia nada de inadequado em correr nus, e fazíamos isso o tempo todo. Depois, aprendemos que, para um adulto, isso não era adequado por muitas razões — a lista é muito longa para citar aqui. Mas sabíamos, pois nos disseram inequivocamente, que não era adequado andar nus.

Mas, mesmo assim, fizemos isso em um momento ou outro. Encontramos outros que concordavam conosco e se juntaram a nós. E não só em casa com nossos entes queridos, mas também entre estranhos, em lugares como colônias de nudismo e em certas praias.

Então, descobrimos que "adequação" é um banquete móvel (para usar uma linda frase de Ernest Hemingway), o que é adequado ou não somos nós quem decidimos.

- no caderno de Adequação, faça uma lista de comportamentos sobre os quais mudou de ideia; coisas que achava adequadas, depois achou inadequadas e agora decidiu que eram adequadas de novo. Escreva um pequeno parágrafo sobre o que isso diz de você, de sua cultura, seu modelo de mundo e, nesse sentido, sua compreensão de Deus e de certo e errado;
- se alguém faz algo que você decidiu considerar inadequado e a pessoa deseja mudar tal comportamento, mas não sabe como, pergunte a si mesmo o que pode fazer para convidá-la a explorar um modelo de mundo novo e diferente;
- junte-se a outras pessoas ao redor do planeta para projetar e criar um novo modelo de mundo, uma proposta para que toda a população humana analise (você pode fazer isso agora mesmo em www.TheGlobalConversation.com).

24

Entendo perfeitamente que é difícil imaginar uma Divindade como a descrita nas nove sentenças as quais descrevem o Deus do amanhã no capítulo anterior.

Estamos acostumados a ter um Deus que manda, que exige, condena, castiga, um Deus de necessidades; ou, no mínimo, de exigências. Mas não acredito que esse seja o Deus da Realidade Suprema, não é o Deus que a humanidade experimentará no amanhã quando entendermos, aceitarmos e abraçarmos nossa verdadeira identidade.

Quando isso acontecer, espero que muitas pessoas vejam e vivenciem que tudo aquilo dito nos diálogos de *Conversando com Deus* (um texto inspirado não menos digno que outros ao longo dos séculos) definitivamente merece séria consideração. E uma mensagem não menos importante é a...

Mensagem Fundamental 7 de
Conversando com Deus

No sentido espiritual, não há vítimas nem vilões no mundo, embora no sentido humano certamente pareça haver. Mas, como você é Divino, tudo o que acontece acaba o beneficiando.

Tudo que está sendo apresentado nessas mensagens é baseado na verdadeira identidade, e não em quem imaginamos ser.

Se somos, de fato, nada mais que entidades biológicas, toda esta discussão pode acabar. Nada do que está sendo dito aqui se aplica a um ser ou entidade que não seja espiritual, e cuja natureza espiritual não seja um derivado e uma duplicação, em forma individual, do Divino.

Se não formos o Divino, muito pouco do que nos foi trazido nos diálogos de *Conversando com Deus* fará sentido. Quase nada será aceitável. A maior parte será considerada imprecisa, se não totalmente uma blasfêmia.

Por outro lado, se aceitarmos a noção de que emergimos do Divino e somos expressões singulares de Deus — ou Singularizações da Singularidade —, tudo o que está sendo compartilhado com você aqui fará *perfeito* sentido. E também poderia criar um mundo perfeito.

Essa é a intenção do Divino e o resultado experimentado por todos os seres em evolução no Universo no processo de alcançar uma consciência cada vez maior e uma compreensão mais profunda.

Tudo é questão de perspectiva
Somente desse lugar de compreensão mais profunda alguém poderia ousar sugerir que não há vítimas nem vilões no

mundo. Como a própria mensagem diz, no sentido humano certamente parecem existir. Mas essa declaração deve ser tomada no sentido espiritual. Deve ser considerada do ponto de vista do Divino. Esse ponto de vista reside em você, porque *é* você. Portanto, é acessível para você.

No sentido espiritual, não há vítimas nem vilões no mundo, porque nada pode acontecer conosco que não seja criado colaborativamente por todas as almas envolvidas, de forma a atender aos interesses combinados de cada Alma que venha a *conhecer* qualquer acontecimento, situação ou circunstância em particular.

Para ilustrar: não participei da Segunda Guerra Mundial, mas fiquei sabendo dela. Não passei pelos altos e baixos do mercado de ações, mas fiquei sabendo disso. Não tive coisa alguma a ver com o fato de meu amigo arranjar um ótimo emprego, mas fiquei sabendo disso. Tudo isso — o que chamo de "bom" e o que chamo de "ruim" — criou o contexto para minha experiência e expressão de vida contínua.

Tudo isso é outra maneira de dizer que a vida é projetada para ser expressa e experimentada por cada Alma no planeta durante cada momento da história da Terra em perfeito alinhamento com o propósito perfeito da vida: a criação e a expressão da Perfeição em Si.

É muito difícil ver isso de perto. Não só "de perto" em termos de espaço, mas também de tempo. Já falamos desses elementos da vida. Ambos são exatamente a mesma coisa na cosmologia da realidade imaginada. Portanto, olhar para qualquer "espaço" particular no planeta ou qualquer pequeno momento no "tempo" na história é o mesmo que olhar para qualquer fio específico na tapeçaria que retrata a Realidade Suprema.

Se encostar o nariz na tapeçaria, a trama não fará sentido algum, não terá para nós nenhum interesse ou beleza. Parecerá nada mais que uma mistura de fios coloridos indo em todas as direções, sem revelar nenhum padrão ou sentido. Só quando nos afastamos dela é que podemos ver a imagem inteira.

Isso também é verdade quando você analisa qualquer momento, ou sequência deles, no eterno e único momento do tempo que chamamos de agora.

Portanto, *parece* que existem "vítimas" e "vilões" no mundo por causa de como os fios do comportamento humano se entrelaçam. Somente quando nos afastamos de um determinado momento ou período e vemos a totalidade da história humana como uma única tapeçaria podemos ver a perfeição e a beleza da trama e a necessidade do entrecruzamento dos fios da experiência para produzir os resultados, que vemos como uma parte perfeita da evolução do ponto de vista do sempre aqui/sempre agora.

JESUS DISSE: "VOCÊS TAMBÉM."
É justo perguntar, como já fizemos várias vezes nesta narrativa, por que precisamos experimentar o chamado sofrimento no processo desses entrelaçamentos. A resposta é: de uma perspectiva espiritual, entendemos que o "sofrimento" é experimentado apenas quando não compreendemos por completo o que está ocorrendo na vida e por quê. Quando entendemos o *motivo* da ocorrência, o sofrimento termina. Uma mulher que

dá à luz entende isso perfeitamente. Ela está com dor, mas não está sofrendo. Na verdade, está chorando de alegria.

Simplificando, a dor (tanto física como emocional) é uma experiência objetiva, mas sofrer por causa dessa dor é resultado da decisão de que algo não deveria estar acontecendo. Essa decisão jamais poderia ser tomada por alguém que veja a vida de uma perspectiva espiritual.

Um excelente exemplo disso na história humana é a demonstração feita por Jesus Cristo. É lamentável que tantas pessoas tenham transformado esse ser humano extraordinário em Deus da maneira que o fizeram. O triste não é terem declarado sua Divindade (a qual é, sem dúvida, uma afirmação precisa), mas sim terem acreditado e declarado que sua identidade era singular.

"Não houve ninguém como ele nem nunca haverá", dizem muitos humanos como um meio de conciliar os atos milagrosos de Jesus com nossa aparente incapacidade de duplicá-los. Mas foi o próprio Jesus quem disse: "Por que estão tão maravilhados? Estas coisas, e mais, vocês também farão."

Nessa declaração, Ele não estava se referindo a algumas coisas as quais andara fazendo, e sim a tudo o que havia feito. Ele não disse: "Algumas coisas que fiz aqui vocês também terão chance de fazer." Ele disse: "Estas coisas, *e mais,* vocês também farão." Nós simplesmente não acreditamos nele. Mas chegará o dia no qual acreditaremos. Será o dia em que aceitaremos nossa verdadeira identidade, assim como ele aceitou a dele. Será o momento quando abraçaremos a realidade de que somos unos com Deus, unos com Cristo, unos com o outro e com toda a vida.

Jesus entendeu nitidamente não ser vítima de coisa alguma, e também entendeu não haver vilões perpetrando o mal sobre ele. Ele sabia que nada poderia acontecer *com* ele e que tudo estava acontecendo *por meio* dele. Também sabia que isso é verdade sobre cada ser humano que já viveu e viverá. Sua missão especial foi mostrar isso para nós.

Houve e ainda há muitos Mestres

De verdade, não creio que Jesus pensou que "conseguiríamos" de imediato. Nem no curto prazo. Acho que ele entendeu muito bem que a humanidade levaria muitas gerações e muitos séculos (o que, na vida do Universo, é um piscar de olhos) para compreender e aceitar por completo e abraçar totalmente o que ele estava nos convidando a experimentar. Nesse caso, Jesus estava milênios à frente de seu tempo, e sabia disso. Por isso, bilhões de pessoas o declararam Divino. (É também por isso que ele foi crucificado.)

Pois bem, o "tempo" foi forçado a ver uma das demonstrações mais espetaculares da Divindade, proporcionando no momento presente da humanidade a oportunidade de autorrealização plena. Muitos têm feito isso desde os tempos de Cristo, e antes até. Ao longo da história humana, vimos demonstrações da Divindade por meio de vários outros, e de várias maneiras.

Por exemplo, pessoas são curadas por outras e até "voltam à vida" o tempo todo. Chamamos esses milagres de resultados da tecnologia médica moderna e da maravilhosa ciência médica, mas quem pode dizer que a ciência e a tecnologia médicas não são uma das maneiras pelas quais agora escolhemos demonstrar nossa Divindade?

Além disso, muitas pessoas se curaram e curaram outras sem nenhuma tecnologia física, simplesmente usando a fé, e somente a fé, como ferramenta milagrosa. Toda uma religião foi criada em torno dessa experiência por Mary Baker Eddy, que a chamou de Ciência Cristã.

Muitas pessoas que caminharam entre nós (tanto antes como depois de Cristo) mostraram-nos a nós mesmos, segurando um espelho diante da humanidade para que pudéssemos ver um reflexo de nossa Divindade. Lao Tse fez isso. Buda e Bahá'u'lláh fizeram isso. Muitos, muitos outros também fizeram, pessoas reconhecidas e lembradas e as não lembradas pela história humana em específico. Nem todos que fizeram isso tiveram sua mensagem e seus ensinamentos perfeitamente compreendidos e interpretados com precisão.

DEUS ESTÁ MESMO LUTANDO CONTRA SATANÁS?

Pessoas que entraram nesse nível de demonstração Divina nunca, nem por um momento, pensaram em si mesmas como vítimas de alguma coisa nem de alguém, nem viram alguém como vilão. *Viram* um mundo de pessoas que não entendiam nem compreendiam quem eram, o que estava acontecendo, o propósito da vida, o processo pelo qual ela se expressa ou a razão desse processo. *Viram* um mundo cheio de julgamento e condenação, castigo e falta de perdão, raiva e ódio, violência e massacre, e o comportamento bárbaro de seres sencientes os quais carecem de consciência expandida.

De fato, vemos isso por todo lado até hoje, para qualquer lugar que olhemos. E nos perguntamos: poderia ser verdade? Pode ser isso quem realmente somos? É essa a característica fundamental da natureza humana? Foram Lao Tse, Buda, Cristo, Bahá'u'lláh e todos os outros meras anomalias, contados entre um punhado de seres humanos que realmente *eram* Divinos entre os bilhões que viveram e vivem hoje? Ou todos nós somos Divinos, mas apenas alguns conhecem e acreditam nisso o suficiente para experimentá-lo e demonstrá-lo? Ou algumas pessoas, de fato, *demonstram a Divindade todos os dias* em algum nível, de algumas maneiras, em alguns momentos aqui e ali, conforme nos aproximamos cada vez mais de fazê--lo sempre, alcançando a conclusão nesta Jornada da Alma?

Existem realmente vilões e vítimas, não apenas no sentido humano, mas no sentido espiritual? Existe realmente uma furiosa batalha no planeta entre Deus e Lúcifer? Os malfeitores do mundo são servos de Satanás, e quem está tentando acabar com o mal são soldados de Deus?

Mas o intrigante é: quando usamos o ódio para acabar com o ódio, a violência para acabar com a violência, a guerra para acabar com a guerra, o massacre para acabar com o massacre e o mal para acabar com o mal, de que lado estamos?

Acaso nos atrevemos a desafiar Jesus nessa?
Se Jesus achasse que havia malfeitores no mundo, servos de Satanás, vilões da mais alta ordem, por que teria dito: "Se alguém te dá um tapa na face direita, oferece-lhe também a esquerda"? Por que teria dito: "Abençoe, abençoe, abençoe seus inimigos"? Por que teria sugerido fazer o bem àqueles que fazem o mal? *Por que* tudo isso?

Será que Jesus compreendia profundamente que o que chamamos de mal são apenas as expressões distorcidas e mutiladas de amor daqueles cuja incompreensão de quem são e do que está acontecendo na vida é total?

Será que ele sabia que a cura definitiva do mundo não seria alcançada condenando ou castigando aqueles os quais agiam como vilões, mas sim mudando o *modelo de mundo* do qual emergiram as escolhas, decisões e ações dessas pessoas?

Será que tudo o que precisamos fazer hoje é cumprir as instruções bem objetivas e simples de Jesus de amar nossos inimigos e abençoar aqueles que nos perseguem, pois eles não sabem o que fazem?

Parece que todos os grandes Mestres espirituais do mundo nos disseram o mesmo, cada um à sua maneira, e parece que *pouquíssima gente lhes deu ouvidos.*

Já disse antes e vou dizer de novo; a questão não é: "Com quem Deus fala?" e sim: "Quem O ouve?"

Se ouvirmos as mensagens de *Conversando com Deus*, entenderemos que mesmo no momento de maior vilania — conforme definido pelos humanos —, se nos recusarmos a nos identificar como vítimas, modificaremos nossa experiência pessoal interior e profunda desses acontecimentos. É dessa forma que criamos nossa realidade interior e começamos a projetar energia no mundo, que acende o processo pelo qual os acontecimentos externos também mudam.

Esse é o maior benefício e o maior milagre de ser Divino: não importa o que alguém nos faça, podemos experimentar da maneira que escolhermos e, portanto, anular qualquer resultado negativo que o outro tenha desejado nos impor. Muitos seres humanos demonstraram justamente isso, e você pode ser um deles. E esse é o foco, em última análise, da Mensagem Fundamental 7.

APLICANDO ESTA MENSAGEM
À VIDA COTIDIANA

O poder desta mensagem é que ela pode transformar sua vida da noite para o dia. Pode fazê-lo em relação a cada acontecimento, situação e circunstância a qual você esteja experimentando agora, bem como qualquer que tenha vivenciado em momentos anteriores de seu tempo na Terra. Vejamos uma ou duas sugestões práticas para aplicar esta mensagem na vida diária:

- analise todos os momentos da vida no qual você se sentiu vitimado de alguma forma, grande e pequena, e veja o que lhe foi apresentado. Quantas vitimizações anteriores resultaram em receber benefícios dessa experiência? Talvez isso não seja verdade para todos os incidentes de que se lembra, mas consegue pensar em um momento no qual foi verdade? Algum momento quando se sentiu injustiçado se transformou em oportunidade para alcançar o resultado mais maravilhoso que jamais poderia ter esperado ou imaginado? Analise atentamente e seja honesto;

- se o que foi dito acima for verdade, olhando para trás, você ainda se consideraria uma "vítima" no cenário original, ou simplesmente um ser sagrado passando por um processo multinível envolvendo uma colaboração de almas produzindo um resultado singular experimentado de muitas maneiras pela participação coletiva; tudo para que a Evolução e a Perfeição possam ser servidas?

- pense em um momento quando foi o vilão na história de outra pessoa. Certamente deve haver uma ocasião como essa em toda a sua experiência. Talvez mais de uma. Olhando para trás, pergunte-se agora se você se sentiu um "vilão" quando agiu "errado" com o outro, ou se achou que estava fazendo o que era preciso, o que tinha de fazer, o que escolheu fazer para expressar melhor o que queria experimentar em determinado momento. Veja se consegue imaginar outra pessoa tendo o mesmo tipo de motivação quando o fez de vítima. Se puder, ofereça a essa pessoa, na cabeça e no coração, o perdão oferecido a si mesmo. Se não *se ofereceu* perdão por seus erros passados, faça isso agora como o primeiro passo para recontextualizar e santificar as experiências de "vilania", tanto como perpetrador quanto como vítima;

- permita-se compreender que o fato de "não haver vítimas nem vilões no mundo" não significa que você pretende ficar parado e assistir a certas coisas acontecerem sem fazer coisa alguma. O Mestre não faz o que faz porque que outra pessoa faz algo "errado". Ele faz o que um Mestre faz para aproveitar o momento o qual lhe permite expressar e experimentar o mais alto nível da Divindade residente nele. Por isso fomos aconselhados: "Não julguem nem condenem;"

- não é preciso tornar alguém ou algo "errado" para demonstrar quem você é. Na verdade, é exatamente o contrário. *Por isso* Jesus disse o que disse e nos ofereceu o caminho traçado de forma tão objetiva: "Amem seus inimigos e orem por aqueles que os perseguem. Sejam uma luz para as trevas e não a amaldiçoem."

Viva cada dia assim e observe o mundo começar a mudar lentamente, primeiro em seu círculo mais íntimo, depois em um raio cada vez maior e, por fim, tocando centenas, milhares e milhões de pessoas. Se um número suficiente de pessoas fizer isso, o mundo inteiro mudará por completo.

25

A Mensagem Fundamental a qual acabamos de revisar é, certamente, uma das mais difíceis de todas as percepções que fomos convidados a analisar nos diálogos de *Conversando com Deus*. Mas quando entendemos sua base, quando analisamos o fundamento sobre o qual se baseia, fica mais evidente que é possível não haver vítimas nem vilões no mundo.

Esse discernimento emerge de uma compreensão profunda que nos é oferecida na...

Mensagem Fundamental 6 de
Conversando com Deus
Não existe o certo e o errado, existe apenas
o que funciona e o que não funciona,
dado o que esteja tentando fazer.

Se pensávamos que a Mensagem Fundamental 7 era importante, esta nos leva ao próximo nível. Mais uma vez, a Mente implora para saber: como isso pode ser verdade? Como pode não existir certo e errado? Por que não puxar logo *todos* os tapetes debaixo de nossos pés? Devemos simplesmente abandonar todos os entendimentos os quais temos desde sempre?

Não! Foi o que minha Mente disse quando ouvi isso pela primeira vez. *Sem dúvida, certo e errado devem existir.* Certamente deve haver *algum* guia, algum parâmetro, algum padrão ou critério para medir ou determinar se escolhas e comportamentos específicos são adequados ou inadequados, bons ou ruins, se devem ser feitos ou ignorados.

A raça humana parece concordar, pois levanta armas para defender isso (literalmente) há muitos e muitos anos. Temos certeza absoluta de que *existe* certo e errado, e de que *estamos absolutamente certos a esse respeito*.

SE FOSSE ASSIM TÃO SIMPLES...

Já examinamos este tópico antes, e faremos isso de novo agora, subindo pelas Mensagens Fundamentais de *Conversando com Deus,* para que você possa ver com nitidez como chegamos ao local anunciado anteriormente.

A dificuldade e o problema é que nossas ideias de certo e errado mudam de tempos em tempos, de lugar para lugar e de cultura para cultura, como observamos aqui várias vezes. O resultado disso é que aquilo que uma pessoa ou cultura diz ser certo, outra pessoa ou cultura diz ser errado. E para enfatizar, isso é fonte de uma não pequena nem trivial quantidade de conflitos e violência, mortes e guerra vistos no planeta; muitas, ironicamente, em nome de Deus.

Não só parece que não conseguimos concordar sobre o que é certo e errado, como também não conseguimos concordar em *discordar* sobre o tema. Parece que não somos capazes de observar as diferenças e chamá-las simplesmente assim. Pelo visto, sentimos a necessidade de apontar o erro do *outro* por termos pontos de vista diferentes. Não conseguimos concordar nem mesmo em explorar abertamente os tópicos sobre os quais nossas crenças divergem, com todas as possibilidades na mesa, pelo menos considerando certas concessões. Não, não pode haver concessões quando estamos *certos*. Não se faz concessões com os princípios, não se barganha com o diabo — e já demonizamos uns aos *outros*, não apenas os pontos de vista uns dos outros. Portanto, ficamos com os desacordos e com a absoluta incapacidade de superá-los.

Pior ainda, ficamos com nossa presunção sobre eles. Imaginamos que estamos tão certos sobre o certo e o errado a ponto de nos dispormos a menosprezar, criticar, perseguir, julgar, punir, atacar e até matar os outros — tudo o que *consideraríamos* errado *se os outros fizessem conosco*. O interessante sobre o certo é que ele está sempre do nosso lado.

O PROBLEMA ESTÁ NO MODELO

Já afirmamos que ninguém faz qualquer coisa inadequada segundo seu modelo de mundo, e vemos agora como isso se torna funcional. Esse modelo nos diz que algo é *moralmente* certo ou *moralmente* errado; e bilhões de pessoas acreditam ter sido *Deus* quem disse isso. Se Deus diz que algo é certo ou errado, quem somos nós para contradizê-Lo ou questioná-Lo?

Assim sendo, nosso modelo de mundo não abre espaço para discussão, para debate, para explorar qualquer possibilidade diferente daquilo que nos foi dito e ordenado pelo Deus de nosso entendimento.

Porém, nem mesmo Deus pode levar as coisas certas de uma cultura para outra, ou de um momento para outro na história; pelos menos, é o que parece. Uma cultura afirma que Deus disse que devemos levar os adúlteros até os portões da cidade e apedrejá-los até a morte. Outra nos diz que Deus mandou perdoar as pessoas por seus pecados e ter misericórdia, e nunca matar uma pessoa deliberadamente. O que fazer, então? Como resolver essas contradições?

A resposta é construir um *novo* modelo de mundo, baseado em uma *nova* compreensão, trazida a nós pelo Deus do amanhã. E esse novo entendimento é: não *existe* certo e errado, existe apenas o que funciona e o que não funciona, dado o que estamos tentando fazer.

Nossa medição nada deve ter a ver com *retidão moral,* e sim com *eficácia* simples e prática, dada a intenção em relação aos resultados que desejamos produzir em nossa experiência.

Até disso podemos e vamos discordar, mas isso tira os absolutos morais da equação, substituindo-os por uma simples investigação observacional: está funcionando? O que escolhemos fazer está funcionando, produz os resultados que dizemos desejar produzir?

OS RESULTADOS DEVEM FAZER DIFERENÇA?

Neste momento, muito pouco do que estamos fazendo no planeta está produzindo os resultados desejados; outro ponto levantado incessantemente. O surpreendente não é a falta deles, e sim que isso não parece fazer *diferença* alguma para nós. A total falta de resultados pretendidos não está afetando as ações as quais continuamos a tomar.

A humanidade parece não se importar. Prefere sofrer resultados não desejados, os quais funcionam em oposição direta ao que dizemos desejar experimentar, a mudar suas crenças.

Deus nos aconselha a examinar com atenção o que pretendemos fazer agora no mundo. Pretendemos criar a paz? Pretendemos produzir prosperidade? Pretendemos garantir nossa segurança e a dos outros? Pretendemos gerar o tipo de vida o qual possa oferecer dignidades básicas a todos? *O que estamos tentando fazer aqui?*

E o que vemos como diferença entre o que estamos *tentando* fazer, o que dizemos *querer* realizar e o que estamos realmente *conseguindo*?

Somos capazes, como comunidade de seres sencientes, de admitir e reconhecer que a maneira como estamos fazendo o que dizemos pretender fazer é simplesmente ineficaz? E que é ineficaz há vários milhares de anos?

Será que de fato achamos que seguir as velhas regras de milênios atrás sobre o que é moralmente certo e errado é tudo o que precisamos fazer para criar neste planeta o tipo de vida que dizemos desejar criar?

MORALIDADE OU FUNCIONALIDADE: QUAL DOS DOIS?

Usei essa ilustração em outros livros, e vou usá-la mais uma vez aqui: se você está indo para o oeste dos Estados Unidos e está se aproximando da Costa do Pacífico, não é moralmente errado ir para o sul em direção a San José se o que está tentando fazer é chegar a Seattle. É apenas funcionalmente ineficaz. Não podemos confundir moralidade com funcionalidade.

Fazemos isso no momento, e já fazemos há um tempo. Há milhares de anos, na verdade. Pensamos que certo e errado é uma questão de "moral" (a qual muda de lugar para lugar, de época para época e de cultura para cultura), quando é simplesmente uma questão de *eficácia* (algo produz o resultado que você quer ou não, não importa *em que* lugar, época ou cultura você esteja).

As coisas não são *inerentemente* certas ou erradas, e seria muito bom espalhar essa ideia.

Não há evidências para sugerir que pessoas jogando vôlei nuas em uma praia de nudismo sejam menos morais ou dignas aos olhos de Deus que aquelas cobertas da cabeça aos pés, as quais não permitem que um único centímetro do corpo seja visto fora de casa por qualquer motivo ou em qualquer circunstância.

Não temos nenhuma razão para concluir que as pessoas que comem apenas vegetais são moralmente mais avançadas ou confiáveis para fazer escolhas críticas e espirituais em graus elevados que quem come a carne de criaturas mortas — como Jesus, o qual pelo visto comia peixe e deu toneladas para as pessoas comerem antes do Sermão da Montanha.

Não há qualquer coisa em nossa experiência que sugira que pessoas gays sejam inerente, inevitável e invariavelmente moral, emocional, intelectual, filosófica e espiritualmente inferiores, enquanto quem não é gay é inerente, inevitável e invariavelmente moral, emocional, intelectual, filosófica e espiritualmente avançado.

Por mais absurdas que sejam essas e outras noções, inúmeras pessoas as chamam de "verdade" e vivem de acordo com elas. *Existem*, dizem elas, regras e regulamentos sobre um comportamento adequado, e quem não os seguem *está* errado.

Podemos sobreviver sem regras?

Às vezes, não declarar o que é certo funciona melhor que todas as regras e regulamentos do mundo. Quem já passou de carro em volta do Arco do Triunfo entende isso perfeitamente.

Não há um único agente ou guarda de trânsito nesse monumento histórico em Paris, em torno do qual passa uma rua circular. Não há marcações no pavimento nem faixas de trânsito. Não há placas nem semáforos. É uma das rotas mais movimentadas e congestionadas do mundo, com centenas de carros entrando e saindo daquela rotatória por minuto e, ainda assim, não há qualquer coisa que indique aonde se deve ir, o que se deve fazer, ou como. As pessoas entram nesse conglomerado selvagem de veículos por sua conta e risco.

E esse é o ponto. Quando elas mesmas estão em risco, cuidam de si e dos outros. Não precisam de guardas; não precisam de faixas de trânsito. Não precisam de placas pintadas nem de luzes piscantes. *Elas sabem o que estão tentando fazer.*

Estão tentando chegar inteiras ao outro lado da rotatória. É tudo muito simples.

Quando você sabe o que está tentando fazer, a ação preferível e benéfica a ser tomada se torna instantaneamente óbvia e muito evidente. É por isso que há menos acidentes de trânsito na rotatória ao redor do Arco do Triunfo que nos Champs Élysées, a 100 metros de distância, onde há muitos semáforos, as pistas são marcadas de forma nítida e o caminho é guiado por regras e regulamentos.

A PERGUNTA QUE NINGUÉM FARÁ

Se a ideia de nada ser *moralmente* certo ou errado (em oposição a *funcionalmente* eficiente ou ineficiente) é assustadora ou provoca ansiedade nas pessoas, é apenas porque os seres sencientes deste planeta não decidiram de forma conjunta e universal o que é que estão tentando fazer.

Estamos tentando criar liberdade, ou acreditamos que um povo livre é perigoso? O importante na vida é quem ganha mais brinquedos, ou definimos "sucesso" de outra maneira?

E a jornada espiritual? Estamos procurando criar a experiência da Divindade em, por meio e como nós, ou apenas tentando viver, do nascimento à morte, com o mínimo de ofensa a Deus? Nossa experiência espiritual tem algo a ver com algo? Se sim, as marcações da pista, as luzes piscantes e os guardas de trânsito do mundo espiritual estão tornando mais fácil ou mais difícil chegar aonde dizemos querer ir?

Que esta seja a pergunta do dia.

APLICANDO ESTA MENSAGEM À VIDA COTIDIANA

Vejamos se há maneiras práticas de aplicar a Mensagem Fundamental 6 na vida cotidiana. Experimente esta lista de sugestões:

- crie uma lista de três atitudes que acredita ter "errado" na vida e pergunte a si mesmo: você acha que errou porque não alcançou o resultado pretendido? Ou porque alcançou muito bem o resultado pretendido, mas ultrapassou linhas e violou o que alguém disse ser regras e regulamentos? Ou considerou suas ações erradas porque, em retrospectiva, viu que foram danosas e prejudiciais aos outros?
- pense em algumas ações que você acredita que os outros tenham "errado". Você já fez algo parecido? Em algum momento da vida, já teve esse mesmo *tipo* de comportamento, ou a mesma ação precisa e exata? Se vir alguém trapacear, pergunte-se: eu já trapaceei em algo? Se vir alguém fugindo ou mentindo, pergunte-se: alguma vez eu fugi da verdade ou contei uma mentira descarada? Se vir alguém sendo ofensivo ou cruel, pergunte a si mesmo: eu já fui ofensivo ou cruel na vida?
- digite em seu computador:

No dia em que eu deixar de me julgar por algo que imagino ter feito "errado", automática e graciosamente deixarei de julgar os outros. No dia em que deixar de julgar os outros, começarei a expressar a Divindade. No dia em que começar a expressar a Divindade, começarei a fazer o que vim fazer na Terra. Todo o resto é apenas uma maneira de fazer isso.

- use esse texto como plano de fundo ou protetor de tela. Imprima várias cópias e coloque-as em todos os lugares: na porta da geladeira, no espelho do banheiro, na mesa de cabeceira, na parte interna da porta do armário, no painel do carro, na parede à sua frente dentro do box do chuveiro... em *todos os lugares*;

- faça uma lista de cinco ações as quais você gostaria muito de realizar antes do fim deste ano. Talvez estejam na sua lista de resoluções de Ano Novo, ou talvez surjam em sua consciência agora devido a uma nova determinação de alcançar certos resultados antes de o tempo acabar. Seja qual for o caso, faça essa lista e depois pergunte a si mesmo, para cada item, o que exatamente está tentando fazer. O que está tentando realizar? O que pretende produzir? O que espera como resultado? E a seguir, para cada item da lista, faça a pergunta mais importante da vida: *o que isso tem a ver com o objetivo da minha Alma?*
- com relação às suas crenças espirituais, faça uma lista de pelo menos três atitudes as quais acredita que Deus considera absolutamente "erradas" sob quaisquer circunstâncias ou condições. Depois de fazer essa lista, veja se alguma dessas coisas foi feita por alguém (por qualquer pessoa ou país) que você admira, alegando ter sido feita em nome do bem ou em nome de Deus. Escreva um pequeno ensaio de cinco parágrafos sobre o que isso revela a você.

26

Todo o fundamento da ideia de não existir certo e errado surge de uma consciência que me foi dada sobre a vida em seu nível operacional mais fundamental.

Posso dizer, com sinceridade, que essa ideia em particular eu nunca havia ouvido, pensado nem imaginado antes. Mas quando terminei a conversa com Deus sobre esse assunto, senti entender, mais profundamente que nunca, como tudo funciona neste planeta.

Convido você a analisar o que fui convidado a analisar na...

Mensagem Fundamental 5 de
Conversando com Deus

Existem Três Princípios Básicos da Vida:
funcionalidade, adaptabilidade e sustentabilidade.

O que me foi dito é que toda a vida, em todos os lugares do Universo, opera sob os mesmos princípios básicos. Seja a vida de um ser humano, de uma árvore ou de um planeta, estamos falando de um processo idêntico.

Em todos os níveis de expressão, a vida é funcional, adaptável e sustentável — ou então não existe. Essa é a ordem das coisas. É assim que a fisicalidade demonstra. É assim que a Divindade se manifesta. Assim *é* a vida.

A vida é sempre funcional, sempre adaptável, sempre sustentável de uma forma ou de outra. Ela sempre foi, é e será assim, precisamente por isso.

Mas isso significa, em termos práticos, que a vida opera de uma maneira funcional eternamente. Nada que existe deixa de existir, nunca. A Energia Essencial que é a Vida apenas muda de forma, expressando-se de uma variedade infinita de maneiras, dependendo do que é necessário para a expressão continuar.

Assim na Terra como nos Céus

Isso pode ser, em termos gerais, uma articulação espiritual do princípio físico que Charles Darwin descreveu como "seleção natural".

O que Darwin descobriu foi expresso de maneira muito simples, mas não necessariamente simplista, em *Conversando com Deus*: a *vida não tem intenção de terminar*. Nunca. Portanto, quando qualquer expressão ou forma de vida é ameaçada, ela adapta-se de imediato, tornando sua expressão mais uma vez sustentável.

A Terra está fazendo isso agora. Existe uma teoria que sugere que a Terra é um organismo vivo. Até recebeu um nome: Gaia. Dizem que esse organismo funciona e opera sob princípios organizadores os quais refletem um alto nível de inteligência universal encontrado em todas as formas de vida, grandes e pequenas.

Alguns ambientalistas apresentaram a ideia de que o número crescente de incidentes geofísicos neste planeta — de tsunamis a terremotos, furacões e outros fenômenos físicos — é a resposta de Gaia à ameaça representada pela humanidade para a sobrevivência do mundo.

Ninguém realmente espera que o mundo não sobreviva, mas pouquíssimas pessoas esperam que sobreviva da mesma forma e maneira que tem sido há tantos séculos e milênios. A Terra como sistema biológico está, sem dúvida, mudando e se ajustando às condições impostas por seus habitantes.

As formas de vida hospedadas pelo planeta estão fazendo exatamente o mesmo. Estão sempre se adaptando para poderem sustentar a expressão da Energia Essencial que flui por elas.

Seria um erro, porém, supor que as adaptações feitas pelas formas de vida garantem que sua expressão ou aparência física permaneça a mesma ou quase a mesma. Todos nós sabemos que existem certas formas de vida "extintas" na Terra. Então, no uso comum das muitas línguas deste planeta, isso significa que elas não existem mais. Mas a verdade é: elas simplesmente não existem mais *na forma* que tinham antes. Todas as coisas existentes continuam a existir; é apenas uma questão de como existem.

A PARÁBOLA DA LENHA

No livro *The Only Thing That Matters* [A única coisa que importa, em tradução livre] você encontrará uma maravilhosa parábola, ou analogia, que ilustra isso. É a história de um pedaço de lenha queimando na lareira. Um enorme pedaço de lenha descansava na lareira e, depois de algumas horas, aparentemente, não estava mais lá; reduzido, por assim dizer, a cinzas. E então, o que havia sido não era mais. E há quem diga que ele não existe mais, exceto na forma das poucas cinzas deixadas para trás. Mas, de acordo com a parábola, aquilo que uma vez chamamos de "lenha" apenas se transformou, virou literalmente fumaça. Sua energia também se expressava como calor, luz e cinzas. Mas essa expressão revisada de sua energia não é sua extinção, e sim a transformação em outros tipos de energia. Parte da lenha ainda existe na fisicalidade (a parte chamada de "cinzas"), mas 95 por cento dela foi, por meio da expressão de sua energia, para o que chamamos de universo invisível.

O mesmo acontece com você depois do que considera ser a "morte". Exatamente da mesma maneira, devo acrescentar. Ou seja, você se transforma, ou transfigura.

Nesse processo, sua parte física, que é a menor porcentagem da manifestação de sua energia, pode ficar para trás no reino físico; talvez ela mesma reduzida a cinzas, como na cremação, ou mudando de forma mais lentamente durante um período mais longo, dentro de um caixão enterrado em algum lugar. Mas, de longe, a maior porcentagem de quem você é segue, em forma transfigurada, para o que chamamos de reino espiritual.

É assim que a forma de vida que se expressou como você se adapta e continua a se sustentar. Versões menores desse ciclo de funcionalidade, adaptabilidade e sustentabilidade ficam evidentes ao longo da vida na forma física atual e também durante a vida de tudo ao seu redor.

Conheço um homem que achava totalmente funcional consumir caranguejos e lagostas com regularidade. Até desenvolver o que seu médico chamou de alergia espontânea a frutos do mar. Ele mostrou adaptabilidade limitando sua ingestão a salmão, truta e outras criaturas marítimas não crustáceas. Assim, gerou sustentabilidade dentro do ser físico.

Quem já lidou com ervas daninhas no jardim entende como certas formas de vida demonstram ciclos de funcionalidade, adaptabilidade e sustentabilidade.

Portanto, esta fórmula bastante simples e elegantemente eficaz explica muito do que vemos acontecendo ao nosso redor na vida na Terra, e também o que podemos esperar ver enquanto continuamos vivendo esta vida. Podemos esperar uma vida sempre funcional, adaptável e sustentável.

O importante é entendermos que essas diferentes expressões da Energia Essencial não são, em nenhuma de suas características, "certas" ou "erradas"; são simplesmente "isto" ou "aquilo". Também não existe uma expressão da Energia Essencial "melhor" que outra. É apenas "diferente".

Somos nós que colocamos juízos de valor no processo perfeitamente elegante da vida. Chamamos tempestades de ruins e belos amanheceres de bons. Chamamos a morte de ruim e o nascimento de bom. Choramos uma e celebramos o outro. Mas, na verdade, *toda* a vida está do nosso lado, pois cada acontecimento trabalha para a evolução pessoal e coletiva.

O que disse Deus

A poeta norte-americana Em Claire capturou esse entendimento perfeitamente quando escreveu:*

> God says for me to tell You This:
> nothing needs fixing;
> everything desires
> *a Celebration.*
>
> You were made to bend
> so that you would find
> all of the many miracles at your feet.
> You were made to stretch
> so that you would discover
> *your own beautiful face of Heaven*
> just above
> all that you think you must shoulder.
>
> When I appeal to God to speak to me,
> I'm feeling just as small and alone as you might be.
> But this is when, for no particular reason at all,
> I begin to
> shine

---

* Poema "Shine", de Em Claire: Deus me disse para lhe dizer Isto:/ nada precisa ser consertado;/ tudo deseja/ *uma Celebração.*// Você foi feito para se curvar/ a fim de poder encontrar/ todos os muitos milagres aos seus pés./ Você foi feito para se esticar/ a fim de poder descobrir/ *sua própria linda face do Céu*/ logo acima/ de tudo que acha que deve carregar.// Quando peço a Deus que fale comigo,/ sinto-me pequena e sozinha como você deve se sentir./ Mas é quando, sem nenhuma razão particular,/ começo a/ brilhar. [*N. da T.*]

ASSUMINDO O CONTROLE

Tomando emprestado o sentimento da arte de Em, começamos a brilhar quando nos *envolvemos* no processo da vida, e não simplesmente o *observamos*. Podemos ser a causa das adaptações que a vida faz, não apenas testemunhas delas. Nós somos, de fato, a causa delas agora.

Como mencionei há pouco, as adaptações que a vida fez na Terra até agora são, em grande parte, resultado do que provocamos com nosso comportamento. Do aquecimento global a terremotos, tempestades tropicais, tornados, ondas de calor, secas, inundações e outros chamados "desastres naturais", vemos que a humanidade teve um enorme impacto e foi amplamente responsável pela ecologia deste planeta.

Não gostamos de admitir isso, lógico, e por essa razão há quem se recuse totalmente a reconhecer a participação da raça humana na resposta ecológica da Terra à vida em sua superfície como a conhecemos. Mas cientistas com uma posição mais neutra são muito objetivos sobre o impacto que o comportamento da humanidade teve no delicado sistema de equilíbrio ecológico.

Podemos, como espécie, afetar o planeta e suas adaptações, com o mesmo poder, de maneira positiva. A primeira ação a ser tomada, no entanto, seria admitir para nós mesmos que somos *capazes* de causar um impacto, bom *ou* ruim, na Terra. Se declararmos que não somos, de forma alguma, responsáveis por qualquer adaptação ambiental rotulada como negativa, não poderemos pensar que podemos provocar um efeito positivo na ecologia da Terra.

Assim sendo, a vida nos convida a ser cocriadores, participantes ativos, colaboradores conscientes no uso dos Três Princípios Básicos da Vida como ferramentas para moldar nosso futuro.

Mas só porque existe essa fórmula segundo a qual a vida se expressa em todo o Universo, não significa que devemos ignorá-la e nos colocar do lado do efeito dela. Todos os seres sencientes do Universo aprenderam que o oposto é verdadeiro.

A oportunidade aqui é nos tornar uma *parte* consciente (em vez de inconsciente) da fórmula, *criando* ativa e intencionalmente funcionalidade, adaptabilidade e sustentabilidade, em vez de apenas testemunhar o desenrolar dessa fórmula sem nossa intervenção ou participação. Todas as espécies inteligentes e altamente evoluídas entendem isso sem problema.

E nós?

APLICANDO ESTA MENSAGEM À VIDA COTIDIANA

Vejamos algumas maneiras práticas de aplicar os Três Princípios Básicos da Vida na experiência cotidiana:

- crie uma casa ecologicamente correta. Há muitas maneiras de fazer isso, e elas podem ser encontradas em inúmeros livros, panfletos, folhetos e boletins publicados por um grande número de organizações no mundo todo. Conheça as regras de comportamento ecologicamente correto e siga-as;
- aplique o princípio de funcionalidade, adaptabilidade e sustentabilidade à sua saúde pessoal. Detenha imediatamente todos os comportamentos que ameaçam tornar

a expressão particular de sua forma de vida não mais funcional. Você já sabe quais são esses comportamentos. Se fuma, pare com isso. Se consome açúcar em grandes quantidades, pare. Se bebe mais do que deveria, pare. Se come alimentos ricos em amido ou gordura, pare;

- *comece* imediatamente as atividades que serão úteis para manter a funcionalidade do corpo. Um pouco de exercícios, por exemplo, seria óbvio. Dormir o suficiente também. Controlar e depois eliminar explosões emocionais e reduzir de forma drástica o estresse seria uma terceira. E a lista continua. Todos nós sabemos o que podemos fazer e o que é melhor não fazer para manter a funcionalidade ideal do corpo humano. Vamos prestar atenção nessas coisas? Essa é a questão. Tudo depende da adaptação que você quer fazer;

- você nunca deixará de existir, pois é uma entidade eterna e uma expressão da Divindade. Mas se vai continuar expressando a Energia Essencial na forma chamada agora de atual personalidade física é outra questão. Isso depende totalmente de você. Você, em última análise, "adaptará" a expressão física de uma maneira que chamamos de "morte", mas esse tempo pode chegar mais tarde ou mais cedo, se desejar. Tudo depende de quais outras "adaptações" está disposto a fazer agora;

- ore, medite, mude a base da vida em todos os níveis, para expandir as experiência e expressão espirituais. Explore a visualização e as imagens guiadas. Leia em silêncio. Pare de assistir a filmes barulhentos com imagens de corpos explodindo e voando por todo lado. Ouça em casa música agradável e suave, para variar. Sim, talvez seus filhos ou netos o chamem de velho careta, mas pelo menos você será um velho careta vivo, não morto (no uso humano dessas palavras);

Preste atenção no que você *faz*, no que *é* e no que *tem* nestes dias e momentos de sua vida.

Eu não assisto a filmes de terror porque não tenho terror na vida. Não escuto canções com letras feias e músicas raivosas porque não tenho qualquer coisa assim na vida. Não como porcaria porque não tenho porcaria na vida.

- observe o que *você* está sendo, fazendo e tendo. Comece agora, não amanhã, nem semana que vem, nem depois das férias ou quando tiver tempo sobrando, ou quando se aposentar. Comece agora. Assuma o controle da sua vida. Você já recebeu todas essas dicas antes, não seria maravilhoso se essas ideias oferecessem algo novo? Mas o fato é: ouvimos tudo isso repetidamente, de uma centena de fontes diferentes, em mil momentos diferentes, de um milhão de maneiras diferentes. Será que nos importamos o suficiente com a expressão da vida a ponto de garantir a funcionalidade da forma de vida atual, fazendo as adaptações que tornam essa forma sustentável pelo máximo de tempo? Essa é a questão.

Se não consegue encontrar motivação para fazer isso por si mesmo, faça por quem o ama. Tenho certeza de que eles gostariam de ter você por muito mais tempo do que poderiam permitir os comportamentos os quais talvez esteja exibindo atualmente.

Posso estar errado, lógico. Só você saberá enquanto estiver lendo isto. E como já sabe, não existe certo ou errado. Existe apenas o que funciona e o que não funciona, segundo o que você está tentando fazer. Se estiver tentando ficar na forma física por mais tempo, bingo!

E assim, os princípios de vida que nos foram dados nos livros da série *Conversando com Deus* se encaixam muito bem. Uma coisa leva a outra em uma sequência perfeita, produzindo sabedoria aplicável a cada passo.

27

Mais cedo ou mais tarde, você decidirá levar uma vida centrada em Deus. Acontece com todo mundo. Não é uma questão de *se*, mas de *quando*. Quando isso ocorrer, tudo mudará.

A razão de estar aqui mudará; a razão de pensar, falar e fazer mudará; seu semblante, aparência, tom de voz, suas roupas e hábitos alimentares, seu trabalho no mundo, seus amigos, seu propósito na vida, expressão e experiência de vida e o mundo que toca mudarão.

A decisão de levar uma vida centrada em Deus pode ocorrer depois de muitos meses, muitos anos ou até muitas vidas. Você pode fazer ou esperar que aconteça; pode pedir ou exigir que aconteça — exigir, é óbvio, de *si mesmo* para permitir que finalmente aconteça —, mas *acontecerá*, sem questionamentos e sem falta. Mais cedo ou mais tarde você decidirá levar uma vida centrada em Deus.

E quando fizer, você entenderá a…

Mensagem Fundamental 4 de
Conversando com Deus

Deus fala com todos o tempo todo. A questão não é "com quem Deus fala?". É "Quem O ouve?".

Ouvir Deus significa ouvir nós mesmos. Aceitar essa percepção exige uma coragem enorme, porque diz algo sobre nós, sobre como nos posicionamos e como é a experiência *de* nós mesmos no mundo; com a qual as pessoas ao nosso redor podem discordar. Podem até se opor, podem até nos crucificar.

Nada disso vai importar. Mesmo que essas coisas ocorram, não terão nenhum efeito sobre você, pois terá assumido sua nova e verdadeira identidade e, então, qualquer coisa deste mundo significará absolutamente nada.

Talvez você pergunte: se nada importa em última análise, por que se preocupar em experimentar algo em particular? Por que se preocupar em resolver problemas, ou enfrentar desafios, ou suportar a dor ou o ataque aparentemente interminável do dia a dia e as lutas que isso acarreta? Por que se preocupar com a vida?

Quando completar a jornada, saberá que essas lutas foram simplesmente degraus os quais levaram à experiência completa que estará tendo no local de conclusão, e a única razão de terem parecido lutas era porque você não sabia o que significavam de verdade. Elas foram feitas para gerar oportunidades, não oposição, em relação aos aspectos do Eu os quais desejava experimentar.

Você já travou alguma luta para conseguir algo e, mais tarde, acabou descobrindo exatamente como funcionava e se maravilhou por ter lutado?

Lógico que já. Todo mundo já. Todo mundo aprendeu a amarrar os sapatos. Bilhões de pessoas aprenderam a andar de bicicleta. De uma forma ou de outra, todo mundo aprendeu *a fazer o que parecia impossível* até aprender. *E depois de aprender,* o que parecia impossível era ter qualquer *dificuldade para fazer aquilo.*

O que é verdade sobre cadarços e bicicletas um dia será verdade sobre toda a vida, para todos.

A FÓRMULA DO "CADARÇO"

O que vivenciamos como um segredo sobre a Vida deixa de ser segredo. Será amplamente conhecido, porque será amplamente lembrado. Será amplamente lembrado porque as pessoas, em todos os lugares, lembrarão a todos. Lembraremos uns aos outros o que sempre soubemos ser verdade: a vida foi feita para ser feliz. Tudo o que temos a fazer é compartilhar. E amar. E saber que tudo trabalha pelo melhor, que a vida está do nosso lado. E ajudar uns aos outros quando esquecermos. E ouvir Deus quando Ele fala conosco e por meio de nós.

Isso é tudo que precisamos fazer. Isso é tudo que já precisamos fazer.

Deus fala com todos nós, o tempo todo. Não há um momento, nem um nanossegundo, em que Ele não esteja se comunicando conosco. A vida é um processo que informa à vida sobre a vida por meio do próprio processo da vida. Deus é um processo que informa a Deus sobre Deus por meio do próprio processo de Deus.

Talvez você não tenha pensado nessas coisas desse jeito antes, e então essa ideia é nova para você. Nesse caso, pare e veja como se sente. Veja como é sustentar a ideia de que...

...Deus é um *processo.*

Foi por isso que eu disse antes que as palavras "Deus" e "Vida" são intercambiáveis. Deus é um *processo* o qual *chamamos* de Vida.

Esse processo é simples quando compreendido. Mas fomos autorizados a esquecer temporariamente que sabemos como funciona, para poder passar pelo processo mais uma vez. Essa amnésia temporária ou seletiva é o maior presente que já nos demos, porque nos permite experimentar de novo nossa maior alegria: o processo de pura criação.

Conforme for lembrando, ficará evidente que tudo o que já foi, é e sempre será *é o agora*. Você saberá, mais uma vez, que existe somente o agora, o aqui, somente nós e isto. Mas para experimentar plena e grandiosamente essa realidade, dividimos o Agora-aqui-nós-isto em Então-ali-eles-aquilo.

Então, permitimos que Nosso Eu esqueça isso para poder se lembrar de Nós mesmos de novo. O processo de relembrar Deus, isto é, de reconhecer mais uma vez que somos membros da Única Coisa Que Existe, traz grande alegria, felicidade quase indescritível, pois transformamos novamente a solidão em *apropriação do Eu*.

Mas por que fazer que Nosso Eu experimente separação e solidão? Se é tão bom ser Um, por que esquecer isso e imaginar que somos mais de Um, e separados do Um? Por que isso é necessário para o processo de lembrança?

Isso já foi abordado várias vezes, portanto, perdoe a repetição. Permita-se experimentar a explicação novamente, para que possa sempre se lembrar dela.

A RAZÃO POR TRÁS DE TUDO

Enquanto fôssemos Um, e fôssemos A Única Coisa que Existe, não poderíamos experimentar Um Eu de nenhuma maneira em particular, pela razão de não haver Ninguém nem Nada

Mais com o que nos comparar. E na ausência daquilo que não somos, aquilo que somos *não é*.

Ou seja, não há como experimentar.

Mais uma vez, para você decorar: não se pode experimentar a luz sem a escuridão. Se não há coisa alguma além de luz, ela mesma não é experimentada. Não se pode experimentar o grande sem o pequeno. Se não há coisa alguma além do grande, ele mesmo não tem significado. Não se pode experimentar o rápido sem o lento. Se não houver coisa alguma além do rápido, ele em si não é "rápido".

Não podemos experimentar Deus sem aquilo que não é Deus. Se não há qualquer coisa além Dele (em Sua Forma Absoluta), Ele próprio não é experimentado. Porém, Deus escolheu ser experimentado, então, dividiu Sua Forma Absoluta em muitas partes, criando o que os humanos passaram a perceber como Não Deus.

Na Realidade Suprema, não pode haver "Não Deus", pois Deus é tudo o que existe. Mas partes Dele podem esquecer que são partes de Deus, e usando essa mudança de consciência, com esse dom e esse dispositivo, Deus pode conhecer a Si mesmo repetidamente em Sua experiência, por meio do processo de Parte de Si lembrar o Todo do qual surgiu e do qual é uma expressão individual.

A Vida é Deus se conhecendo repetidamente, em Sua experiência.

Mas precisava ser tão difícil? Precisava ser uma luta e implicar tanto sofrimento?

Não. Deus nos prometeu que a resposta é não. (Veja a segunda edição de *Mais feliz que Deus* [apenas em inglês]). Só o que precisamos fazer é lembrar. Só precisamos recuperar e aclamar nossa verdadeira identidade, nossa real natureza, nossa real e única característica: a Divindade.

Foi só isso o que Jesus fez.

Foi só isso o que Buda fez.

Foi só isso o que Lao Tse fez.

Ninguém que chamamos de Mestre fez outra coisa. Ninguém fez coisa alguma além disso. Mais uma vez, como você já leu antes, isto foi colocado aqui para que você leia de novo.

Deus fala com você o tempo todo e diz a mesma coisa repetidamente. Mais cedo ou mais tarde, você vai ouvir. Ouvir de verdade. E mais cedo ou mais tarde, levará uma vida centrada Nele. Todos os seres sencientes, no fim das contas, fazem isso.

Quando você fizer isso, tudo mudará.

Aplicando esta mensagem à vida cotidiana

Ouvir a parte mais íntima de si mesmo requer prática. Em um mundo onde tantos acontecimentos e experiências externas estão competindo por atenção, voltar-se para dentro é um desafio. Mas é possível fazer isso, à vontade e por vontade própria, por uma variedade de meios. A meditação, óbvio, é um deles. Assim como a oração. Assim como a visualização ou imagens guiadas. Assim como a dança extática. Assim como entoar ou repetir silenciosamente um mantra. E há outras maneiras também. Ler é uma. Escrever é outra.

Portanto, não nos faltam maneiras de experimentar que Deus fala conosco o tempo todo. Não nos faltam maneiras de lembrar que Deus e nós somos Um, que não há separação alguma, e que a voz pela qual ansiamos é a voz de nossa Alma, a qual é Deus em nós.

Pessoas do mundo todo me perguntaram: "Como posso ter uma conversa com Deus?" Eu analisei a minha experiência e dividi o processo em sete etapas:

1. Reconhecer que *existe* um Deus;
2. Reconhecer que é possível que os seres humanos conversem com Deus;
3. Reconhecer que é possível *ter* uma conversa com Deus (Isso tem a ver com seu senso de merecimento);
4. Reconhecer que você *está* conversando com Deus o tempo todo e simplesmente chamando isso de outra coisa;
5. Chamar *tudo* de conversa com Deus e ver o que Ele está lhe dizendo;
6. Escolher ter uma conversa *específica* com Deus e *ficar atento*. Observar atentamente o que a vida lhe envia e aonde o leva;
7. Depois de ter a conversa, não a negar nem a descartar, e sim acreditar, aceitar e responder.

Veja algumas aplicações práticas disso:

- da próxima vez que se encontrar em uma situação na qual precise de bons conselhos, pare o que estiver fazendo, feche os olhos, respire fundo, expire lenta e alegremente e imagine que Deus está se comunicando com você. A mensagem pode vir na forma de um sentimento, ou uma imagem, ou em palavras. Receba-a na forma que for;

- deixe uma caderneta e uma caneta na mesa de cabeceira e, em qualquer noite que lhe agrade, escreva uma pergunta para Deus. Deixe-a de lado imediatamente e não tente responder. Vá dormir. De manhã, a primeira coisa que você vai fazer é pegar o papel e a caneta, ler a pergunta e escrever *a primeira coisa que lhe ocorrer*. Não questione, não tente "compor" uma resposta, apenas escreva a primeira coisa que lhe ocorrer. Pode ser uma palavra, uma frase, um parágrafo, ou pode ser uma mensagem muito mais longa. Continue escrevendo até seu eu não pensante parar de lhe fornecer palavras. Então, dê uma olhada no que "surgiu". Coloque essa mensagem e outras em uma caixa ou local especial, onde possa encontrá-las com facilidade e analisá-las mais tarde. Não se surpreenda se você ficar surpreso com a sabedoria e com o discernimento das mensagens;
- esteja neste mundo, mas não seja dele. Preste atenção em tudo o que o mundo coloca diante de você em um determinado momento, mas não comente com ninguém por enquanto. Quando comenta, tira o foco do momento e o coloca no que está dizendo sobre ele; assim, a energia da vida flui *de* você. Deixe-a fluir *até* você. Se quiser comentar, faça isso depois;
- esteja "atento" às comunicações de Deus. Preste atenção na letra da próxima música a qual ouvir. Pense nas palavras do próximo outdoor que vir. Leia na íntegra o próximo artigo encontrado em uma revista ou na internet. Saberá de imediato, por sua vibração, se é algo que a parte inconsciente do mundo está carregando para você, ou algo que a parte de você a qual tem Conhecimento Total, é Completamente Consciente,

está colocando diante de você como um aspecto de sua Declaração de Cada Momento de Divindade;
- comece a se aproximar, em vez de se afastar, de toda e qualquer circunstância, condição ou acontecimento apresentado pela Vida. Use todos os momentos e o que eles apresentam como um meio de passar para a recriação da lembrança de Quem Você Realmente É. Deixe que a cada momento você nasça de novo na expressão, na experiência e na demonstração da Divindade em você, por meio de você, como você.

28

Agora que você pegou o jeito de conversar com Deus, não deixe de seguir o sétimo passo desse processo com muito cuidado. Não se permita negar o que está ouvindo enquanto se comunica com a Divindade, mesmo que pareça improvável ou inacreditável. Porque muitas vezes vai parecer mesmo.

Em minha experiência, quase todas as minhas conversas com Deus renderam declarações, comentários e observações as quais contradizem diretamente o que me ensinaram e disseram os mais velhos, as religiões, a sociedade e a cultura global. Portanto, você vai ter que se acostumar a ouvir coisas as quais não está acostumado a ouvir se pretende manter conversas regulares com Deus.

E um bom exemplo disso seria a...

Mensagem Fundamental 3 de
Conversando com Deus

Não há coisa alguma que você tenha de fazer.
Você *fará* muita coisa, mas é *obrigado* a nada.
Deus quer nada, precisa de nada, exige nada,
ordena nada.

De todas as coisas ditas sobre Deus, esta talvez fique no topo da lista das mais inacreditáveis. Tudo que já ouvimos sobre Ele diz que a verdade é exatamente o oposto desta Mensagem Fundamental.

Temos de fazer coisas. Deus *exige* de nós. Pode ser verdade que Deus precisa de nada, mas certamente não é verdade que Ele *quer*, *exige* ou *ordena* nada. Aliás, há uma lista de mandamentos os quais recebemos de Deus. E quem pensa que essa lista não existe ou que não precisamos respeitá-la, está flertando com o diabo.

Foi o que nos ensinaram.

Mas a nova teologia de *Conversando com Deus* nos diz algo mais consistente: como Deus é a fonte de tudo, o criador e a expressão de tudo, é impossível que Ele precise de alguma coisa. E uma vez que Ele precisa de nada, não tem razão para exigir nem ordenar coisa alguma.

DEUS NÃO NOS MANDOU EMBORA

Quando dizemos que Deus de nada precisa, não nos referimos apenas a objetos, mas também a experiências. Conteúdo emocional não é algo que Deus não tenha e, portanto, precise adquirir de nós. Ele não precisa ser adorado, obedecido, honrado ou apaziguado de alguma forma pelo fato de nós apresentarmos certos comportamentos e evitarmos outros.

A ideia de que precisamos apaziguar a Divindade para mantê-la do nosso lado é uma noção primitiva, e surgiu do pensamento mais antigo dos primeiros seres humanos do planeta: Deus é como nós, e como *precisamos* ser apaziguados para achar o outro agradável, Deus também precisa.

Isso tudo já foi explicado antes. Se começar a parecer que esta narrativa está girando em círculos, é porque está mesmo. A vida é um círculo. E o raciocínio o qual sustenta a vida exatamente como ela é também é circular. De modo que você ouvirá a mesma coisa amiúde, umas vezes de um jeito diferente e outras da mesma exata maneira, ao longo desta teologia.

Portanto, reiteramos aqui que Deus é tudo de que Ele poderia precisar, então não há coisa alguma que alguém possa ser, fazer ou ter que Deus necessite ou requeira.

Deus não nos afastou Dele para que tivéssemos de lutar para encontrar o caminho de volta a Ele. Pois é, aprendemos exatamente o oposto. Deus nunca nos descartou da Unidade com Ele. Fomos *nós* que descartamos Deus da Unidade *conosco*. Nós O jogamos para fora do templo de nosso ser. Jogamos Deus para fora do lugar de Unidade conosco. Fizemos isso por meio dos sistemas de crenças, pensando estar fazendo o certo ao nunca nos permitir sustentar a ideia de que Deus e nós somos Um.

No entanto, é justamente essa ideia que Deus nos convidou a sustentar desde o início dos tempos, e tem nos demonstrado de todas as maneiras e meios até este momento.

Não devemos nos surpreender

Portanto, é entendível que, dada a compreensão elementar de que a mente humana foi capaz nos primeiros estágios de seu desenvolvimento, tenhamos chegado a conclusões falsas sobre a natureza da vida e da Divindade. O surpreendente, talvez, não é que tenhamos chegado a conclusões tão falsas, mas sim que estejamos *apegados a elas há milhares de anos*.

Mas não deveríamos nos surpreender, porque esse atraso no desenvolvimento é apenas o processo de evolução de uma espécie de seres sencientes. Na verdade, na escala da idade do Universo, chegamos a um ponto de maior consciência e maior compreensão em um período de tempo notavelmente curto. De fato, no relógio cósmico, em questão de segundos.

A vida floresce e se realiza muito depressa em termos cósmicos. A humanidade chegou a um ponto, agora, em que é capaz de compreender e aceitar, abraçar e expressar a noção de haver nada que tenhamos de fazer, nenhuma exigência que tenha sido colocada diante de nós por alguma Força Maior no Universo, à qual devemos obedecer, "senão...".

Agora, enfrentamos um dilema maior que o colocado por uma Divindade exigente. Precisamos decidir, visto que temos de fazer *nada*, o que *devemos* fazer e *por quê*? Qual será a nova razão para nossas ações? Qual será o novo código moral o qual sustenta nossas decisões e escolhas?

Se o castigo de Deus não é o que buscamos evitar e a recompensa de Deus não é o que buscamos adquirir, para aqueles os quais acreditam em uma vida após a morte (que equivale, de longe, à maior quantidade de gente no planeta), que código qualificaria determinados comportamentos?

Felizmente, essa pergunta é respondida na teologia de *Conversando com Deus*. Já vimos a resposta antes. Agora, vemos a base para essa resposta nesta Mensagem Fundamental. Voltando às Mensagens Fundamentais já discutidas para aquelas das quais essas surgiram, vemos a plataforma que sustenta essas declarações posteriores.

UMA NOVA DIREÇÃO MARAVILHOSA PARA TODOS NÓS
Esta teologia nos disse que não existe certo ou errado, existe apenas o que funciona e o que não funciona, segundo o que estejamos tentando fazer. E *essa* é a medida com a qual decidiremos o que fazer a seguir.

Vemos, aqui, que Deus nos deu uma grande liberdade; outro ponto colocado repetidamente nesta narrativa. Não há coisa alguma que "precisemos" fazer. No entanto, sempre estamos fazendo algo (a mente nunca para e o corpo está em constante movimento, mesmo durante o sono).

Assim sendo, vemos que o "fazer" é uma constante na vida. A questão não é *se* faremos algo, e sim *por quê*. Qual é a motivação de nossa ação? A teologia de *Conversando com Deus* sugere que a única motivação que faz sentido para a Alma é a de experimentar, expressar e demonstrar a Divindade. Então, como seres iluminados, procuraremos fazer "o que funciona" para produzir essa experiência em cada momento.

Essa é a única coisa que importa, e todo o processo complexo e maravilhosamente sofisticado e a cosmologia a qual suporta esse resultado são descritos no livro de mesmo título, *The Only Thing That Matters*.

É maravilhoso ter uma nova razão de viver, uma razão maior, mais maravilhosa que faz todo o sentido para o Coração, a Mente e a Alma. É maravilhoso ter uma direção de todo nova para levar a vida, sabendo que ela nada tem a ver com lucros e prejuízos, ganhar ou perder, pegar ou largar. É maravilhoso saber que mesmo o menor entre nós pode alcançar a expressão mais alta de quem somos sem necessariamente precisar atingir nenhuma das metas e objetivos os quais imaginávamos ser importantes e vitais na vida cotidiana.

Não é surpreendente considerar que coisa alguma das quais *dissemos* a nós mesmos ser importante e vital é *realmente* importante e vital? Não é ainda mais surpreendente entender que coisa alguma das quais nos disseram ser importante e vital para *Deus*, em termos sobre o que fazer ou somos obrigados a fazer, é algo do tipo? Que liberdade! Mas o que devemos *fazer* com essa liberdade extraordinária?

Essa se torna a questão fundamental da vida.

É o que o mestre e o pupilo se perguntam em cada cruzamento, em cada encruzilhada, em cada intercessão de cada momento da vida. É o que você está convidado a se perguntar agora. De novo. Mais uma vez.

E agora, meu amor? O que devemos ser, fazer e ter? O que devemos expressar e experimentar? O que devemos nos permitir conhecer de Deus em nós, por meio de nós e como nós? E qual parte de Deus devemos agora permitir que os outros conheçam em si mesmos por *nossa* causa, por causa da maneira como tocamos a vida deles?

Pode haver perguntas melhores a se fazer e responder? Pode haver uma maneira melhor de passar os dias e noites que vivendo essas questões?

Aplicando esta mensagem à vida cotidiana

Este é o momento mais maravilhoso da jornada, quando analisamos as questões acima. Raramente sentimos essa sensação de expansão e liberdade. Raramente sentimos essa abertura para a vida e todas as suas possibilidades. E é assim, com anseio e fome, com entusiasmo e expectativa, que embarcamos na aplicação prática desta maravilhosa Mensagem Fundamental.

Como não há coisa alguma que você *tenha* de fazer, nem precisa fazer *isto*! Essa é a graça, essa é a alegria de tudo!

Se deseja fazer algo para aplicar esta mensagem em sua vida, tente o seguinte:

- celebre a liberdade dando a si mesmo algo para fazer em vez de exigir de si mesmo algo que acha que "precisa" fazer. E a primeira coisa a qual pode escolher fazer é expressar sua liberdade fundamental, como ser humano e como individuação de Deus, de dizer "não". Você pode dizer não às coisas que surgirem na próxima semana, caso não queira fazê-las;
- comece um diário de Pedidos de Sete Dias e anote todos os pedidos que lhe forem feitos, explícitos ou implícitos, e que você gostaria de negar, mas sente-se tentado a dizer sim porque acha que "deveria". Escreva um ou dois parágrafos para cada item listado, explicando a si mesmo por que você acha que "deveria" fazer essas coisas e por que não tem vontade de fazê-las;
- agora, converse com as pessoas as quais lhe fizeram esses pedidos, mesmo que sejam seus empregadores, e explique com sinceridade e gentileza por que acha que não pode ou não deseja fazer aquilo. Isso pode ter consequências, mas pode também ser um dos passos mais importantes tomados para sua liberdade pessoal. Portanto, faça com que este seja seu primeiro exercício intencional de autodirecionamento, autocuidado e autodescoberta. Se você for como a maioria das pes-

soas, descobrirá coisas sobre si mesmo ao embarcar nesse processo;
- faça uma lista de pelo menos três coisas que pediram a você no passado. Pode ter sido na semana passada, no mês ou ano passado, ou no passado distante. Veja se alguma dessas coisas você não queria fazer antes e ainda não quer. Se algum desses itens se enquadrar nessa categoria, permita-se entrar nos Cinco Níveis de Verdade e diga sua verdade ao outro sobre tudo isso. Lembre-se do alerta: fale sua verdade, mas amenize suas palavras com paz;
- lembre-se também de que seu valor mais alto deve exigir que você mantenha sua palavra. Portanto, se prometeu fazer algo e agora simplesmente não quer cumprir a promessa, pergunte a si mesmo se sua consciência de que não quer fazer isso não deveria "liberá-lo" de forma automática dessa situação. Veja se você fica confortável se liberando dessa promessa sem a aquiescência e permissão do outro. Lembre-se: todo ato é um ato de autodefinição;
- Diariamente, faça o exercício do "por quê". É um processo em que nos perguntamos — e funciona muito bem por escrito — por que fazemos algo. Nesse exercício, você é convidado a escrever cinco coisas feitas na última hora e anotar suas razões para tê-las feito. Seja específico e bem objetivo. Use um caderno o qual possa levar consigo aonde for, que caiba com facilidade em seu bolso ou bolsa. Uma vez por hora, nas próximas duas semanas, pegue o caderno e revise todas as ações, escolhas e decisões tomadas nos últimos sessenta minutos. Sejam elas grandes ou pequenas.

Não julgue a importância das ações, apenas note que foi algo feito por você. A seguir, anote por que fez isso;
- no final do dia, leia as razões que você deu para tudo que fez no dia. Como já disse, não importa o tamanho do ato, como pentear o cabelo, tomar banho, vestir a camisa azul em vez da verde, ou adiar um grande projeto, realizar um grande projeto, concordar com uma interação específica com outra pessoa ou optar por não entrar nessa interação, decidir comer isso ou aquilo, atender a uma ligação ou ignorá-la, manter ou não um relacionamento. Seja grande ou pequena, cada ação tem um julgamento por trás, uma razão para ser feita. Essas razões são importantes, talvez mais do que pareça, e o efeito agregado de todas elas tende a ser maior em seu estado de espírito e bem-estar do que você imagina;
- como não há coisa alguma que você precise fazer, faça a si mesmo a pergunta mais importante da vida antes de qualquer coisa. A pergunta é: *o que isso tem a ver com o propósito da minha Alma?* Deixe que essa seja a luz a qual o orienta, sua régua, o critério em todas as situações em todos os momentos. Faça isso por noventa dias e veja sua vida mudar drasticamente. Mas, primeiro, óbvio, você precisa saber qual é o propósito de sua Alma. Tudo isso é abordado na teologia de *Conversando com Deus* e é explicado também em detalhes maravilhosos no livro *The Only Thing That Matters*.

29

Chega um momento na vida da maioria das pessoas em que a pergunta fundamental não pode mais ficar sem resposta. Essa questão é um tema recorrente neste livro porque é um tema recorrente nos dias e nas noites de todos nós neste planeta: Quem somos nós e o que estamos fazendo aqui?

Observei que as razões pelas quais muitos seres humanos fazem algo estão, na maioria das vezes, desconectadas dessa questão. Ou seja, as razões e motivações para escolhas e ações não refletem as respostas a essa indagação (isso se, de fato, nos fazemos a pergunta). O resultado é: andamos por aí pensando, dizendo e fazendo coisas as quais ignoram tanto o propósito da Alma quanto o do que eu chamo de Realidade Suprema.

Se isso nos levou a uma vida boa e maravilhosa, livre de conflitos, de estresse, de turbulência emocional e grandes problemas do dia a dia, pode ser que não haja razão para nós como indivíduos, ou para a humanidade como um coletivo, explorar ou discutir isso mais.

Por outro lado, se isso não nos levou à vida com a qual sonhamos — ou se, como eu, você acha que deve haver mais na vida que simplesmente "passar por ela" com o mínimo de dor e o máximo de diversão —, torna-se importante termos uma compreensão profunda do que estamos experimentando aqui e como tudo funciona. É essencial compreendermos esta realidade física e o que é verdade sobre ela, e sobre a razão e o propósito da vida, tanto aqui na Terra como em todos os reinos e dimensões em que ela se expressa.

A maravilha e a beleza da teologia de *Conversando com Deus* é que ela nos oferece respostas para muitas das grandes questões da Vida. Não *todas as* respostas, mas algumas. Deus deixou explícito que as respostas finais são as nossas e sempre devem ser, ou perderemos o objetivo de toda a experiência nesta Terra, que é criar e expressar quem somos e quem escolhemos ser, como somente as verdadeiras Individuações da Divindade têm a capacidade de fazer.

Na verdade, a maioria das pessoas que habita a Terra dormiu no ponto, e é por isso que a vida no planeta é do jeito que é: turbulência e competição constantes, luta e guerra constantes. (Um antropólogo — sinceramente, esqueci quem — certa vez afirmou que não houve um dia em toda a história humana em que uma parte não estivesse guerreando contra outra por algum motivo. Não sei se isso é verdade, mas com certeza pareceu verdade todos os dias de minha vida.)

Os humanos aparentemente não acreditam que seu propósito é criar e expressar quem são e quem escolhem ser — ou *acreditam*, mas se consideram incapazes de realizar a tarefa, mesmo depois de milhares de anos de tentativas.

Ou... pior ainda, os humanos decidiram que o que realmente *querem* ser é uma raça de seres selvagens e primitivos que se matam quando não conseguem o que querem, privam-se uns dos outros para *conseguir* o que querem e ignoram a situação do outro quando *conseguem* o que querem.

Não acredito que seja isso. Nem acredito que nossa espécie queira algo que simplesmente é incapaz, por sua natureza, de criar. Acho que há uma terceira razão pela qual a humanidade não foi capaz de produzir aquilo pelo qual anseia; apenas não temos todos os dados necessários para isso, creio eu. Nossa espécie ainda não está completamente desenvolvida. Precisamos lembrar mais.

Podemos admitir isso? Essa é a questão. Nosso ego é tão grande, tão incontrolável, como o de uma criança de 2 anos, que não somos capazes de reconhecer haver talvez algo que não conhecemos, cujo conhecimento mudaria tudo; algo que não conhecemos totalmente sobre a vida, cuja compreensão alteraria nossa experiência para sempre?

Sim, eu sei, eu sei, fico dizendo as mesmas coisas o tempo todo. Eu avisei, no início, que faria isso. Mas, sinceramente, é a única maneira de chegar à humanidade neste momento. Estamos todos sob sobrecarga sensorial. Você, eu, todos nós. Estamos sendo bombardeados por dados. Flashs piscando, música explodindo, vozes subindo, tudo para chamar nossa atenção. Por isso, Deus está usando o dispositivo da repetição para chegar até nós.

Os diálogos de *Conversando com Deus* nos colocaram diante de ideias e pensamentos sobre todos os aspectos da vida; pensamentos que Ele pretende nos enviar repetidamente para estimular a busca interior pela verdade mais íntima, para criar, com base na fonte interior, um senso de profundo discernimento sobre quem somos, por que estamos aqui e como tudo funciona.

Não encontrei qualquer ideia ou pensamento em particular mais estimulante, mais incitante para minha busca por uma maneira maravilhosa de viver e expressar minha verdadeira natureza que a...

Mensagem Fundamental 2 de
Conversando com Deus

Há o suficiente. Não é preciso competir, muito menos brigar, por recursos. Tudo o que é preciso fazer é compartilhar.

Ao analisar a mensagem acima, é fundamental não julgarmos pelas aparências. Se não tivermos cuidado, ao olhar ao nosso redor podemos pensar que de "suficiente" não há uma coisa sequer neste mundo.

Em sua vida, pode parecer não haver tempo, dinheiro e amor suficientes, e talvez faltem outras coisas também. E, sem dúvida, ao observar o mundo em geral, vemos evidências de que, para alguns, isso é ainda mais verdade que para nós. Por isso, o fato de Deus vir e nos dizer, em um diálogo com a humanidade, que "há o suficiente", parece o cúmulo da insensibilidade.

Como Deus pode estar tão distante e alheio, tão inconsciente da condição humana a ponto de não ver como a vida é difícil para tanta gente? Como Deus pode dizer "há o suficiente" quando bilhões de pessoas experimentam o exato oposto? Que tipo de mensagem é essa? Que verdade está sendo revelada agora? Obviamente, deve estar escondida, ou a maioria das pessoas no planeta não estaria vivendo uma vida de escassez.

Desvendando o segredo

O que está escondido é a precisão da afirmação em si, a qual se revela quando analisamos profundamente o que ela significa.

A afirmação "há o suficiente" não significa "todo mundo *tem* o suficiente". Mas isso não é um jogo de palavras o qual provocará um cínico comentário tipo: "eu sabia que tinha uma pegadinha." É uma declaração destinada a revelar um fato absoluto, e a deixar a raça humana ver que são os *comportamentos da humanidade* que a fazem sentir que isso *não é* um fato.

Fica evidente para qualquer um que observe casualmente o mundo que muitas, muitas pessoas não vivenciam ter o suficiente para viver a vida com dignidade, segurança e felicidade. Muitos nem sequer têm o suficiente para sobreviver.

A suprema ironia da história humana é que criamos insuficiência em abundância por insuficiência de vontade para demonstrar abundância.

Com medo de não haver o suficiente de tudo, criamos sistemas econômicos, políticos, sociais, ecológicos e inclusive espirituais os quais procuram nos proteger das insuficiências que imaginamos existir — mas que não nos protegem de forma alguma; na verdade, fazem *exatamente o oposto*.

Já apontamos, nesta narrativa, que nenhum sistema implantado para melhorar a vida neste planeta funcionou. Eles a pioraram. Todos eles, sem exceção. Então, como os humanos se *preocupavam* com a insuficiência, *criaram* insuficiência com sistemas que a *produzem* e comportamentos que a *garantem,* em vez de eliminá-la.

Atualmente, muitos humanos usam ou acumulam qualquer coisa na qual possam pôr as mãos, anunciando como justificativa a ideia imaginária de que elas estão em falta. Assim, escondem essas coisas dos outros ou as deixam disponíveis em proporções minúsculas.

Mas o pior do comportamento humano vai além disso. Não apenas alguns estão usando mais do que precisam e acumulando mais do que poderiam usar, como na verdade, estão *desperdiçando* mais recursos do que seria necessário para *atender às necessidades de todos os outros.*

Por exemplo, mais comida é descartada em *um dia* como "sobras" nos restaurantes e lares do mundo do que seria necessário para alimentar todas as crianças famintas do globo *por uma semana.* Assim, temos a ilusão de não haver comida suficiente para distribuir neste planeta, sendo que tudo o que precisaríamos fazer seria *parar de desperdiçar.*

Mais energia é desperdiçada em *uma semana* pelo consumo pouco inteligente, indiferente ou descuidado pelas principais nações consumidoras de energia do globo do que seria necessário para suprir todas as necessidades energéticas do resto do mundo *por um mês.* Assim sendo, criamos a ilusão de não haver energia suficiente para circular neste planeta, sendo que tudo o que precisaríamos fazer seria *parar de desperdiçar.*

Mais dinheiro é desperdiçado em *um ano* em programas ineficientes e ineficazes por agências governamentais e em produtos e serviços desnecessários por empresas privadas do que seria necessário para financiar programas de assistência aos pobres *por uma década*. Assim sendo, criamos a ilusão de não haver dinheiro suficiente para circular neste planeta, sendo que tudo o que precisaríamos fazer seria *parar de desperdiçar*.

Há mais do que o suficiente de tudo o que imaginamos precisar, mais do que imaginamos ter. Todavia, a suficiência não é experimentada pelo *desperdício*, e sim pelo *compartilhamento*.

SEM EXAGERO

Você pode estar pensando que estou enfeitando um pouco, ou inflando os fatos, para fundamentar meu argumento. Vejamos se isso é verdade com um caso em particular.

Um relatório de Andrea Germanos, redatora do site *Common Dreams*, foi publicado em 10 de janeiro de 2013 sob a manchete: "Falha no sistema alimentar: até metade dos alimentos do mundo são desperdiçados."

O subtítulo dizia o seguinte: "Uma quantidade 'impressionante' de alimentos jogados fora desperdiça 'recursos preciosos, incluindo terra, água e energia.'"

E Dana Gunders, cientista do projeto *Food and Agriculture* e blogueira do *Natural Resources Defense Council*, postou isto no mesmo mês:

> Pessoas de todo o mundo estão investindo tempo, terra, água, energia e muitos outros recursos para cultivar, armazenar, processar e transportar alimentos, apenas para que quase metade deles

seja jogados fora. Nos Estados Unidos, hoje, cerca de quarenta por cento dos alimentos não são consumidos; são perdidos na cadeia de abastecimento — nas fazendas, durante o processamento e distribuição, em lojas e restaurantes e em nossa casa. As razões para essas perdas variam.

Na fazenda, os vegetais às vezes são deixados no campo porque o preço no momento da colheita é muito baixo e os agricultores não conseguem recuperar nem os custos da mão de obra. Às vezes o estoque é deixado nos centros de distribuição.

As lojas geralmente compram produtos em excesso na esperança de que a ilusão de abundância nas vitrines de alimentos faça vender mais. Com ofertas que são de duas a oito vezes maiores que o recomendado pelo governo, porções grandes e cardápios extensos podem levar à perda de alimentos nos restaurantes.

E há os consumidores no final da cadeia de abastecimento. Você e eu jogando fora meio sanduíche simplesmente porque não temos vontade de levá-lo para casa.*

Gunder observa, então, que "os recursos consumidos para cultivar alimentos os quais nunca são ingeridos causam um impacto impressionante no meio ambiente, incluindo 25 por cento do consumo de água doce, quatro por cento

---

* Reimpresso com permissão do *Natural Resources Defense Council*.

do petróleo e cerca de 23 por cento de toda a produção de metano dos EUA quando os restos de alimentos chegam ao aterro sanitário. Sim, aterro. Apenas cerca de três por cento dos restos de comida nos Estados Unidos são compostados".

E a tendência desse comportamento perdulário está aumentando, não diminuindo, como seria de se esperar em uma sociedade que avança evolutivamente. Nos Estados Unidos, relata o blog de Gunder, "estamos descartando cinquenta por cento mais alimentos do que descartávamos na década de 1970".

Com uma simples pesquisa na internet, pude encontrar evidências igualmente convincentes de desperdício de energia e dinheiro. Não vou encher este livro com isso, todos nós entendemos a natureza do problema: autoindulgência e falta de força de vontade. Queremos o que queremos quando queremos, e queremos poder jogar fora o que não quisermos quando quisermos. E essa situação só está piorando.

É nesse contexto que somos convidados a analisar a Mensagem Fundamental 2. Deus está nos dizendo que há o suficiente de tudo o que imaginamos precisar, basta distribuirmos e usarmos de forma diferente. Mas *não* basta a simples determinação de demonstrar a suficiência. Não há vontade suficiente para diminuir o desperdício e aumentar o compartilhamento "das coisas insuficientes".

Um aforismo verdadeiro
Compartilhar é declarar que temos. Quanto mais compartilhamos com os outros, mais declaramos que temos. O Universo *nos dá* o que escolhemos fluir *por meio de nós*. Na verdade, somos um mecanismo de fluxo e nada mais.

Quando permitimos que a energia da vida, em qualquer forma, estanque em nós, impedimos todo o resto de vir *até nós*, porque todo o processo da vida é circular. Ou como dizem alguns, "tudo que vai, volta".

Este é um daqueles aforismos verdadeiros no sentido literal absoluto. É um *fato* que o que vai, volta, e o que *não* vai porque o *impedimos* de ir, não volta para *nós*.

Isso se observa facilmente na experiência coletiva na Terra. A humanidade, agindo como um todo, impediu que o que estava circulando *continuasse* circulando. Portanto, não circula mais como deveria. Como espécie, impedimos que o amor circule por todos, que a abundância e as oportunidades, que quase todas as coisas boas circulem para *cada um*; não porque somos gananciosos e egoístas, e sim porque pensamos na sobrevivência.

É com sinceridade que pensamos não haver o suficiente de qualquer coisa. De tudo que precisamos para sobreviver e ser felizes. E assim, fazemos o que está ao nosso alcance para juntar o máximo possível e guardar tudo na esperança de experimentar a vida da melhor maneira possível.

Até quem tem bastante acredita que deve coletar mais; e mais e mais, e mais ainda depois. Então, acumulam o que juntaram para que eles, sua família e círculo íntimo nunca vivenciem o esgotamento. Enquanto isso, milhões de pessoas morrem de fome e outros milhões vivem em pobreza abjeta e miséria absoluta simplesmente tentando sobreviver.

Vale a pena repetir aqui uma declaração do Capítulo 8: Menos de cinco por cento das pessoas do mundo possuem ou controlam mais de 95 por cento da riqueza e dos recursos do mundo.

Sim, estou falando em círculos. Nunca será o suficiente repetir enquanto um número aceitável de pessoas não ouvir e fizer o suficiente a respeito: a maneira de expandir a experiência de abundância e suficiência é expandir a abundância e suficiência do outro.

Esta é a regra de ouro do Universo: em tudo, para experimentar dentro de si mesmo aquilo que você deseja, faça com que o outro experimente.

Conversando com Deus diz que o que flui por nós gruda em nós. Sempre foi e sempre será assim.

Saber e *aplicar* isso muda toda a vida de uma pessoa.

O PRIMEIRO A TER O CONTROLE

O mundo não foi feito, e a vida não foi construída, de uma forma que o torna impossível de se sustentar. A vida se sustentará com ou sem nossa interferência em seu processo natural. Não importa o que façamos, a vida continuará sendo funcional e, para se sustentar, se adaptará ao que fizermos como for necessário.

Quer pensemos ou não que há coisas suficientes que imaginamos precisar, *a vida continuará*. A única questão é se continuará de uma maneira considerada agradável, hospitaleira e favorável à nossa espécie em particular. E isso depende de nós.

Somos a primeira espécie neste planeta para quem isso é verdade. Podemos literalmente *decidir* como queremos que a vida continue em muitos, muitos aspectos. Nosso papel é muito importante nesse processo. Bem, talvez não possamos impedir que um meteoro nos atinja (será que não?) ou que uma "tempestade solar" interfira nas comunicações globais, ou que a lava entre em erupção embaixo do solo, mas com certeza podemos mudar a expressão humana individual e coletiva na Terra.

Isso podemos fazer.

A questão não é se podemos fazer, e sim se faremos.

Aplicando esta mensagem à vida cotidiana

Não consigo pensar em coisa alguma capaz de trazer mais alegria e produzir mais diversão na vida que praticar abundância e suficiência diariamente. Vejamos algumas maneiras agradáveis de fazer isso:

- faça uma lista de três coisas que acha não ter o suficiente na vida agora. Nos próximos sete dias, caminhe pela vida com a sensibilidade aumentada e a antena ligada, coletando todos os dados ao seu redor. Veja se consegue encontrar alguém que tenha menos disso que você imagina não ter o suficiente. Mesmo imaginando possuir pouco dessa coisa, encontre alguém que tenha nada dela. Imediatamente, dê a essa pessoa o que gostaria de ter em abundância. Faça isso pelo menos uma vez por dia durante três meses. Depois de noventa dias, avalie quanto você tem do que achava não ter o suficiente. Não se surpreenda se descobrir que sua experiência de insuficiência em relação a esses itens desapareceu;
- se quiser *aumentar* algo que você já acha ter o suficiente, aumente a quantidade a qual dá aos outros.

Isso inclui tempo, energia, dinheiro, amor ou qualquer coisa que deseje experimentar em plenitude maior. Mova-se pela vida e, quando vir outra pessoa que não está experimentando essas coisas em plenitude, faça que experimente, pelo menos nesse momento, porque você está lá. Decida ser a fonte. Verá sua experiência de suficiência se expandir e ampliar a níveis e graus os quais nunca pensou serem possíveis;

- para colocar em sua realidade o que foi dito acima, pegue uma pilha de notas de dinheiro e uma vez por semana saia pela rua distribuindo-as às pessoas as quais imaginam precisar delas. Observe, no final da semana e do mês, que não lhe fizeram falta. Você descobrirá que isso é só papel e, de fato, dá em árvore. E quando descobrir que não sentiu falta, terá a experiência direta de quanto já tem;

- este é outro exercício para implementar algumas dessas ideias e torná-las reais em sua vida. Compre embalagens descartáveis com tampa para armazenar ou transportar alimentos e líquidos. Compre um monte e, todas as noites, quando sua família terminar o jantar, guarde as sobras nas embalagens. Se puder, faça uma caminhada após o jantar e vá até onde haja moradores de rua sem saber o que vão comer essa noite. Entregue as embalagens com talheres descartáveis e observe o rosto deles se iluminar. Se não puder fazer isso logo depois de comer, coloque as embalagens na geladeira e, quando juntar duas ou três, em vez de ficar com as sobras por dois ou três dias, vá até onde possa encontrar pessoas com fome e distribua. E observe a forma como esse gesto satisfaz você;

- abra o armário amanhã e retire tudo que não usou nos últimos três meses (exceto roupas sazonais e de ocasiões especiais, como vestidos de gala e smokings). Retire os itens de seu armário de imediato, certifique-se de que estejam limpos e leve-os a uma igreja ou instituição de caridade que disponibilize roupas com pouco ou nenhum custo para outras pessoas. Muitas cidades e bairros colocam caixas em locais estratégicos para coletar doações. (Eu praticamente vivi dessas caixas durante um período da vida.) Essa é uma maneira de esvaziar sua casa daquelas mil coisas as quais não usa mais;
- levante-se sessenta, noventa minutos mais cedo todos os dias e faça as coisas que você acha que nunca tem tempo para fazer. Como escrever um livro, terminar um projeto, compor uma música, limpar o quartinho dos fundos ou organizar a garagem. Ou meditar.

30

E assim, terminamos onde começamos. Descobrimos com as Mensagens Fundamentais dessa Nova Teologia que o fim é o começo e o começo é o fim — como é verdade no grande círculo da vida.

O que acontece no exato momento em que o relógio bate meia-noite? Às 12 badaladas exatas, um novo dia começa ou um velho dia termina? Qual dos dois? *Ou pode ser os dois?*

Ah! Então, parece que *todo fim* é um começo!

Isso é mais que uma sutileza filosófica. É o que realmente *é*. É como o Universo funciona. É como o processo da vida funciona.

E assim, fechamos o círculo desta maravilhosa excursão às 25 mensagens mais importantes de *Conversando com Deus*. Chegamos à...

Mensagem Fundamental 1 de
Conversando com Deus

Somos todos Um. Todas as coisas são
Uma Só Coisa. Existe apenas Uma Coisa,
tudo é parte dessa Uma Coisa. Isso significa

que você é Divino. Você não é seu corpo,
nem sua mente nem sua alma; é a combinação
única dos três, a qual compreende Sua Totalidade.
Você é uma individuação da Divindade, uma
expressão de Deus na Terra.

A maioria das pessoas aprendeu que Deus é *Tudo em Todos*, o *Motor Imóvel*, o *Alfa e o Ômega*.

Aprendemos que Deus é onisciente, onipotente e onipresente.

Se aceitarmos esses ensinamentos — ou seja, se aceitarmos que o que foi dito acima é verdade —, seremos levados a duas conclusões imediatas:

1. Somos todos *uma parte de Deus* e não podemos ser separados Dele;

2. Todos nós também fazemos *parte uns dos outros* e não podemos ser separados uns dos outros.

Por mais lógicas que possam ser, ambas as conclusões, ao que parece, tornaram-se altamente controversas, em grande parte porque a ideia de separação um do outro e da Divindade está há muito tempo alojada na Velha História.

DE ONDE VEIO A IDEIA DE SEPARAÇÃO?

Foi nos primeiros dias de nosso desenvolvimento como espécie senciente que tivemos a primeira experiência do que concebíamos como "outro" — e da "separação" desse outro.

Acredito que a história inicial da separação pode ter tido origem nas primeiras tentativas de nossa espécie de compreender a vida a qual estávamos vivenciando. Algo assim deve ter acontecido:

O que hoje chamamos de "autoconsciência" surgiu quando começamos a nos ver e conhecer individualmente. Talvez tenha sido ver nosso reflexo em uma lagoa ao lado de uma caverna que despertou essa percepção. Levantamos a mão para coçar a cabeça e vimos o "homem na lagoa" fazendo a mesma coisa... e então, começamos a conceber o "Eu".

O próximo passo para produzir a percepção de separação foi, talvez, quando nos sentamos ao redor da fogueira de nosso clã e nos surpreendemos com o súbito clarão de um relâmpago no céu noturno, seguido por um estrondoso trovão. Olhamos ansiosos ao redor da fogueira e perguntamos com as expressões faciais e verbais que havíamos desenvolvido: "*Você* fez isso?" Quando todos sacudiram a cabeça em pânico e responderam "Não!", chegamos a uma percepção surpreendente: *há algo além de nós*.

Esse Algo também parecia, como os acontecimentos subsequentes pareciam provar, muito mais *poderoso* que nós. Podia causar vento, chuva e tempestades violentas; calor e períodos de seca os quais pareciam durar para sempre; um tremor assustador e até uma abertura no chão em que caminhávamos. Podia, inclusive, provocar incêndios na floresta sozinho.

Ficou evidente para nós que precisávamos encontrar uma maneira de *controlar* esse Algo, ou nossa vida estaria sempre à mercê dele. Mas não podíamos conceber nem imaginar uma maneira de fazer isso. Tentamos de tudo; sabíamos que precisávamos encontrar uma maneira de apaziguar os deuses.

Nós não chamamos os elementos da vida de "deuses", lógico. Essa palavra veio muito depois. Mas víamos esse Algo como um aspecto da existência que era poderoso e incontrolável.

Conhecíamos alguns membros de nosso clã da mesma maneira. Os maiores, os mais fortes e os mais brutais corriam desenfreados pela vida coletiva do clã, e continuamente fazíamos esforços para apaziguá-los. Eles recebiam oferendas de todo tipo, desde virgens núbeis até comida abundante e belas riquezas da terra.

Certa vez, quando os mais brutos ficaram mais mal-humorados e zangados que de costume por causa de uma seca sem fim e dos sacrifícios que ela impunha a todo o clã, nós nos juntamos a outros em nosso pequeno grupo para fazer o possível para acalmá-los, para que não descarregassem sua raiva em nós — o que já haviam feito antes.

Fizemos uma "festa" no acampamento, cantamos e dançamos para eles. Alguém do grupo arrancou um galho moribundo de uma árvore e o sacudiu enquanto dançava, e as folhas secas fizeram um som rítmico que harmonizava com os giros ao redor do fogo.

Por acaso, nesse exato momento, os Céus se abriram e uma chuva forte e repentina encharcou o local. Todos ficaram chocados! E dado o desenvolvimento intelectual limitado do clã naquela época, a Dança com o Galho foi considerada responsável por ter produzido a água do céu.

Uma maneira foi encontrada para agradar e apaziguar o Algo! Uma maneira havia sido encontrada para que Algo fizesse o esperado! Ficamos tão animados! O "homem da chuva" foi elevado a uma posição de status. E foi criado um ritual e uma classe dentro do clã daqueles que o realizavam.

O clã acreditava que a Dança com o Galho do Homem da Chuva criava chuva, e assim *aconteceu* no futuro com mais frequência que nunca. E isso não foi por acaso. Sendo a metafísica como é, a fórmula funcionou. Pois o processo metafísico — moderno ou antigo — produz na fisicalidade o que se acredita fervorosamente que produzirá.

Nesse primeiro caso, foi sem dúvida a esperança contínua e fervorosa, o desejo profundamente sincero do clã pelo fim da seca que gerou o resultado. Mas a coincidência da chuva caindo no exato momento em que a dança barulhenta foi executada não podia ser ignorada.

A narrativa acima é fruto de minha imaginação, lógico. Foi um insight (ou inspiração, se preferir) recebido no momento de minhas conversas com Deus. A história inteira talvez seja imprecisa, mas acredito que foi isso ou algo muito semelhante que ocorreu no início da vida dos seres humanos, e produziu o senso de separação, o senso de Algo e de que pode haver, afinal, uma maneira de controlar — ou pelo menos *influenciar* — esse Algo.

Os primeiros humanos estavam lidando com a alquimia do Universo sem saber. Assim nasceu o que mais tarde ficou conhecido como religião.

Conforme o entendimento do homem ia ficando mais sofisticado, a espécie passou a buscar uma maneira mais sofisticada de "apaziguar os deuses" e, mais tarde, o Deus único o qual os humanos por fim decidiram que deveria existir.

E estávamos certos.

Existe aquilo que agora chamamos de Deus. Mas nossa ideia de Deus — o "Algo" — é imprecisa. Essa ideia é uma herança da história mais antiga contada a nós mesmos sobre O Poder Maior que Nós. Essa primeira ideia foi o que criou o que anteriormente chamei de Teologia da Separação.

A CIÊNCIA TRAZ UMA NOVA HISTÓRIA

Nós nos desenvolvemos, óbvio, desde a época do homem das cavernas. Talvez não tanto quanto gostaríamos, dados alguns comportamentos bárbaros contínuos apresentados, mas agora estamos evoluindo mais depressa, estimulados pelo conhecimento crescente que temos da vida.

Há não muito tempo, o astrônomo e escritor Carl Sagan compartilhou com o mundo um fato fascinante. Uma análise mostrou que rochas trazidas da Lua e detritos que haviam caído do espaço na Terra (meteoros, poeira espacial etc.) continham todos os mesmos elementos fundamentais encontrados neste planeta. Não só nas rochas e poeira, como também em *tudo* — incluindo pássaros, animais, árvores e *pessoas*.

Os mesmos tijolos de construção químicos e minerais aparentemente estão presentes em todos os objetos do cosmo. *Somos todos feitos do mesmo material,* declarou Sagan, sorrindo. Tudo é Uma Coisa, apenas manifestada em diferentes combinações e construções.

Pegue esses elementos e misture-os em determinada proporção e você terá uma árvore. Misture-os de outra maneira e terá um humano. Uma terceira combinação produzirá um tamanduá. Ou uma pedra lunar.

A combinação e ajuste desses elementos em proporções variadas ocorre durante um período de centenas de milhares de anos. Chamamos essas combinações variadas de *adaptações* e rotulamos todo esse processo de *evolução*.

Sei que a ideia de toda a Vida evoluir da mesma sopa primordial é um assunto controverso. Há quem queira acreditar que os humanos foram produzidos de uma vez só, como uma criação separada (e especial) do Divino, desvinculada do desenvolvimento de qualquer outro ser vivo.

No entanto, a ciência — e agora a ciência espacial — parece confirmar passo por passo a teoria de Darwin. A vida é energia, que emerge em infinitas variações de uma única Essência Essencial.

Restam, então, apenas duas questões sobre essa energia do nascimento: (1) Qual é sua qualidade? (2) Qual é sua capacidade?

Resposta à pergunta 1

A qualidade fundamental da Essência Essencial é que ela está sempre em movimento e sempre presente. É simples energia indiferenciada em sua mais pura expressão. Poderia ser chamada de Célula-Tronco da Realidade.

Uma célula-tronco no corpo, como você sabe, é definida como "uma célula indiferenciada de um organismo multicelular que é capaz de dar origem a indefinidamente mais células do mesmo tipo, e da qual outros tipos de células surgem por diferenciação".

Foi-me dado a entender que, sendo tudo o que existe uma entidade única (isso seria uma analogia), a Essência Essencial poderia ser entendida como a "célula-tronco" dessa entidade.

O que descrevo aqui é uma unidade, a qual passei a chamar de A Singularidade (termo emprestado de Gene Roddenberry), cuja qualidade principal ou força primordial é a *vibração*. Ela está em constante movimento, oscilando em frequências particulares, e presente onde quer que haja o que chamamos de "vida"; pois é a própria vida, em sua forma mais pura ou mais "não diluída", inalterada.

Os seres humanos e todas as outras formas de vida são *Singularizações da Singularidade*. Ou seja, somos formas alteradas, diluídas da Essência Essencial. Somos diferenciações da Energia Indiferenciada que chamo de Deus.

Você pode dar o nome que quiser a essa Energia Indiferenciada. Força Primordial, Motor Imóvel, Aquilo Que É, Essência Essencial — ou nomes mais pessoais, se lhe agradar, como Adonai, Akshar, Alá, Brahma, Deus, Divina Mãe, Divindade, Eckankar, Elohim, Hari, Indra, Javé, Jeová, Krishna, Mahesh, Manitu, Ormuzd, Parmeshwar, Purusha, Purushottama, Radha Soami, Rama, Senhor, Theo, Thor, Varuna, Vishnu e outros.

Mais uma vez: uma explicação final

Essa Essência Essencial tem outra qualidade que é importante descrever. É autoconsciente. Ou seja, tem ciência de Si mesma *como* Si mesma. Mas embora ela saiba que é exatamente o que é, não pode *experimentar* a si mesma *como tal* na ausência de outra coisa.

Já falamos disso antes, e aqui oferecemos mais uma explicação dessa condição fundamental, para que possa ser objetivamente compreendida e sempre lembrada.

Não há algo mais na existência, exceto O Que Existe. Isso é Tudo Que É. Assim, se esse desejasse se conhecer de maneira experiencial (o que fez, porque simplesmente *ser* algo não era suficiente), precisaria criar algo diferente de si mesmo. Mas isso é impossível, porque o que gera é sempre parte do gerado. Cada prole ou manifestação da vida é parte daquilo de onde emergiu.

Como Tudo Que É não poderia criar algo além de si mesmo, o que é Pura Existência precisou enfrentar sua primeira pergunta: como experimentar a si mesmo se havia nada *além* de si mesmo? A solução foi simples: permitir-se esquecer-se para *parecer* outra coisa.

Isso permitiria que a Essência Essencial se conhecesse experimentalmente como o Criador, por meio da expressão de Si mesma no esquecimento do fato de *tudo já ter sido criado*. Portanto, o esquecimento é o maior presente que a Vida já deu à Vida. Assim como sua companheira, a lembrança. Pois quando a Vida se lembra como o que realmente é, o Ciclo da Vida está completo, o Puro Ser se manifesta como Saber, como Experimentando e de novo como Puro Ser.

E, como observado acima, isso pode ser realizado a qualquer momento no Ciclo da Vida. A morte é meramente a *garantia* de que a vida ocorre.

As pessoas perguntam: "Por que precisamos morrer?" "Por que a morte é inevitável?" E agora você sabe a resposta! O que chama de "morte" é o maior presente da vida! É Deus se *certificando* de que seu esquecimento não dura para sempre. É Deus reivindicando-o como parte de Si mesmo, reunindo--Se com você e, a seguir, liberando-o da indiferenciação com

Ele, para Ele poder se conhecer de novo na experiência, *por meio de você*.

E as maneiras de experimentar a parte de Deus que você é são ilimitadas. Pode até retornar à fisicalidade da mesma forma que saiu, pode retornar como seu Eu Presente quantas vezes desejar, quantas vezes for necessário, dado seu desejo inerente, codificado em suas células, de experimentar a si mesmo como quem você realmente é.

As pessoas que voltam repetidas vezes como o Mesmo Eu são frequentemente chamadas, em suas encarnações repetidas posteriores, de avatares, sábios ou até mesmo santos.

Ou até mesmo de... Deus.

("Não está escrito na Bíblia de vocês: 'Eu disse: Vós sois deuses'?")

Resposta à pergunta 2

A principal capacidade da Essência Essencial é que ela tem o poder de causar impacto sobre si mesma. Ou seja, é a própria fonte e referência.

Um exemplo disso seria o vapor de água o qual se transforma em gotas de água, que se transformam em neve, que se transforma em gelo, o qual se transforma em água e logo em vapor de novo. Aqui, vemos quatro expressões distintas do mesmo elemento, manifestando-se em variações criadas pela maneira como outros aspectos da Essência Essencial impactam sobre ele.

Esta ilustração é simplista, eu entendo, mas talvez não tão simples quanto você imagina. Pergunte às pessoas que vivem em Pequim (falarei mais sobre isso daqui a pouco.). Simplista ou não, a metáfora pode ser útil para nos ajudar a compreender como todo o sistema chamado Vida funciona — porque se pudéssemos aprender a impactar de forma *deliberada* um ou outro aspecto da Essência Essencial, poderíamos, potencialmente, causar *manifestações específicas*.

Ou seja, se pudéssemos voltar à energia vital para *si mesma* de maneira controlada, poderíamos, presumivelmente, usar essa energia de nascimento para nosso propósito.

Se for verdade, isso não seria uma questão pequena. De fato, isso nos transformaria em deuses, capazes de misturar e combinar as cores da paleta da Criação para pintar a imagem do nosso desejo na tela da vida.

Deus nos diz em *Conversando com Deus* que essa é a verdade sobre a Essência Essencial e como ela pode ser usada, e é exatamente isso que nossa espécie está fazendo, embora mesmo sem a maioria saber, e sem pessoas suficientes saberem, somos capazes de produzir um acordo coletivo sobre os resultados que desejamos produzir de forma colaborativa.

Acha que tudo isso é um absurdo?

Se você se sente tentado a classificar tudo isso como nada além de desejo, pense o seguinte: já aprendemos a semear nuvens para modificar o clima, e isso é um exemplo notável de como podemos manipular a energia da vida para afetar a ela mesma.

Voltando ao que pode ter parecido uma metáfora simplista...

Foi bastante divulgado que, em fevereiro de 2009, a China semeou nuvens sobre Pequim para induzir de forma artificial a queda de neve após quatro meses de seca. Isso é um caso real de humanos deliberadamente voltando a energia da vida sobre si mesma de uma maneira controlada para fazer que a própria vida produzisse um resultado desejado e previsível em uma das expressões mais *imprevisíveis* da vida. Ou seja, *o clima*.

Funcionou?

Relatórios dizem que a neve caiu em Pequim durante a maior parte de um período de três dias. Dizem que foi a primeira nevasca adiantada naquela cidade desde o final dos anos 1980. E não foi pouca coisa. Foi neve de paralisar o trânsito e fechar muitas das principais vias de entrada e saída da área metropolitana.

Agora, se as energias da vida podem ser impactadas de forma tão efetiva na fisicalidade, poderiam ser impactadas metafisicamente com a mesma eficácia?

Conversando com Deus nos diz que o impacto que a Essência Essencial tem sobre si mesma é ampliado exponencialmente pela *quantidade* dela a qual é voltada para si mesma de uma maneira particular e específica. Quanto mais forte o vento soprar, mais a árvore se dobrará. Ou, como observou alguém muito mais familiarizado que eu com essas energias: "Onde dois ou três estiverem reunidos..."

O empreendimento mais benéfico da humanidade, então, seu maior experimento, investigação, exploração e expansão neste primeiro quarto do século XXI, parece ser aprender a utilizar o foco deliberado dessa energia de nascimento para produzir resultados previsíveis e consistentes.

Existe algo nesse negócio de *imagens guiadas,* ou *visualização*? Norman Vincent Peale estava certo sobre *o poder do pensamento positivo*? Será que Émile Coué tinha razão quando propôs suas ideias sobre *autossugestão*? Mais contemporaneamente, são os ensinamentos de Esther e Jerry Hicks em *Peça e será atendido* sobre a Lei da Atração ou os insights oferecidos em *Mais feliz que Deus* sobre o Processo de Criação Pessoal as chaves de ouro as quais abrem as portas da manifestação deliberada?

Essa é a Fronteira Final. No entanto, pouco damos atenção a isso. Quando dermos, descobriremos (ou melhor, lembraremos) que somos Um com o Divino, e que a Essência Essencial e nós somos o Mesmo.

UMA SANTÍSSIMA TRINDADE DE FATO

Como tudo o que existe, os seres humanos não são simplesmente uma única expressão ou elemento d'Aquilo Que É. Quando "migramos" do reino espiritual para o reino físico no Ciclo da Vida, nós nos dividimos em três partes. Assim sendo, você não é apenas seu Corpo, nem apenas sua Mente, nem apenas sua Alma. Você é os três.

(Uma descrição dessa Santíssima Trindade pode ser encontrada no livro *The Only Thing That Matters*.)

As três partes de seu ser vivem para sempre, viajam juntas por toda a eternidade, renascem, reformam-se e se expressam de novo em inúmeras variedades na infinitude do tempo/não tempo no sempre aqui/sempre agora da Realidade Suprema.

A maior promessa de Deus é que somos uma individuação da Divindade, uma expressão Dele na Terra. Já disse isso várias vezes. O que não notamos antes é que fascinantemente a maioria das religiões do mundo concorda com isso.

Aprendemos que fomos feitos "à imagem e semelhança de Deus". A única diferença entre essa crença e a mensagem de *Conversando com Deus* está nas letras miúdas.

Ser feito à imagem e semelhança de Deus significa que somos seres os quais se parecem muito com Deus? Significa que Ele é apenas um Grande Humano vivendo em outro reino, que tem controle total sobre nós e nosso destino? Ou essa frase enigmática sobre ser feito "à imagem e semelhança de Deus" significa que somos extrações da Essência Essencial, da Energia Fundacional e da Força Primária da qual a própria Vida emergiu e em cuja base a própria Vida *está*?

Se escolhermos acreditar no primeiro, podemos nos imaginar isolados e sozinhos, defendendo-nos e lutando pela sobrevivência em uma experiência terrena a qual é complexa além da compreensão e um Universo que é enorme além da nossa imaginação. Poderíamos pensar em nós mesmos à deriva nesse mar sem fim de matéria e energia, não maiores nem mais importantes, em comparação com todo o resto que existe, que um grão de areia em uma praia, levados pela interminável maré de acontecimentos, afogados em tristezas, varridos pelas correntes, flutuando em ondas rumo a lugar nenhum.

Mas é isso tudo o que somos? Essa é a soma e substância? Ou é possível que haja algo mais, algo maior do que a compreensão recém-emergente foi capaz de compreender até agora? Existe mais aqui do que parece? Se sim, o que seria?

O QUE TUDO ISSO SIGNIFICA

Muitas pessoas cometem o erro de supor que, como *Conversando com Deus* diz "Deus e nós somos Um", está dizendo que

Deus e nós somos a mesma coisa. Lógico, ninguém poderia concordar com uma afirmação dessas, assim como ninguém poderia concordar que o oceano e uma gota de água são a mesma coisa!

Nós somos a "coisa" que Deus é, e Deus é a "coisa" que nós somos, mas Deus é a soma total de todas as "coisas" que existem, ao passo que nós somos uma única *individuação* Dele.

Nossa essência é Divina, e é importante entender tudo o que isso significa. Mas também precisamos entender o que isso não significa.

Isso não significa, por exemplo, que podemos pular de um prédio e voar. Não significa que não podemos ser feridos ou nos machucar. Não significa que somos como o Super-Homem.

Significa que Deus está sempre presente dentro de nós, para nos oferecer ajuda e orientação enquanto vivemos cada dia. Significa que recebemos as mesmas Ferramentas de Criação usadas por Ele e que, se aprendermos a usá-las, poderemos produzir resultados maravilhosos na vida. Significa que, mesmo que sejamos feridos de alguma maneira, ou nos encontremos em problemas ou dificuldades, se pedirmos a ajuda de Deus, encontraremos uma saída.

Em essência, significa que não estamos "sozinhos" na vida. Mesmo quando parece que estamos — talvez especialmente quando parece —, a presença de Deus pode nos curar da solidão e nos propiciar a gentil companhia e a calma coragem para seguir em frente.

AS IMPLICAÇÕES DISSO SÃO IMPRESSIONANTES

"Somos Todos Um" significa que somos Um uns com os outros, Um com a vida e Um com Deus. Não há outra maneira de interpretar isso, segundo meu entendimento.

As implicações disso para a raça humana são impressionantes. Se acreditássemos que isso é verdade, tudo na vida mudaria. Tudo nas religiões, política, economia, educação e construções sociais mudaria. E tudo na vida pessoal também.

Nas religiões, veríamos o fim das competições aparentemente intermináveis por almas. As religiões deixariam de insistir em se apresentar como o único caminho para Deus. Elas nos ajudariam em nosso caminho pessoal, mas não alegariam *ser* O caminho. E deixariam de usar o medo como principal ferramenta.

Parariam de ensinar que, se não seguirmos suas doutrinas, passaremos a eternidade no fogo eterno do inferno. Seriam fonte de conforto e orientação, de ajuda sempre presente e de força em tempos de necessidade. Assim sendo, as religiões serviriam a seu propósito mais elevado e à sua função mais grandiosa.

Na política, veríamos o fim dos interesses ocultos, dos jogos de poder e da demonização de quem tem pontos de vista opostos. Os partidos políticos deixariam de alegar que seu caminho é o único. E trabalhariam juntos para encontrar soluções para os problemas mais prementes e fazer a sociedade avançar buscando um terreno em comum.

Procurariam mesclar suas ideias mais viáveis com as mais viáveis de seus oponentes. Assim, a política serviria a seu propósito mais elevado e à sua função mais grandiosa.

Na economia, veríamos o fim do "quanto mais melhor" como padrão internacional de sucesso. Criaríamos um Novo Fundamento, segundo o qual a "produtividade máxima" seria redefinida e a busca incessante por lucros seria substituída por uma sensação de admiração pelo Universo, uma reverência por toda a vida e uma dedicação à criação de um mundo em que cada pessoa pudesse viver com dignidade, tendo suas necessidades básicas atendidas. Assim, a economia serviria a seu propósito mais elevado e à sua função mais grandiosa.

Na educação, veríamos o fim da propaganda substituindo a história e dos currículos cuja ênfase é colocada na memorização de fatos, e não de conceitos fundamentais da vida os quais queremos que nossos filhos entendam: consciência, honestidade e responsabilidade.

Veríamos uma escola democrática na qual as crianças teriam voz, tanto quanto os professores, para expressar o que devem aprender e como, que não seria usada para *despejar conhecimento* nas crianças, e sim para *extrair sabedoria* delas. Assim, a educação serviria a seu propósito mais elevado e à sua função mais grandiosa.

O QUE "SOMOS TODOS UM" NÃO SIGNIFICA

"Somos Todos Um" *não* significa que o que é meu é seu e o que é seu é meu. O conceito de Unidade não elimina a possibilidade de posses pessoais ou expressões individuais.

Talvez nos encontremos experimentando um nível alto de desejo de *compartilhar* nossas posses pessoais com os outros quando percebermos que realmente não existem "outros", apenas Versões Adicionais do Eu; mas não somos *obrigados* a doar nossas posses ou tomar as posses de outro.

Cada expressão humana da Singularização que chamamos de "Deus" pode se experimentar exatamente da maneira escolhida por cada um — e o que junta ou compartilha se torna uma parte marcante dessa expressão individual.

Acredito que *Conversando com Deus* e a nova teologia a qual traz para a humanidade nos oferecem o que pensar em resposta a questões eternas como as exploradas nestas páginas. E acredito que nossa discussão ativa dessas ideias poderia produzir uma troca extraordinária, transformadora até, da mesma energia falada aqui.

Em suma, acredito que essa discussão poderia produzir a conversa do século.

Aplicando esta mensagem à vida cotidiana

Escrevi um livro inteiro oferecendo sugestões práticas sobre como a Mensagem Fundamental 1 poderia ser aplicada à vida diária. As sugestões abrangem todas as áreas de nossa experiência — política, econômica, cultural, espiritual —, e as considero a declaração definitiva sobre como aplicar o conteúdo *de Conversando com Deus* à vida na Terra.

O livro se intitula *The Storm Before the Calm,* e discute o que chamei de Revisão da Humanidade, que está ocorrendo agora com ou sem a nossa participação. Se você realmente deseja analisar com seriedade como a ideia de que Somos Todos Um pode *funcionar* na experiência individual e coletiva da humanidade, talvez ache essa leitura útil.

Sei que mencionei outros livros de minha autoria várias vezes neste volume. Desconfio que possa haver críticas a isso da parte de alguns, mas acredito que o conteúdo de *Conversando com Deus* e dos vários textos os quais o acompanham oferecem insights valiosos sobre a experiência humana, e sobre aonde todos podemos chegar com isso. Gostaria de observar que outros livros mencionados aqui estão disponíveis para leitura gratuita na internet [em inglês].

Chamo sua atenção para eles porque percebo que as mensagens desses livros foram inspiradas pela mesma Fonte a qual inspirou contribuições para a qualidade de vida neste planeta, como a música de Mozart e a arte de Michelangelo, a liderança de Lincoln, a política de Gandhi e o trabalho e palavras de Martin Luther King Jr.

Além disso, acredito que esta seja a mesma Fonte a qual o inspira, diariamente, com os próprios pensamentos mais elevados, inspirações edificantes e ideias e soluções mais úteis. Estamos todos aqui *trocando ideias,* e se tivermos o que achamos que pode ser uma boa, não será benefício para pessoa alguma esconder essa luz.

31

Obrigado por ter escolhido este livro. E obrigado por permanecer até o final desta jornada. Valorizo bastante sua coragem de explorar ideias as quais talvez sejam muito novas para você, ou de analisar mais profundamente ideias que já ouviu, teve e explorou antes, mas talvez nunca neste nível.

A Nova Teologia aqui apresentada oferece à humanidade outra maneira de ver as coisas. Diz que a vida não é uma série de acontecimentos aleatórios a qual ocorre sem lógica, mas sim uma sequência de ocorrências intrincadamente projetada e deliberadamente posta em movimento, *criada de forma colaborativa e espontânea* por todas as Almas existentes, com o propósito de dar a essa coleção total de Almas uma experiência direta de si mesma, tanto como *coleção* quanto como *indivíduos* dessa coleção.

Estamos aqui na Terra, como sugere *Conversando com Deus*, para fazer mais que viver e morrer e aproveitar ao máximo a experiência. Também estamos aqui para fazer mais que encontrar uma maneira de "voltar para o Céu" — ou, pelo menos, evitar ir para o inferno. Essas são visões simplistas da razão e propósito da existência humana.

Estamos aqui para promover um propósito maior. Estamos aqui para avançar no processo evolutivo eterno por meio do qual cada Alma individual (e tudo o que existe) experimenta plenamente sua Verdadeira Identidade, e a Vida, por meio de suas expressões individualizadas, expande a consciência de si mesma, refletindo, assim, a maravilha de sua última e verdadeira natureza.

UMA DECLARAÇÃO FUNDAMENTAL

O princípio básico dessa Nova Teologia é que não "precisamos" fazer coisa alguma disso. O processo acontece com ou sem a nossa participação intencional ou consciente. Não é uma questão de saber se o processo de Deus (pois é isso que é) está ocorrendo, e sim de escolher como experimentá-lo.

Algumas pessoas podem optar por experimentá-lo como se estivessem *sob o efeito* dele, e outras como se o *controlassem*. Apenas nós podemos decidir se a vida acontece *conosco* ou *por meio* de nós. De fato, essa se tornou a questão principal de nosso tempo. Estamos prontos, dispostos e aptos a assumir agora o controle da vida, ou devemos continuar reféns dela?

Temos um número infinito de vidas, e nada é especificamente pedido, ordenado ou exigido de nós em qualquer passagem deste encontro físico. Como as encarnações nunca terminam e como a alma se move de uma expressão física para outra em uma jornada eterna, não é necessário que uma vida específica produza um resultado específico. Deus diz que temos todo o tempo do mundo — *literalmente*.

Para a mente conseguir compreender isso, imagine que depois de quarenta anos trabalhando todos os dias, você finalmente se aposentou, tem uma saúde maravilhosa, possui amplos recursos financeiros e agora pode passar anos fazendo o que quiser. Você se sentiria obrigado a jogar golfe na próxima quinta-feira, em vez de jogar uma semana depois? E acharia que sua ideia de diversão *deveria* ser o golfe, e não o tênis, *ou qualquer outra coisa*?

Além da pura alegria, qual seria a razão de fazer determinada atividade em determinado dia de uma determinada maneira?

O Céu sobre o qual nos falaram

A beleza da aposentadoria, óbvio, é a *liberdade* — a alegria e a liberdade de fazer o que quiser, quando quiser, da maneira que quiser. Você aprendeu que "merece" isso.

Essa é também a beleza da vida. E a liberdade nela você igualmente "mereceu". Pelo próprio ato de entrar na fisicalidade (o que não é uma decisão insignificante) e viver o dia a dia no reino da relatividade (o que não é uma tarefa pequena), você ganhou a liberdade de fazer o que quiser, quando quiser, da maneira que desejar.

A liberdade é prerrogativa de Deus, e você é nada menos que Divino.

A vida é o "Céu" sobre o qual lhe falaram. A vida *inteira*, não só parte dela; a experiência *entre* vidas físicas, sim, e a experiência *de cada* vida. "Céu" para a Alma é a capacidade de conhecer e expressar a Divindade em você, por meio de você e como você da maneira e na hora que desejar.

Na verdade, a Divindade é expressa por meio de você, independentemente do que faça. É impossível *não* expressar a Divindade, uma vez que ela é Quem Você É. É apenas uma questão de como deseja *definir* a Divindade neste momento.

Em outras palavras, Deus é o que você diz que é, expresso localmente pela maneira como você se coloca em cada situação ou circunstância. E a Vida, expressa nos múltiplos universos, é a totalidade de Deus no ato de se definir como deseja se conhecer por meio da expressão e experiência de *si mesmo* aqui e agora.

Nosso maior presente é o livre-arbítrio. *Podemos* nos expressar da maneira que quisermos, e ainda estaremos *sendo* Deus demonstrando a Divindade. Essa ideia pode levar algumas pessoas a debochar e dizer: "Como a maneira como os seres humanos estão se comportando pode ser uma expressão da Divindade?" Mas a verdadeira questão é: "Por que os seres humanos escolheriam que a Divindade fosse expressa dessa maneira?"

Isso mesmo, por quê? Seria porque entendemos errado a história do que Deus é e o que quer e o que todos nós estamos fazendo aqui?

Com um efeito mais transformador, poderíamos perguntar: "O que poderia nos levar a definir quem somos e a própria Divindade de outra maneira, de uma forma mais grandiosa e gloriosa?"

Poderia ser uma *nova* história do que Deus é, o que quer e o que todos nós estamos fazendo aqui?

A resposta a essas perguntas determinará o futuro da humanidade.

Conversando com Deus é a verdade?

Agora, vamos à pergunta mais importante que poderíamos fazer sobre a teologia de *Conversando com Deus*. Devemos tomá-lo como "Escritura Sagrada"? É a inviolável Palavra de Deus?

A humanidade vem perguntando há muito tempo: "Quais escrituras *são* 'Sagradas'? Que escritura contém a Única e Verdadeira Palavra de Deus?"

Há alguns anos, escrevi um artigo sobre isso. Notei que a resposta a essa pergunta depende de com quem se está falando.

Muitos dizem que a Bíblia é a Sagrada Escritura. Outros dizem que não, que a palavra de Deus é encontrada na Bíblia hebraica. Outros dizem que não, que a verdade de Deus é encontrada no Alcorão. Outros, que está na Torá. Outros, que está na Mishná. Ou no Talmud. Ou no Bagavadeguitá. Ou no Rigueveda, nos Brâmanas ou nos Upanixades. Ou no Mahabharata e no Ramáiana. No Puranas. No Tantras. No Tao Te Ching. No Buda-Darma. No Darmapada. No Mestre de Huainan. Nos Registros do Historiador. No Cânone Páli. No Livro de Mórmon.

Ou no...

Bem, a questão é: muitas pessoas acreditam que a Revelação Divina (isto é, Deus falando diretamente ao homem) não ocorre desde que foram escritas as Sagradas Escrituras, aquelas com as quais *se sentem à vontade*.

E embora poucos dos que citam essas fontes concordem entre si teologicamente, muitos concordam de forma enfática em uma coisa: a Palavra de Deus *deles* é *a* Palavra de Deus; o caminho *deles* para o Paraíso é *o* caminho para o Paraíso; a comunicação da Divindade com *eles* é *a única* comunicação da Divindade.

Por essa perspectiva, *Conversando com Deus* poderia ser visto como heresia; seria, por definição, blasfêmia. Alguns adeptos dos Livros Antigos às vezes não dizem objetivamente *qual* livro antigo contém a Verdade, mas dizem *nitidamente* que *nenhum livro novo* a contém.

Desde o início (na verdade, já no título), *Conversando com Deus* apresenta um desafio, é perturbador, muda bastante a teologia atual. Mas, curiosamente, poucas pessoas que leram *Conversando com Deus* parecem se incomodar com a possibilidade de que Ele tenha se revelado mais uma vez por meio da palavra escrita.

Vou mais longe, inclusive. Um número surpreendente de pessoas me disse que *também experimentou essas comunicações*. Assim sendo, minha conversa com Deus talvez não seja um "diálogo incomum", afinal.

UM CONVITE, NÃO UMA DECLARAÇÃO

O que é mais importante entender agora é que, independentemente de como tenha sido escrito, *Conversando com Deus* é uma *teologia,* não um dogma ou doutrina. É um estudo de Deus.

Quero deixar bem explícito: acredito que as palavras do livro vieram diretamente de Deus. Mas qual é a origem de toda verdadeira inspiração, afinal? Qual é a fonte da experiência que chamamos de criatividade, inventividade, inovação, engenhosidade, genialidade, imaginação, originalidade, arte, insight, visão e, sim, revelação?

A intenção deste livro foi apenas convidá-lo a mergulhar profundamente no material de *Conversando com Deus* para poder entendê-lo por completo e, assim, ser conduzido à própria verdade mais elevada — que é, em suma, *o que disse Deus*. Ele disse: "A verdade está dentro de você." E Ele pretendia que o extenso diálogo de *Conversando com Deus* levasse você à sua verdade, e não que *se tornasse* sua verdade.

Mas se a verdade à qual você é levado está de acordo com algumas ou muitas das construções de *Conversando com Deus*, assim seja. Se, por outro lado, você acabar descartando completamente as palavras desse diálogo, elas terão servido mesmo assim, por lhe propiciar mais discernimento sobre sua experiência a fim de poder vivê-la de forma ainda mais rica.

Esse é o propósito de toda forma de arte, afinal, não é? Seja literatura ou drama, música ou dança, pintura ou poesia, não é isso que toda expressão criativa procura fazer? E não é essa a magia de toda comunicação real do Divino? Pois Deus não quer que você O siga, e sim que *O leve* à próxima grande experiência de quem *você* é.

Com isso, você demonstra ser o Criador. Nisso está a maior promessa de Deus redimido: que você *é* feito à imagem e semelhança Dele. E sua Alma também.

Então...

O que isso tem a ver com a vida agora ou com nosso futuro, ou ainda, com o futuro do planeta? Bem, a história mostrou que continuamos nos repetindo. Continuamos agindo da mesma forma, fazendo as mesmas coisas, contando as mesmas histórias sobre Deus, sobre a vida, sobre tudo, e acreditando nelas. De fato, aprendemos que os pecados do pai recairão nos filhos até a Sétima Geração.

Mas temos, agora, a oportunidade de encerrar o ciclo, de acabar com essa repetição, de colocar um ponto final na última frase do último parágrafo do último capítulo da velha e não mais útil história cultural da humanidade. Não para jogar essa história fora, e sim para escrever *além* do último ponto final. Vamos manter tudo o que há de bom em nossa velha história, mas também nos dispor a abraçar o que é bom e pode estar fora dela, que pode ser *novo*.

Declaremo-nos agora a Oitava Geração e sejamos os primeiros a mostrar às gerações futuras as ideias mais grandiosas que a humanidade já teve sobre si mesma, que os filósofos já propuseram, que Deus alguma vez inspirou.

Apresentemos aos nossos filhos o início de uma Nova História Cultural, uma nova ideia sobre os seres humanos e quem somos, um Novo Pensamento sobre nosso potencial, nossa promessa e nosso propósito.

Levemos uns aos outros também uma nova esperança, uma nova compreensão, consciência e expressão, uma nova experiência de vida e de Deus e uns dos outros, que fará com que a vida como a vivemos no passado seja apenas um sonho esquecido; um pesadelo para o qual nunca vamos retomar.

Nunca mais.

* * *

Você pode abraçar esse Novo Caminho hoje, agora mesmo. Não precisa esperar que o resto do mundo o alcance. Pode *trazer* esse caminho até você assim como está sendo em cada momento, em cada situação, em cada encontro. Pode fazer isso escolhendo ser Divino.

25 mensagens que vão mudar a sua vida e transformar o mundo

Isso não é impossível; basta uma pequena ajuda ao longo do caminho. Um pouco de companheirismo, talvez, de suporte. Quem sabe um pouco de orientação de vez em quando, e algumas sugestões sobre como fazer isso.

Minha esperança é que você tenha encontrado isso neste livro. Você decide.

Como em tudo na vida, você decide.

Posfácio

Evolução não é sobre se *tornar* algo, é sobre lembrar e demonstrar o que já somos. Não é avançar, é estar exatamente onde estamos, *em totalidade*. Não é o *avanço* da consciência, e sim o aprimoramento da consciência *atual*.

Qual é a diferença? A primeira é sobre buscar algo que imaginamos não ter agora, a segunda é sobre expressar por completo o que já possuímos. A primeira é tentar encontrar um oceano maior, a segunda é mergulhar mais fundo no que *agora nadamos*. É ficar completamente imerso, não apenas boiando na superfície.

O ponto é: precisamos de nada mais do que o que já está presente. Mas devemos estar totalmente presentes *nisso*.

Podemos fazer isso em um instante. Em uma fração de segundo.

A evolução não precisa de tempo, e sim de vontade.

No fim das contas, isso é sobre nossos filhos, lógico. E os filhos dos filhos. Ao ver o dom e a maravilha que a vida em forma humana nos dá, devemos perguntar: o que podemos fazer para dar aos nossos filhos e netos uma experiência ainda mais maravilhosa que a qual tivemos?

Mesmo que nossa vida tenha sido de luta constante e muito sofrimento (talvez *especialmente* se houver sido assim), com certeza desejaremos fazer a mesma pergunta: o que podemos fazer para dar aos nossos filhos e netos uma experiência mais maravilhosa que a qual tivemos, e como podemos lhes deixar um mundo melhor?

Para mim, a resposta a essa pergunta urgente parece evidente. *Podemos lhes dar as ferramentas para criá-lo.*

Milhões de jovens a quem entregaremos o mundo nas próximas décadas estão sendo educados e treinados agora mesmo, *neste mesmo dia*. Estão sendo informados e vendo, por nossas ações, o que é verdade sobre a vida, sobre quem eles são e sobre Deus. Estão aprendendo como ela funciona, do que se trata, o que significa ter uma "vida boa" e como obtê-la.

Como estamos nos saindo? Como você vê o que estamos ensinando aos nossos filhos sobre o mundo deles hoje em dia? Vendo o que a humanidade está fazendo, o que acha que poderíamos fazer melhor? E a quem podemos recorrer para nos oferecer um currículo aprimorado?

Sugiro que nos voltemos a Deus.

No livro *Comunhão com Deus,* Deus disse:

> Ensine a seus filhos que eles não precisam de qualquer coisa externa — nem pessoa, lugar ou coisa — para ser felizes, e que a verdadeira felicidade está dentro de cada um. Ensine-lhes que eles são *suficientes a si mesmos*.
>
> Se lhes ensinar isso, terá sido um mestre grandioso.
>
> Ensine a seus filhos que o fracasso é uma ficção, que toda tentativa é um sucesso e que todo esforço já é a vitória, e o primeiro não é menos honroso que o último.
>
> Se lhes ensinar isso, terá sido um mestre grandioso.

O que disse Deus

Ensine a seus filhos que eles estão profundamente ligados a toda vida, que são um com todas as pessoas e que nunca estão separados de Deus.

Se lhes ensinar isso, terá sido um mestre grandioso.

Ensine a seus filhos que eles vivem em um mundo de magnífica abundância, que há o suficiente para todos, e que é *compartilhando* mais, não *juntando* mais, que mais se recebe.

Se lhes ensinar isso, terá sido um mestre grandioso.

Ensine a seus filhos que não há coisa alguma que eles devam ser ou fazer para ter uma vida de dignidade e realização, que não precisam competir com qualquer pessoa por qualquer coisa, e que as bênçãos de Deus são para todos.

Se lhes ensinar isso, terá sido um mestre grandioso.

Ensine a seus filhos que eles nunca serão julgados, que não precisam se preocupar em acertar sempre e não precisam mudar coisa alguma, nem "melhorar", para serem vistos como perfeitos e bonitos aos olhos de Deus.

Se lhes ensinar isso, terá sido um mestre grandioso.

Ensine a seus filhos que consequências e castigos não são a mesma coisa, que a morte não existe e que Deus nunca condenaria pessoa alguma.

Se lhes ensinar isso, terá sido um mestre grandioso.

Ensine a seus filhos que o amor é incondicional, que não precisam se preocupar em perder seu amor ou o de Deus, e que o amor deles, incondicionalmente compartilhado, é o maior presente o qual podem dar ao mundo.

Se lhes ensinar isso, terá sido um mestre grandioso.

Ensine a seus filhos que ser especial não significa ser melhor, e reivindicar superioridade sobre alguém é não ver os outros como realmente são, e que há uma grande cura em reconhecer: "O meu não é um caminho melhor, é apenas outro caminho."

Se lhes ensinar isso, terá sido um mestre grandioso.

Ensine a seus filhos que não há coisa alguma que eles não possam fazer, que a ilusão da ignorância pode ser erradicada da Terra, e tudo o que realmente precisamos é ser devolvidos a nós mesmos ao lembrar Quem Realmente Somos.

Se lhes ensinar isso, terá sido um mestre grandioso.

Ensine tudo isso não com palavras, e sim com ações; não com discussão, e sim com demonstração. Pois seus filhos vão imitar o que você fizer, e serão como você.

Vá agora e ensine isso não apenas a seus filhos, mas a todas as pessoas e todas as nações, pois todas as pessoas são seus filhos, e todas as nações são sua casa, quando você inicia a Jornada para a Mestria.

Essa é a jornada na qual você embarcou muitos séculos e muitas vidas atrás. É a jornada para a qual se preparou há muito e que o trouxe aqui, a este tempo e lugar.

É a jornada que o chama mais urgentemente que nunca; na qual você se sente avançando a uma velocidade cada vez maior.

É o resultado inevitável do anseio da alma. É a voz de seu coração na linguagem do corpo. É a expressão da Divindade dentro de você, e ela o chama agora como nunca antes; porque agora você ouve como nunca antes.

É hora de compartilhar com o mundo uma visão gloriosa. É a visão de todas as mentes que já buscaram de verdade, de todos os corações os quais já amaram de verdade, de todas as almas que já sentiram de verdade a Unidade da Vida.

Depois de sentir isso, nunca mais poderá se satisfazer com menos. Depois de experimentar isso, vai querer compartilhá-lo com todas as pessoas cuja vida toca.

É HORA DE UM NOVO HUMANO

Conversando com Deus diz que o propósito da vida é "recriar-se mais uma vez na versão mais recente e grandiosa da maior visão que já teve sobre Quem Você É". Essa é a declaração de propósito mais poderosa a qual já li. E agora, entendo que é quando apresentamos à nossa espécie uma Nova História Cultural — uma nova ideia de quem somos, quem é Deus, o que Ele quer e por que estamos todos aqui na Terra —, que damos a nós mesmos a chance a qual esperávamos: a chance de começar de novo, de dar à luz um novo amanhã.

O trabalho começa não só com nossos filhos, mas também com aqueles que os lideram e lhes ensinam. Ou seja, nós, hoje.

É hora de um Novo Humano, de uma nova espécie surgir. É hora de criar um Movimento dos Direitos Civis pela Alma e por fim libertar a humanidade da opressão das crenças em um Deus violento, irado e vingativo. Temos o poder de libertar nossa espécie de antigas doutrinas espirituais que criaram nada além de separação, medo e disfunção no mundo todo.

O tempo para essa mudança tão esperada na expressão da humanidade e na experiência de si mesma está próximo. Eu o exorto a ajudar a substituir os velhos dogmas, finalmente, por um *éthos* de unidade e cooperação, compreensão e compaixão, generosidade e amor.

Isso não exigirá uma grande mudança de vida nem um compromisso importante e longo de sua parte. Cada um de nós tem a própria vida para viver e, às vezes, isso já é o suficiente. Mas se estiver disposto a usar o processo pelo qual enfrenta seus desafios diários de uma maneira nova, como um esforço maior da humanidade para mudar o que significa ser humano, sua vida pessoal pode assumir um significado maior do que você jamais poderia imaginar.

Os livros da cosmologia de *Conversando com Deus* são o melhor esforço de um ser humano, uma tentativa honesta, pura e sincera de transmitir mensagens as quais ele acredita terem sido inspiradas por Deus. Mas quero deixar evidente que *sei muito bem* que tudo que eu escrevi está aberto a questionamentos — e deveria mesmo. Como eu disse desde o início, deixe *Conversando com Deus* ser sua inspiração para pesquisar profundamente dentro de si.

Espero que acredite que pode usar as mensagens encontradas aqui como ponto de partida para essa nova jornada. Compartilhe com pessoas próximas e com aqueles cuja vida você toca, se achar que deve, a consciência e os entendimentos para os quais seu eu interior e superior o levou. Não há maior presente que possa dar.

E assim, encerro com este doce e gentil convite, do livro *Home Remembers Me: Medicine Poems* [A casa se lembra de mim: poemas da medicina, em tradução livre], de Em Claire...*

> *Speak in a Soul Language*
> *so that Everyone can hear.*
> Unwind This Story of Humanity
> with a
> presence so precious,
> even God cannot give it definition.
> Practice loving so deeply
> that the word for tears
> becomes
> "ocean"
> and
> the School of Compassion
> is the
> World's Greatest Institution.
> Let no one walk alone
> on this journey that is
> Ours
> to share:
> *Speak in a Soul Language,*
> *so that Everyone can hear.*

---

* Poema "Soul Language" [Linguagem da Alma, em tradução livre], de Em Claire: *Fale em uma linguagem da alma/ para que todos possam ouvir./* Desenrole essa História da Humanidade/ com uma/ presença tão preciosa/ que nem mesmo Deus pode definir./ Pratique amar tão profundamente/ que a palavra para lágrimas/ se torne/ "oceano"/ e/ a Escola da Compaixão/ seja a/ Maior Instituição do Mundo./ Que ninguém caminhe sozinho/ nesta jornada que é/ Nossa/ para compartilhar:/ *Fale em uma Linguagem da Alma/ para que Todos possam ouvir.* [N. da T.]

Recursos adicionais

Muitas pessoas perguntam sobre leituras adicionais ou material complementar aos livros da série *Conversando com Deus*. Alguns expressam grande surpresa por haver mais livros na série original do que pensavam.

Por esse motivo, listo aqui todos os títulos da série, além de textos mais recentes, os quais explicam e expandem as mensagens. Você também encontrará informações sobre programas educacionais para crianças e adultos. Acredito que achará útil essa lista de recursos.

Títulos da série Conversando com Deus

Conversando com Deus (Livro 1)
Conversando com Deus (Livro 2)
Conversando com Deus (Livro 3)
Uma amizade com Deus
Comunhão com Deus
As novas revelações
O Deus do amanhã
O que Deus Quer
Home With God

Outros livros

Se Tudo Mudou, Mude Tudo!
The Storm Before the Calm
The Only Thing That Matters

Programas de educação para adultos

A *CWG Online School* oferece seis cursos de quatro semanas cada para quem deseja aprender a compartilhar a mensagem de *Conversando com Deus* com outros em forma de ensino e ajuda. Os cursos foram criados e são apresentados pela *CWG Life Coach* Annie Sims, que trabalha em estreita colaboração com Neale Donald Walsch há mais de dez anos. Os participantes interagem individualmente com a instrutora enquanto ela busca garantir que todos entendam por completo os conceitos dessa nova compreensão de Deus e da Vida.

Quatro retiros de crescimento espiritual e pessoal são feitos anualmente por Neale Donald Walsch, e a *Conversations with God Foundation* também fornece atividades de educação espiritual on-line e presencial, e recursos de uma ampla variedade, incluindo programas para recuperação de vícios e renovação espiritual.

Programas de educação para crianças

A *School of the New Spirituality* oferece um kit de educação em casa por meio do *CWG for Parents Program*, que reformula as mensagens de *Conversando com Deus* em 52 lições pequenas e adequadas à idade das crianças, uma por semana durante um ano. A "School in a Box" pode ser usada pelos pais com os filhos e também como um Guia do Professor, para oferecer oportunidades regulares de aprendizado aos filhos de amigos e vizinhos. O *CWG for Parents Program* também inclui uma unidade separada para adolescentes.

ALCANCE ESPIRITUAL

O *CWG Connect* é a comunidade virtual global para quem deseja explorar com mais profundidade as mensagens de *Conversando com Deus*. Esse serviço por assinatura oferece oportunidades para se conectar com o material todos os dias por meio de vídeos, áudios e conteúdo escrito semanais, além de meditações mensais, conversas com Neale e uma rede social para dar a pessoas com ideias semelhantes um lugar para conectar entre si e se apoiar mutuamente.

Global Conversation é um jornal on-line que oferece comentários sobre eventos mundiais e uma plataforma a qual permite aos leitores do mundo todo compartilhar ideias sobre como transformar a realidade global em uma geração.

Changing Change Network é um serviço de assistência espiritual, com uma equipe de Assistentes Espirituais voluntários a qual atende a qualquer pessoa que esteja enfrentando mudanças inesperadas e indesejadas na vida. O objetivo do programa é "mudar a maneira como a mudança muda você".

Humanity's Team, uma organização global cuja missão se baseia nas mensagens de *Conversando com Deus*, foi fundada por Neale Donald Walsch e reúne apoio para a ideia da Unidade de toda a humanidade. Seu projeto de ativismo espiritual, o *Evolution Revolution*, convida pessoas do mundo todo a ajudar a mudar a mentalidade global sobre Deus, o propósito da vida e nosso relacionamento uns com os outros.

Todos esses recursos podem ser acessados em um único portal da internet: www.CWGPortal.com

POEMAS

Os poemas citados aqui são do livro *Home Remembers Me: Medicine Poems*, de Em Claire. Seu trabalho escrito e de áudio pode ser encontrado em www.EmClairePoet.com.

> *If ever these words do not sit well**
> *at your heart's table*
> *You can always invite them to leave*
> *and they will go so peacefully...*
> *Instead, You and God might sit together*
> *at your own Heart-table.*
> *In the candlelight. And the quiet. And create:*
> *new Heartwords*
> *no one has ever before heard!*
> *God wants nothing more than to be*
> *Your Heartscribe*

---

* Poema "If Ever These Words" [Se alguma vez essas palavras, em tradução livre], de Em Claire: *Se alguma vez essas palavras não encaixarem bem/ na mesa de seu coração/ Você pode convidá-las a sair/ e elas irão pacificamente.../ Mas, em vez disso, Você e Deus podem se sentar juntos/ em sua Mesa do Coração./ À luz de velas. No silêncio. E criar:/ novas Palavras do Coração/ que pessoa alguma jamais ouviu!/ Deus quer nada mais que ser/ O Escritor de seu coração.*

Se *O que disse Deus* tocou sua vida de forma positiva, talvez você queira ler o primeiro dos nove livros de *Conversando Com Deus,* um diálogo que seu autor, Neale Donald Walsch, afirma ter tido com Ele. Esse é o livro original o qual surpreendeu o mundo e permaneceu na lista de best-sellers do *New York Times* por mais de dois anos e meio, vendendo mais de dois milhões de cópias, sendo traduzido para mais de trinta idiomas e criando um renascimento espiritual global. A conversa entre um homem e Deus encontradas nessas páginas é alucinante e abre o coração, e certamente ajudará os leitores de *O que disse Deus* a entender as nuances e o contexto do material notável e transformador o qual tocou o mundo inteiro.

www.CWGPortal.com

Este livro foi composto na tipografia Minion Pro,
em corpo 11,5/15,5, e impresso em
papel off-white no Sistema Cameron da
Divisão Gráfica da Distribuidora Record.